U0909768

跨界：蒂利希思想研究

BOUNDARY-CROSSING:
A STUDY OF PAUL TILLICH'S THOUGHT

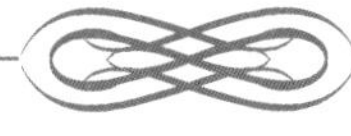

陈家富 著

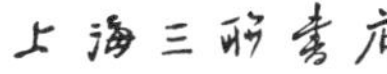

自　序

本书收录了笔者在 2008 到 2020 年期间关于保罗·蒂利希（Paul Tillich, 1886–1965）的研究论文，这些论文的原版本都曾在香港出版，现如今呈现在内地读者面前的是经过修缮增补的版本。自 2002 年博士论文以蒂利希为题至今，笔者从没有把这位二十世纪的基督教神学家抛弃，反而在过去将近二十年的时间里，不断试图以更大的力度深入发掘其思想潜力。[1] 关于蒂利希的汉语和英语入门作品早已汗牛充栋，因此笔者无意再为蒂利希思想添一本导论，而是试图呈现更为深入和有针对性的研究。或许，现在是将蒂利希以一种全新的面貌介绍给大陆学术界的时候了。

本书书名为“跨界”，正好道出蒂利希思想和生命中的核心

1. 笔者分别在 2018 年和 2020 年以蒂利希的“生态圣灵论”（Ecological Pneumatology）为主题出版了英语专著和汉语译本：Keith Ka-fu Chan, *Life as Spirit: A Study of Paul Tillich's Ecological Pneumatology* (Berlin: de Gruyter, 2018)；陈家富：《生命之灵：田立克生态圣灵论的研究》，新北：台湾基督教文艺出版社，2020 年。最近，笔者主编了蒂利希与汉语神学的英语著作 *Paul Tillich and Sino-Christian Theology*, ed. Keith Ka-fu Chan (NY: Routledge, 2023)。

特征——“在边界上”(on the boundary)。这正是蒂利希描述他自身在相异、冲突和矛盾领域中不断游走的存在状态的一个非常恰当的象征，唯有真正认识和把握蒂利希这种在边界上的隐喻的深刻含义，才能对他的思想有恰当的理解。笔者自 2018 年入职山东大学以来，深感大陆的蒂利希研究之滞后，无论就硕士论文、博士论文，还是就学者研究专著等等而言，都已经远远落后于西方学术界。

据笔者粗疏的理解，大陆对蒂利希的研究仍将他大致理解为一位以存在主义哲学包装基督教信仰的学人；甚至有不少内地学者基于不同原因，对蒂利希采取某种扣帽子的粗暴学术行径，以致让他的思想远离了当前的重要学术语境，让国人永远无法直面蒂利希。而且，大陆学界基本只关注蒂利希在美国时期的作品。最近十数年，德语学界大力编辑《蒂利希文集补遗》(*Ergänzungs-und Nachlaßbändezu den Gesammelten Werken*)，对呈现更为完整的蒂利希大有裨益，但除了笔者在北京师范大学的好友杨俊杰教授关注外，汉语学界少有学人留意。由于以上种种原因，几乎整个英美和德语学界就蒂利希的前沿研究在大陆研究当中都处于缺席状态。

当然，这本小书无意也无能彻底改变此状况，充其量只能为此敲响警钟，让一众同道奋力前进。在笔者看来，大陆学界亟须往几方面发展：(1) 有计划地将蒂利希的德国时期作品进行汉语翻译，同时需要对他的英语作品进行批判性校勘；(2) 加快认识英美和德语世界的研究方向，拟定汉语学界就蒂利希研究的基本路线；(3) 有计划地培养研究生进行蒂利希研究和翻译工作，成立有组织的群组推动研究和讨论工作。

本书系教育部人文社会科学重点研究基地重大项目“犹太教和早期基督教‘文本、思想和社群’的分离研究”（22JJD730001）阶段性成果。原书稿在2020年已准备妥当，但碍于种种原因，出版历经波折，幸得上海三联书店编辑部的邱红女士和陈泠珅老师多番奔走，在背后做出重要的努力，并为本书的文字作了出色的润饰，在此特别感谢。笔者也特别向有关研究机构和出版社做出鸣谢，感激他们允准这些作品在本书中使用：

首先，感谢香港基道出版社，本书的第一、二、三、四、八、十、十二、十三、十四章，修订自陈家富：《田立克：边缘上的神学》，香港：基道出版社，2008年。

其次，感谢汉语基督教文化研究所道风出社，本书的第六章，修订自《道风：基督教文化评论》，第43期（2015）：93–114。

感谢香港德慧文化图书有限公司，本书第九、十一章，分别修订自陈家富：《辨识历史——时机·终末·神学家》，香港：德慧文化，第203–221页；陈绵辉主编：《装置一切：技术—生命—政治》，香港：德慧文化，2020年，第69–110页。

陈家富

2023年9月14日

序于香港中文大学崇基学院图书馆

目 录

第一章
神学

一、前　言

蒂利希认为，基督教三一论（Trinity）的讨论实质上不同于上帝的三一原则（trinitarian principle）。他在《系统神学》（卷一）中指出作为灵的上帝是涵盖了所有三一的前设，并预设三一原则必定需要从灵（Spirit）而非从逻各斯（*Logos*）开始。[1] 这正是为什么蒂利希只能在《系统神学》（卷三）中完成了圣灵论的部分后，才可以“重新开启”三一宗教象征（trinitarian religious symbol）的问题。他强调虽然三一论与基督论问题相互关联，但“基督论缺乏圣灵论是不完整的”。[2] 在缺乏圣灵论的前提下，基督论仍然处于一种未完成的阶段。就三一论的问题而言，蒂利希清楚地指出三一思考是

1. Paul Tillich, *Systematic Theology*, vol. 1 (Chicago: University of Chicago Press, 1951), 250.
2. Paul Tillich, *Systematic Theology*, vol. 3 (Chicago: University of Chicago Press, 1963), 285.

要直接回应三个基本问题：宗教经验的绝对与具体元素、[3] 永活上帝的概念，[4] 以及上帝的三重自我彰显（创造力量、拯救之爱与出神的［ecstatic］转化）。[5] 依此，蒂利希追随施莱尔马赫（Schleiermacher）而非卡尔·巴特（Karl Barth），将三一象征置放于神学的“后续性余论”（*postlegomena*）而非“预备性导论”（*prolegomena*）；[6] 他坚称所有的宗教象征（包括三一宗教象征）乃呈现神学知识的启示与救赎经验。[7] 本章试图要处理的问题是：圣灵论在何种意义上不仅“完成”基督论，甚至将三一思考带到完整及最终的阶段？下文将展示三一圣灵论原则成功地处理了神学存在（theological existence）、神学圈（theological circle）

---

3. 对蒂利希而言，独一神类型宗教表达了宗教经验的绝对性特质，多神类型宗教则强调宗教经验的位格与具体性特质。因此，三一独一神论（Trinitarian monotheism）能整合这两种宗教经验。见 Tillich, *Systematic Theology*, vol. 1, 228。

4. 三一论概念首要指涉永活上帝的三一论原则，该原则是属神生命（divine life）的辩证过程。

5. Tillich, *Systematic Theology*, vol. 3, 283.

6. 蒂利希认为，三一论只能在基督论与圣灵论完成后才是可能的，他明言他跟随施莱尔马赫，“当施莱尔马赫将三一论放置在神学体系的终点时，是一项为神学教义作出实存理解的重要一步……当施莱尔马赫将信仰关联于神圣原因时，并试图从各种途径由此派生出这些象征［三一论象征］”，见 Tillich, *Systematic Theology*, vol. 3, 285。虽然三一论在体系中的位置问题区分开了施莱尔马赫与巴特对基督教神学的理解，但两人同时强调基督教教义的教会性本质与功能。要比较两人的相似与差异将越过本文的范围，但值得注意的是，蒂利希其实对施莱尔马赫基督论式的三一论神学（Christological Trinitarian Theology）持审慎的态度，虽然巴特的三一论神学知识论问题也明显被蒂利希指责其陷于一种“先验”的玄思中。蒂利希认为，巴特的三一论忽略了知识论的可能性，而施莱尔马赫则忽略了普遍性的逻各斯作为三一论的存有论之可能性，见 Paul Tillich, *A History of Christian Thought*, ed. Carl E. Braaten (New York: Simon & Schuster, 1967), 408–409。

7. Tillich, *Systematic Theology*, vol. 3, 285. 蒂利希似乎认为三一论思考与圣灵的中介装置（mediating apparatus）是启示经验的诸多彰显，其中包括“经验作为永活的上帝，而非死寂的同一性，乃是属灵在场的工作，他彰显于在众存有中创造性存有的根基性体验、耶稣作为基督的体验，以及人类精神的出神式拯救（ecstatic salvation），并指向非含混生命的联合”。见 Paul Tillich, *Systematic Theology*, vol. 3 (Chicago: University of Chicago Press, 1963), 286。

与文化神学、教会神学相关问题的内部张力；因为，蒂利希在《系统神学》(卷三)的圣灵论非常成功地持守了卷一遗留下来关于神学思考中需要兼备的普遍性与独特性原则，并加以优化。

正如吉尔奇(Langdon Gilkey)在《吉尔奇论蒂利希》一书中表示，圣灵论毫无疑问是一个既重要又少人问津的蒂利希神学课题。[8] 蒂利希的圣灵论之所以长期备受忽略，相信部分原因是蒂利希本人一方面未能在德国期间完成他的神学体系，另外则和他自己亲口承认对晚年在美国完成的《系统神学》(卷三)未感满意。[9] 但本章却要指出，这种忽略明显不妥当，因为蒂利希正试图以圣灵论重新开启他的神学体系，并重新检视几乎所有的问题。[10] 本章将试图阐明圣灵论的完成应被置放在三一框架中，这种考虑正是他晚年神学发展的重要特质。纵然库珀(John Cooper)的《保罗蒂利希神学中的属灵在场》为我们提供了一些严谨和重要的讨论，[11] 可惜他没有将蒂利希的圣灵论联系到他的神学体系和神学方法论，因此圣灵论的独特地位和重要性仍未能被触及。赖品超的《指向一个三一论式的诸宗教神

8. Langdon Gilkey, *Gilkey on Tillich* (NY: Crossroad, 1990).
9. 卷三是处理圣灵论与终末论。蒂利希一生尝试过三次基督教神学的建构，第一次是一部完成于 1913 年的系统神学手稿，文本参 Paul Tillich, "Systematische Theologie von 1913," *Ergänzungs und Nachlaßbände zu den Gesammelten Werken von Paul Tillich*, Band IX, Herausgegeben von Gert Hummel und Doris Lax (Berlin: Walter de Gruyter, 1998), 273–434。第二次是 1925 年在马堡大学的教义学讲演，文本参 Paul Tillich, *Dogmatik: Marburger Vorlesung von 1925*, Herausgegeben, eingeleitet und mit Anmerkungen und Registern versehen von Werner Schüßler (Düsseldorf: Patmos, 1986)。最后一次是在 1951–1963 年间于美国完成的《系统神学》，文本参 Paul Tillich, *Systematic Theology*, vol. 1–3 (Chicago: University of Chicago Press, 1951, 1957, 1963)。
10. 在《系统神学》(卷三)的"导言"，蒂利希说："我相信这卷[卷三]，尤其是圣灵论的部分，直接地回答了众多的批评。"见 Tillich, *Systematic Theology*, vol. 3, 5。
11. John Cooper, *The "Spiritual Presence" in the Theology of Paul Tillich* (Macon: Mercer University Press, 1997).

学》尝试重构蒂利希诸宗教神学的三一理解，他认为蒂利希的基督论与圣灵论之间的交替奠定了基督教与其他宗教之间的关系。赖品超继而指出，圣灵论在关联法的重新思考中具有举足轻重的作用，并且蒂利希从基督论转移到圣灵论也是其体系中的重要事件。[12] 斯图贝克（Steven Studebaker）新近的研究注意到蒂利希三一辩证原则中的人类经验与圣灵论的重要性。[13] 杨伟明（Amos Yong）则直接引导我们关注蒂利希的圣灵论及其关联法的关系，他比较担心蒂利希淡化基督论的核心性和混淆神圣之灵与人之灵的危险，尝试"从一个圣灵论的视角"重新思考蒂利希的整个体系；[14] 因着五旬宗神学（Pentecostal Theology）强调圣灵的核心性的背景，"我们［杨伟明］的方案是从圣灵出发，他既是基督之内的上帝之灵，又是在一切众生内生命的气息"；[15] 杨伟明对蒂利希不满，并认为他"缺乏能力重新开始"。本章试图指出，蒂利希的基督论的关联与圣灵论的赋载（embodiment）的互替其实早已非常曲折地存在于蒂利希的作品中。

本章将重构蒂利希的圣灵基督论（Spirit Christology），其中会指出圣灵论为神学圈的方法论基础奠定了一个新的视角；

---

12. Pan-Chiu Lai, *Towards a Trinitarian Theology of Religions*: *A Study of Paul Tillich's Thought* (Kampen: Kok Pharos, 1994)；文中标题采取直译，中译本另参赖品超：《开放与委身：田立克的神学与宗教对话》，香港：基督教中国宗教文化研究社，2000 年。

13. Steven Studebaker, "God as Being and Trinity: Pentecostal-Tillichian Interrogations," in *Paul Tillich and Pentecostal Theology*: *Spiritual Presence & Spiritual Power* , eds. N. Wariboko & A. Yong (Bloomington and Indianapolis: Indiana University Press, 2015), 58–70.

14. Amos Yong, "Why is the 'Correlation' between Paul Tillich and Pentecostal Theology Important, and Who Cares?" in *Paul Tillich and Pentecostal Theology*: *Spiritual Presence & Spiritual Power*, eds. N. Wariboko & A. Yong, 1–16.

15. Ibid., 9.

并且，原初由逻各斯基督论（*Logos* Christology）奠定的“独特性–普遍性”神学原则，将会在圣灵论的终极基础上达到新的阶段；及至在蒂利希最后演讲中表达一种诸宗教历史神学的观念时，圣灵论仍然肩负重任——理清基督教与非基督宗教的关系，并且神圣地普遍彰显在其他宗教与基督教内。依此，根据“独特性–普遍性”的双重原则所建立的文化神学和关联法也在逻各斯基督论向圣灵基督论的转移中被触及。本章将首先考察在蒂利希神学企划中，“经验”所担当的角色及其重要性；并指出神学圈和关联法中的核心性（独特性）与开放性（普遍性）概念如何奠基于蒂利希的逻各斯基督论；以及，在《系统神学》（卷三）中，蒂利希一方面以圣灵论处理基督论所遗留下来的问题，另一方面以圣灵论的语言重新整合“独特性–普遍性”的两极性；基于以上的分析，文化神学与教会神学的对立得以在圣灵论的视角下被克服，并且本章将在结论部分指出蒂利希在最后演讲中谈及神学与诸宗教历史关系时如何坚持一种圣灵论的语言。

二、神学思考中的经验

进入到神学思考的状态中究竟是什么意思？蒂利希认为，一个神学人的模态应该是实存性的，一切参与在神学圈边界上的行动皆为“神学的”，但关键是神学圈的边界并不固定，而是可延展的。在《系统神学》（卷一）的“导言”部分，蒂利希就陈述了神学存在（theological existence）的模态结构，他指出神学圈内的模态只能是具体和实存的；参与在神学思考和行动中意味着不仅是一种理性的玄思，而是一种信仰的实存处境。以他的技术性用语言之，神学参与意指实存性的关切，其中某种“宗教”经验必然存在于认知主体与被知客体之间。在一种对“无条件的”（Unconditioned）存有论的当下意识中，抽离的认识论框架和主客对立皆显得无效。这正是蒂利希所言“神学必然是实存的”之意。[16]

依此，进入实存当中就是投入体验当中。终极关切作为蒂利希神学企划的关键性用语必然是某种“神秘”经验。这正是他为何强调“经验”须被视作神学反思的重要媒介之一的原因。作为某种客观资源的主观“媒介”，启示性事件的生发就在人的经验中在场。[17] 蒂利希从来没有认为人的经验（无论它多么具有宗教性）能自然而然地成为神学的基础，因此他强调人的经验作为神学实存的媒介并非意指神学应化约为人类学或某些人类学式神学。蒂利希强调，神学不能被理解为一种抽离于存有根基的他律性宗教态度。相反，人参与在宗教实质中尤为重要。正如蒂利希在《两种类型的宗教哲学》中指出，他自己的神学当属于奥古斯丁-方济各的（Augustinian-Francisan）存有论传统的原因，[18] 这亦是为什么他较能同情、理解施莱尔马赫的“绝对依赖的情感”（feeling of absolute dependence）。蒂利希强调，人的参与永远无法取代基督事件的存有论位置，因

16. Tillich, *Systematic Theology*, vol. 1, 23.

17. Ibid., 46.

18. Paul Tillich, “The Two Types of Philosophy of Religion,” in *Theology of Culture*, ed. Robert C. Kimball (New York: Oxford University Press, 1959), 10–29. 关于蒂利希与奥古斯丁-方济各传统的关系需要另行处理，经验在蒂利希神学中担当了重要的角色，是因为他比较欣赏上帝的存有论进路之故，他也称呼这进路是“体验的诸种神学”（theologies of experience），其中包括中世纪的神秘主义、激进改教家和施莱尔马赫。

为神圣启示永远无法从人的经验派生出来。但需要注意的是，神圣启示必然需要“在经验中被给予……依此，经验接收而非生产”。[19]

经验在神学中的位置同样在宗教改革运动的历史中成为争议性课题。相对于改革宗神学（Reformed Theology）倾向收窄经验在神学建构范围的传统，蒂利希明显较倾向激进改教家（Redical Reformers）那种强调圣灵在人的内在性揭示经验合法性的传统。[20] 前者比较排斥性地将神学建基于基督论之上，而后者则较容许圣灵给予的诸多可能性。蒂利希会认为神学参与无疑是建基于基督事件，但并非受限于它。真理将通过与不同的信仰相遇而获得的“开放经验”而得以展示，意指神学存在本身乃处于一种可被外延的界限上。[21] 需要注意的是，首先，宗教经验在神学边界的弹性上获得合理性；其次，基督事件与宗教经验相互补足；最后，缺乏作为媒介的经验，基督教信息将无法被获得。但倘若宗教经验被基督事件所压倒，由圣灵产生的转化力量将受到限制；若基督事件被宗教经验所压倒，基督教信息的独特性则被危害。依此，圣灵在人经验内彰显的转化永远不能相等于基督事件所产生的果效，同样，宗教经验也永远无法独自创造一种崭新的宗教信息。[22]

蒂利希似乎认为，宗教经验只能在被圣灵抓住时才获得其

---

19. Tillich, *Systematic Theology*, vol. 1, 46.
20. Ibid., 45.
21. Ibid.
22. 关于主流改教家与激进改教家就圣灵与圣经、圣灵与基督的问题，需要另行处理。蒂利希的圣灵论相当程度受益于激进改教家，虽然蒂利希对他们所强调的“内在之言”（inner word）仍然有保留。

合理性。[23] 上帝之言与人之言间的关联建构了神学知识的可能性与真实性。蒂利希指出，信仰寻求理解预设了认知上帝的过程中信仰的优先性；但他提醒说，信仰的模态需要被视为“终极地关切我们的”（something ultimately [to] concern us）而非某些智性的确定性或道德的实现性；信仰也无关乎一己的重生或成圣状态。[24] 总括而言，神学存在乃处于边界上，抽离的客观性与主观性委身皆同时存在；一己的存在是否是“神学的”乃视乎是否在神学圈中，而判断是否在神学圈中的准则是接纳基督教信息为终极关切。[25]

关于神学圈的位置和判准问题同时关系到“非重生神学”（*theologia irregenitorum*）的可能性问题。蒂利希分别两次在《系统神学》（卷一）和关于基督教思想史的讲课中提及这问题。非信徒能否做神学？若否，神学会否成为基督教群体的专利？若是，“信仰寻求理解”还正确吗？“重生”是否是神学活动的必要条件？又或神学纯粹是学术的理智活动，应给予所有智性参与者开放？蒂利希似乎从未直接而全面回答这些问题，他的基本态度是“只有那些经验基督教信息为其终极关切的人才有能力成为神学人，而比这更多的则不能被要求”。[26] 对蒂利希而言，一个人是否在神学圈内，关键在于是否能提供一个神学原则来极力保持在圈内又在圈外。蒂利希认为，没有一种神学

---

23. Ibid.，人的经验本身不能成为神学的资源，蒂利希要强调的是圣灵内住人的内在体验中，抓住人的灵，并对终极关切存在神秘式的醒觉。
24. Ibid., 10.
25. Ibid., 46.
26. Tillich, *A History of Christian Thought*, 281.

的参与是没有神学圈的具体参与，当参与时，就是“进入［神学圈］成为基督教教会的成员而展示教会的一项重要功能——神学的自我诠释”；[27] 但问题是教会的边界不能也不应由神学的正确性来界定。正如蒂利希强调，神学的神学性并非由对基督教信息的同意与否来决定，而是该信息是否被视为终极关切所决定。[28]

对上述问题的恰当回答将由神学圈的独特性与普遍性之间的辩证两重性及其证立所决定。蒂利希认为，神学人须越过神学圈的界限，基督论的核心将建构基督教信息的独特性，神学圈可延伸的边界建构了崭新与开放经验的可能性。[29] 依此，神学圈的焦点乃“耶稣作为基督”的**具体性与独特性**；而多元宗教经验的可能性将被理解为扩延的神学圈，它由圣灵在人的经验中在场的**普遍性**所奠基。蒂利希为了保持基督教信息的独特性与普遍性的张力，他在晚期的圣灵基督论将成为一个重要的神学框架来处理上述神学存在和神学圈的问题。

三、基督论式的关联法

神学的主体与其方法论密切相关，前者决定了方法的恰当性。倘若圣灵基督论被认为是蒂利希神学整体的核心概念，其神学方法将无可避免地关联于圣灵论与基督论。

在《系统神学》（卷一）中，蒂利希视神学为“护教神学”

---

27. Tillich, *Systematic Theology*, vol. 1, 10.
28. Ibid.
29. Ibid., 45.

或“回答神学”；[30] 这种神学的目标为“在永恒信息的大能中回答‘处境’中的问题，并以处境所提供的手段来回答其问题。”[31] 护教神学乃尝试把处境所存在的“问题”与基督教信息所提供的“答案”关联起来。企图将巴特的宣讲神学与蒂利希的护教神学加以对立将会是误导性的，因为蒂利希认为，基督教福音的宣讲必然是护教神学的核心，否则，基督教的身份将在对话与相遇的过程中消失。蒂利希企图强调的是，宣讲神学若以超自然性展示其脱离语境的特质将会是非常危险的，因此，蒂利希尤其重视神学的“中介”（mediating）特质。[32] 其次，另一个关于“问题-答案”关系的责难是指出基督教答案若从人的处境中派生出来将会是危险的。蒂利希事实上从来没有认为基督教的真理宣称应该由人的处境分析来提供答案，而是认为两者需要在一种关联的关系中。问题虽然先被提出，但它自身并不派生答案。

关联法在蒂利希早期的神学陈述中存在另一种样式。[33] 宗教被视为一切文化表现的深度和实质，它并非与其他文化功能并列的其中一种与它们相区别的实体。蒂利希在 1919 年柏林大学发表的重要讲演中，他首次为一种文化神学（theology of culture）铺展了重要的根基，他认为神学就是——

30. Tillich, *Systematic Theology*, vol. 1, 6.
31. Ibid.
32. Ibid., 7.
33. 约翰 · 克莱顿（John Clayton）就蒂利希关于关联神学概念从早期到晚期的转变有非常精彩的分析，见 J. P. Clayton, *The Concept of Correlation: Paul Tillich and the Possibility of a Mediating Theology* (Berlin: Walter de Gruyter, 1980)。

> 宗教的具体与规范性科学（the concrete and normative science of religion）……两种相关的讨论将被拒绝。首先，神学并非对一众对象中某一独特对象的科学，那对象我们称之为上帝；《纯粹理性批判》已经终止了这种科学……神学是宗教科学的一部分，也即那体系性和规范性部分。其次，神学并非一独特启示的科学性陈述，这种诠释假设了一个超自然的权威性启示观念……[34]

蒂利希将神学置放于宗教科学（science of religion）及其关于诸科学的整合性体系当中，[35] 从这种规范性与具体性考虑出发，神学对象既非人经验知识象限外的“物自身”，亦非通过宗教权威所认定的超自然启示。[36] 神学的目标并非将超自然实体客观化，把上帝表象为一外在客观对象；而是一如文化神学所宣称，在文化形式（*form*）与宗教实质（*gehalt*）间进行综合。[37] 就蒂利希而言，启示并不仅在基督教群体的界限内发生，无条件的神圣必然通过文化的领域被揭示。[38] 在他晚期的陈述中，这种对无条件神圣的意识被称为终极关切。蒂利希非常坚持宗教不能

---

34. Paul Tillich, “On the Idea of a Theology of Culture,” *What is Religion?*, ed. James Luther Adams (New York: Harper & Row, Publishers, 1973), 157.
35. Paul Tillich, *The System of the Sciences*: *According to Objects and Methods*, trans. Paul Wiebe (Lewisburg: Bucknell University Press, 1981)。
36. Tillich, “On the Idea of a Theology of Culture,” 157.
37. 参 R. R. Manning, *Theology at the End of Culture*: *Paul Tillich's Theology of Culture and Art* (Warotstraat: N.V. Peeters, 2005), 32。蒂利希早期的文化神学主要是以“形式-内容-实质”（*Form-Inhalt-Gehalt*）的三元内在结构来表达，克莱顿精彩地解释了蒂利希早期的三元结构与晚年的“问题-答案”关联神学的差异，见 J. P. Clayton, *The Concept of Correlation*: *Paul Tillich and the Possibility of a Mediating Theology* (Berlin: Walter de Gruyter, 1980)。
38. J. Heywood Thomas, *Tillich* (NY: Continuum, 2000), 32.

被视为文化的众多功能之一，因此，黑格尔的理性、康德的道德和施莱尔马赫的情感皆不足以穷尽宗教的本质。人的心灵没有一项能力能完全把握宗教的本质，然而其本质却通过这些结构而彰显。

文化神学在蒂利希的早期与晚期阶段有着较强烈的延续性。他早期对超自然的启示进路的激烈反抗一直延伸至晚期反抗基督教信息的“幻影说–一性论的”（docetic-monophysitic）残余。[39] 值得注意的是，蒂利希完全赞同巴特批判自由派神学（Liberalism）那种企图由人的处境派生神学答案的做法。借用蒂利希自身的概念而言，19 世纪文化新教（cultural Protestantism）的真正危险乃在于把“本质”（essence）与“实存”（existence）相混淆。依此完全可以理解，巴特早期为何要强调上帝与人在存有论上的无限差异。[40]

蒂利希拒绝巴特的超自然启示观，并不意味他要在神学的整体和方法论上放弃上帝的观念。正如他强调，知识论根源于存有论考虑，认识上帝的途径只能由上帝启示之途来完成；启示从上帝而被打开，却由人来接收。这意指神–人之间的存有论关联优先于关联法的认知方法，“为我们的上帝”（God for us）与“为上帝的我们”（we for God）之间的相互依赖，表达出存有类比（*analogia entis*）将成为关联法的重要考虑。存有类比

---

39. Tillich, *Systematic Theology*, vol. 1, 64–65.
40. 本章无法详细交代蒂利希、巴特与自由派神学的复杂关系，简而言之，蒂利希认为自由派神学与正统神学不应是一种非此即彼的选择，而是应该结合两者，他称为新辩证神学，见 Paul Tillich, “Author’s Introduction,” in *The Protestant Era*, ed. James Luther Adams (Chicago: University of Chicago Press, 1948), xxvi–xxviii。

的合理性并没有为某种自然神学打开了出路，这种自然神学企图以自然物来推演上帝的存有。蒂利希指出，存有类比为上帝和世界建立了某种存有论的根基，信仰类比则表达出有限的人的宗教维度，两者并不矛盾。[41]

蒂利希在回答一个康德式的神学知识论问题“认识上帝如何可能?”时指出，“神学”指涉一切关于上帝（*theos*）的理性论述，但这只是认识基督教神学的必要而非充分条件；基督教神学的根基乃在于“道成肉身”（*logos* became flesh）这个基督论教义，[42] 这教义甚至能充当基督教神学为“那独一的神学”（The Theology）的根据。“基督教神学接受这超越一切其他神学根基的根基，而它自身不能被超越。”[43] 尤其重要的是，蒂利希强调“道成肉身”本身悖论地包含了绝对的具体和绝对的普遍。[44]

> 基督教神学就是那独一的神学，乃由于它建基于“绝对的具体”和“绝对的普遍”之张力。祭司式和先知式神学可以非常具体，但却缺乏普遍性。神秘主义式和形而上学式神学可以非常普遍，但却缺乏具体性。[45]

---

41. Tillich, *Systematic Theology*, vol. 1, 131. 蒂利希强调启示的知识是类比性的，因为上帝知识的可能性是建基于类比，同时，他提醒我们存有类比不应视为一种自然神学。
42. Ibid., 16.
43. Ibid.
44. Ibid.
45. Ibid.

绝对的具体代表了一切的个别和独特；绝对的普遍代表了一切的抽象。[46] 蒂利希认为，“道成肉身”把普遍的逻各斯与具体的人的肉身相结合，依此，一切存有皆被包纳在这教义内。易而言之，基督教神学寻得一个高度包含性的根基而建于其上，以致一切实存的将可以与这独特而具体的肉身相结合；一切可能性也将能与这普遍和抽象的宇宙逻各斯相结合。[47] 蒂利希指出，普遍的逻各斯与具体的肉身结合同时表达了神圣悖论式地突入（paradoxical breakthrough）人的文化而彰显其真理。[48]

蒂利希在此考虑的不仅仅是传统神学的“预备性导论”（*prolegomena*），而且是脱离基督教群体的基督教神学合理性的可能性与实现条件。

> 究竟是否有一种基督教教会以外的神学？若是，神学的观念又是否在基督教神学中达到完善和终点？……在越过［神学］圈的边界外是否有合理性？这是护教神学的目标去论证基督教宣称在神学圈外的视角仍有合理性。护教神学需要展示，这倾向是内蕴于所有宗教和文化中，并指向基督教答案，这涉及教义和神学的神学诠释。[49]

蒂利希似乎极力去寻找一个神学原则能合理地置放基督教、非

46. Tillich, *Systematic Theology*, vol. 1, 16.
47. Ibid., 17.
48. Ibid., 57. 就蒂利希关于“突入”的理解，见 U. C. Scharf, *The Paradoxical Breakthrough of Revelation. Interpreting the Divine-Human Interplay in Paul Tillich's Work 1913–1964* (Berlin: Walter de Gruyter, 1999)。
49. Tillich, *Systematic Theology*, vol. 1, 15.

基督宗教和其他文化的位置，[50] 这个原则需要证明和确认身处基督教内和外的合理性，依此，我们就明白蒂利希为何要联合普遍化和独特性原则以图满足这个既在外又在内的要求。为要满足这个游走于神学圈边界上的要求，普遍性原则提供了基督教信息在基督教群体之外的合理性；与此同时，为要满足神学存在的身份问题的要求，独特性原则却能提供在圈内的证明。所以，神学圈的核心与边界皆由“道成肉身”这教义所肩负。

上述的分析同样可以以神学与哲学的辩证关系来理解。蒂利希认为，两者关系非常微妙。哲学预设了人心灵与宇宙共同分享的普遍性逻各斯结构，意指一种人的主体逻各斯与客体逻各斯的联合。神学却将自身屈从于具体的肉身逻各斯，并要求一种具体的委身。[51] 可见，神学与哲学皆分享了一个共同基本结构，哲学家皆是隐藏的神学家。[52] 蒂利希在此并非要将哲学和神学等同起来，而是指在一种潜能的意义上，哲学是有神学倾向的（theologically orientated）。倘若神学意欲获致一种普遍的合理性，它就需要从实存的委身中抽离出来，并降服于普遍性逻各斯之下；依此，神学将会是哲学倾向的（philosophically orientated），因此，神学家的使命是——

> 敢于为越过神学圈的界限而冒险……由于神学所服侍

50. 基督教与非基督宗教的关系成为蒂利希晚年的重要关注，这问题与普遍性-独特性问题相关。
51. Tillich, *Systematic Theology*, vol. 1, 23.
52. 蒂利希说：“他的实存处境与终极关切塑造了他的哲学远象，他就是神学家，意指他对整个实在结构的普遍性逻各斯有所直观，完全是由那独特的逻各斯在他独有的位置彰显，并赋予他整个意义所导致的”，参 Ibid., 25。

> 的不仅是具体的逻各斯还有普遍的逻各斯，所以神学能变成教会的绊脚石，这也是神学家一个魔魅化的试探。在真诚的神学工作中所要求的抽离态度能摧毁信仰的必然性参与，这种张力是每个神学工作的负担和伟大之处。[53]

依此，神学与哲学领域完全不同但却有重叠之处。所以，蒂利希明确指出，两者并不冲突也非综合。[54]

蒂利希试图在道成肉身的教义里展开普遍性与独特性原则来处理基督教神学的质料内容。质料要担当的角色是为神学存在跨越神学圈边界而做出证明。其次，道成肉身也担当了建构基督教神学的形式判准的任务。蒂利希强调神学的对象首先是“那些终极地关切我们之物”[55]。

从消极的意义而言，这判准的目的是要通过区分“终极关切”与“次终极关切”来为不同的人类活动而辩护；可惜，这两种的关切并非在两极平衡状态，“在每个次终极关切中，终极关切实现自身”，依此，次终极关切也将成为神学对象。[56] 从积极的意义而言，一切存有皆属于终极关切中而被视为神学对象，[57] 依此，就蒂利希而言，没有任何对象应被排除在神学圈以外，正如第二形式判准所指，一切决定存有或非存有（being or non-being）的皆为神学对象。[58]

---

53. Tillich, *Systematic Theology*, vol. 1, 25–26.
54. Ibid., 26.
55. Ibid., 28.
56. Ibid., 13.
57. Ibid.
58. Ibid.

这两个形式判准提供了在神学圈边界往返穿越的合理性和根据，此两项形式判准的质料内容是**具体与独特的**，而界限却是**可延展和普遍的**。蒂利希在《系统神学》(卷一）中，将整个关联法奠基在逻各斯基督论之上，并且相信普遍性和独特性两项要求能在这基础上得到满足；我们将会发现，这个逻各斯基督论的神学基础将被《系统神学》(卷三）中的圣灵论重新整理；蒂利希认为，圣灵论较逻各斯基督论更能肩负综合普遍性和独特性这两项要求。[59]

四、从逻各斯基督论到圣灵基督论

圣灵论在蒂利希神学体系中担当了重要的角色，不仅因为它关系到上帝之灵与人之灵的关联，还在于它重新奠定了蒂利希整个关联法神学的根基。[60] 究竟这个晚期才出现的教义发展如何重新处理逻各斯基督论原初奠定的神学基础?

首先，蒂利希在基督教思想史的讲课中特别提及逻各斯基督论强调神圣逻各斯转化成人，而嗣子论式基督论则较强调神圣逻各斯进入耶稣本人里面。[61] 蒂利希之所以在《系统

59. 蒂利希曾稍微论及其神学体系的基督论与圣灵论基础的问题，在《系统神学》（卷一）的注脚 13 中，他提及：“这体系的圣经基础是由质料规范的文字作出的：在耶稣作为基督的新存有，这全指向保罗的圣灵论……此体系的保罗主义依赖于保罗在基督里的关于新创造的建构性教义，包括新纪元的先知式-终末式的信息”，见 Tillich, *Systematic Theology*, vol. 1, 50–51。所以，对蒂利希而言，保罗的基督论与圣灵论皆是他神学体系的基本参考。

60. 众所周知，蒂利希对《系统神学》(卷三）感到不满意，指明它支离破碎、不合适和充满疑问。见 Tillich, *Systematic Theology*, vol. 3，“前言”，但他从来没有作出解释。赖品超曾提供过一个有力的分析，他认为，蒂利希晚年就宗教对话的问题导致他要就关联法、基督论与圣灵论等问题重新思考，而造成体系的内部张力，见 Pan-Chiu Lai, *Towards a Trinitarian Theology of Religions*。

61. Tillich, *A History of Christian Thought*, 80.

神学》(卷一)特别关注前者并将其神学方法论奠基其上，部分原因相信是转化式基督论(transformation Christology)较能提供他所需要的普遍性与独特性。但蒂利希似乎还没有注意到“普遍”如何成为“独特”的问题。[62] 这或许可以解释在《系统神学》(卷一)出版后的基督教思想史授课中，蒂利希仍然只是提及两种类型的基督论，而仍没有考虑综合两者的可能。[63]

其次，当蒂利希进至《系统神学》(卷二)时，他的基督论明显讨论得更为深刻，我们至少可以从两方面进行考察：蒂利希一方面对《迦克墩信经》(Chalcedonian Creed)的两性基督论观点提出非常尖锐的批评，同时他积极考虑逻各斯基督论与嗣子论式基督论的互补。[64] 就他而言，在卷二的基督论基本问题是如何在“耶稣作为基督”中保持基督特质与耶稣特质，这意味着蒂利希将尝试以另一种基督论语言来延续卷一中所谈到的普遍性与独特性问题。“新存有”(New Being)被引入来表达神圣原则在一具体与历史性的生命中实现。蒂利希指出逻各斯基督论的重要性在于能为嗣子论式基督论提供解释，而嗣子论式基督论则可以为逻各斯基督论带领以至于成全。[65] 在对实存的考量中，基督论关乎救赎论，上帝就是完全参与在人的实存状态中的那位，[66] 蒂利希的哲学化语言框架将“耶稣作为基督”理

62. 这个“如何-成为”将在蒂利希的《系统神学》(卷三)重新打开，见 Tillich, *Systematic Theology*, vol. 3, 144。
63. Tillich, *A History of Christian Thought*, 32.
64. Tillich, *Systematic Theology*, vol. 2, 138–150.
65. Ibid., 149.
66. Ibid., 146.

解为“上帝与人的永恒联合”，这联合成为历史真实。[67] 他坚持拒绝把道成肉身理解为神圣的变形（metamorphosis），并以存有论的语言强调“神-人性”（God-manhood）的神圣联合在人格生命中彰显。

从卷一到卷二，蒂利希的基督论从逻各斯基督论转移到“永恒神-人联合”（eternal God-man-unity），目的是平衡道成肉身基督论与嗣子论式基督论的张力。为了高度重视人格生命乃本真的生命处境，耶稣作为基督的个别性与具体性丝毫不能被减弱，为了避免耶稣人性的损耗，蒂利希非常小心地选用“彰显”（manifestation）和“参与”（participation）而非“成为”（become）来描述出现在耶稣生命中的神圣机制。[68] 我们可以发现，蒂利希在卷二中的基督论已经明显强调耶稣真实人格的重要性，这一方面由于他强调基督论与救赎论相关，真实耶稣的人性更能表达基督的代替性；其次，蒂利希强调基督与实存的关联，倘若一个神圣物不能完全进入实存当中，他又如何能处理实存的问题？依此，蒂利希的基督论逐渐放弃逻各斯基督论的做法仍然有迹可循。

---

67. Tillich, *Systematic Theology*, vol.2, 146，卡梅伦（Bruce Cameron）曾以黑格尔的模型来诠释蒂利希的基督论，见 Bruce Cameron, “The Hegelian Christology of Paul Tillich,” *Scottish Journal of Theology*, vol. 29 (1976), 27–48。但蒂利希拒绝就无限与有限作黑格尔的辩证理解，他较倾向将道成肉身以悖论的方式掌握， 见 Paul Tillich, “A Reinterpretation of the Doctrine of the Incarnation,” *Paul Tillich Main Works/Hauptwerke*, vol. 6, ed. Gert Hummel (Berlin: Walter de Gruyter, 1992), 309。近年，有学者注意到谢林与蒂利希的基督论问题的复杂关系，见 Georg Neugebauer, *Tillichs frühe Christologie*: *Eine Untersuchung zu Offenbarung und Geschichte bei Tillich vor dem Hintergrund seiner Schellingrezeption* (Berlin: de Gruyter, 2007)。
68. Tillich, *Systematic Theology*, vol. 2, 148–150.

蒂利希的《系统神学》(卷三)之所以让我们感到惊讶，并非单纯因为他以圣灵论的语言来修改基督论，而是他尝试以“属灵在场”(Spiritual Presence)这观念来处理先前两卷所遗留下来的问题。需要注意的是，蒂利希的野心是要把这个辩护的担子重重地放在圣灵论之上。[69] 我们将会注意到，重要的发展是在卷一提及逻各斯基督论所表述的普遍性与独特性原则，将会在卷三的圣灵基督论框架中重新被陈构。

圣灵基督论指“神圣之灵毫无损耗地临在作为基督的耶稣里面”。[70] 蒂利希认为这观点得到符类福音和保罗书信的传统所支持，前者大部分的记载皆强调圣灵引导和为耶稣充权(empowerment)来让他完成使命，耶稣完全被圣灵所“占据”(possessed)正是回答前两卷遗留下来关于“如何”的问题的重要关键。耶稣人格生命的独特性完全由圣灵所“产生”(procreated)。[71] 蒂利希为了保持耶稣本真的人性(authentic humanity)，甚至有倾向嗣子论式基督论之嫌；他似乎认为在“隐秘一性论式”(ctypto-Monophysitic)基督论的威胁下，耶稣的整全人性将受到威胁。[72] 耶稣其人的信和爱应被视为属灵在场所抓住的状态，也是一种非含混生命的超越联合。[73]

为了强调神圣力量在人的生命结构中是彰显而非摧毁，蒂利希需要重构一个更富动态性与相互渗入的生命世界的远象，

---

69. Tillich, *Systematic Theology*, vol. 3, 5.
70. Ibid., 144.
71. Ibid.
72. Ibid.
73. Ibid., 146.

这远象强调整全性与有机性结构，万物并非界分为不同“层级”（level）而是不同的“维度”（dimension）。圣灵基督论与这种被蒂利希称为“生命的多重维度的联合”（multi-dimensional unity of life）彼此关联，因为人生命中的多重维度的联合创造出一幅更动态性图像来帮助我们思考神圣力量与耶稣之灵的互动。蒂利希刻意选取“维度”这隐喻，正是要展示出各种存有间的本质关系并非“相互干预”，他们穿越对方而不摧毁，各维度之间没有冲突出现，甚至不存在等级性层级。[74] 在这种有机与整合的生命形态中，圣灵并非处于“更高”的层级来驾驭“较低”层级的耶稣之灵，反而，圣灵仍完全在耶稣本真生命的深处（depth）中临在，并参与在他整全人格生命的每一维度中。依此，在生命的多重维度的联合观念中，蒂利希似乎能解决道成肉身基督论与嗣子论式基督论之间的矛盾，传统上从上而下和从下而上的基督论模型将不再有效。神圣之灵的维度与耶稣之灵的维度并不割裂，双方的特质互渗在彼此维度中而仍保持自身的特性。

回到神学存在与神学圈的问题。倘若神学圈的独特性与普遍性基础在形式上和质料上皆奠基于《系统神学》（卷一）的“道成肉身”教义，在卷三所发展的圣灵基督论将无可置疑地将独特性与普遍性问题与圣灵论联结。需要注意的是，神学圈界限的可延展性其实并不能完全妥帖地由逻各斯基督论所奠基，原因是这种基督论的核心是神圣启示在耶稣基督身上揭示的独特性。我们可以预见，开放经验倘若需要被预设，而神学活动

74. Ibid., 15.

又需要在神学圈以外进行，圣灵论所打开的普遍性将会比逻各斯基督论更适合处理这种神学存在的需要。纵然蒂利希把圣灵论与基督论联结，《系统神学》(卷三)明显地强调耶稣身上那种普遍的属灵与神律彰显。

五、再思属灵群体的神学

倘若神学乃是基督教教会的功能，[75] 有关神学的本质与界限的问题就应部分地通过教会的观念来解答。蒂利希强调切割文化神学与教会神学是不应该的。

> 文化神学承认在延续性中具体立场的必要性，而教会神学家则承认相较宗教原则自身排他性之绝对性而言的“每种具体形式的相对性”。[76]

可见，“普遍-独特”的互补语言一再出现在早期的蒂利希作品中。从教会神学出发，基督教内容的独特性与具体性需要经常在普遍性与批判性原则下被检查。

蒂利希在《系统神学》(卷三)陈构了他在属灵在场观点下最完整的教会论。教会是耶稣基督与圣灵的大能下的新创造。首先，彰显在耶稣作为基督的新存有力量若缺乏信仰群体的接受是不可能的。蒂利希在卷二和卷三中强调，耶稣作为基督若缺乏那些接纳这新存有的群体，他也无法带来新存有。[77] 因

75. Tillich, *Systematic Theology*, vol. 1, 3.
76. Tillich, “On the Idea of a Theology of Culture,” 178.
77. Tillich, *Systematic Theology*, vol. 3, 149.

此，教会（信仰群体）乃在存有论的意义上是耶稣基督这新存有的延续载体。其次，蒂利希认为一切宗教群体与教会的属灵实质皆是属灵在场有力地创造的，这灵也是耶稣基督能呈现为新存有的源头。“属灵群体是非含混的；她就是属灵在场所创造的新存有。”[78] 需要注意的是，蒂利希将教会的本质理解为“属灵群体”（spiritual community），这将有别于在实存状态下和具有物理性存在的教会。属灵在场所创建的属灵群体内具新存有力量，并能克胜宗教生命中的含混状态。[79] 依此，属灵群体在本质上不能等同于任何可见的教会群体，而需要被理解为圣灵创造而内蕴于一切群体中的属灵能力与意义。正如马丁·路德（Martin Luther）强调这是只对信仰开放的不可见和隐藏的属灵群体。[80] 属灵群体与教会的关系就好比宗教实质（*Gehalt*）及其文化形式。前者乃是通过一切有形和外在的形式结构所表达的属灵力量和意义实质，在耶稣基督未被知悉时，该群体仍然隐藏于众群体当中。

属灵群体和教会的这种辩证张力完全可以“潜”（latent）与“显”（manifested）的群体来表述。[81] 两者并不等同也不分离。

---

78. Ibid., 150.
79. Ibid., 149–150.
80. Ibid., 150. 当蒂利希谈到路德的无形教会时，教会的有形与无形特质并非一种对立的状态，无形的需要有形的使其实现。见 Paul Tillich, *My Search for Absolutes* (New York: Simon & Schuster, 1967), 252。就蒂利希论及宗教改革运动，见 G. Lindbeck, “An Assessment Reassessed: Paul Tillich on the Reformation,” *The Journal of Religion*, vol. 63, no. 4 (1983), 376–393。
81. 其实，蒂利希就潜和显的教会观早就在他一篇早期的论文《教会与人文性社群》（Kirche und humanistische Gesellschaft）中谈及，但那时他的圣灵论仍不清晰，参 Paul Tillich, *The Future of Religions*, ed. J. C. Brauer (New York: Charles Scribner’s Sons, 1966), 66。

属灵群体是在教会内也在教会外的一种神学潜藏模态，[82] 就蒂利希而言，基督教教会与世俗群体之间的界限并不是绝对的，双方皆被圣灵的临在赋予力量，区别他们的最终判准乃在于属灵在场所彰显的新教原则（Protestant principle）中的自我否定与自我转化。[83]

在《系统神学》(卷一)中神学圈核心与边界的问题，在《系统神学》(卷三)中，蒂利希则通过圣灵论来将之表述为一个属灵群体的潜藏与彰显状态的问题。虽然圣灵基督论仍然是整个体系的中心，但圣灵论明显已经为一种能在教会以外的神学存在提供了神学的合理性。虽然基督论与圣灵论是在相对平衡的状态，但蒂利希指出，属灵群体就是圣灵所创造的新存有；[84] 信仰与爱的群体不再仅存于基督教教会传统以内。依此，所谓“教会神学”就不应限制于教会组织内，而需要被理解为更宽阔的、包含不同种类的神学存在的、在圣灵引导下带有普世性的远象。

同时，为了将神学圈的具体与绝对焦点加以相对化，蒂利希的新教原则中的自我否定与自我批判需要在此克服宗教的魔化。圣灵论的属灵在场不仅是表达圣灵的恩典和内蕴的在场，它也是一种在内蕴中对魔化和俗世化加以批判的准则。[85] 蒂利希强调，新教原则是先知性圣灵（Prophetic Spirit）的彰显。[86]

---

82. Tillich, *Systematic Theology*, vol. 3, 152–155.
83. Ibid., 154.
84. Ibid., 155.
85. Ibid., 245.
86. Ibid.

新教原则中以基督悖论式地死在十架上的基督论语言，已经完全以圣灵论的框架表达了属灵的恩典性临在与先知式的批判。这正是蒂利希结合新教原则（Protestant principle）与大公实质（Catholic substance），并以早期的“恩典格式塔”（gestalt of grace）和晚期圣灵论式的抵抗所呈现的神学性与批判性意义。

六、指向一种三一圣灵论的视角

无论是关联法或基督教信仰与其他文化关系的神学理解，蒂利希认为它们都奠基于逻各斯基督论，这种基督论尝试结合具体与独特、抽象与普遍。而在他的神学发展中，基督论又从转化的形态转移到倾向嗣子论的形态。最后，为了强调耶稣其人的本真维度，蒂利希的基督论最终结合圣灵论，将耶稣本真的属灵维度与神圣的维度相关联。但我们需要注意的是，当圣灵论成功取代基督论的语言后，前者所强调的普遍临在将有机会导致神学体系过分倾向普遍性原则，非常有可能导致另一个极端。也许这也是蒂利希对整体神学体系不满意的原因。

似乎逻各斯基督论或圣灵基督论都并非一个完美的神学基础来平衡处理“独特性–普遍性”问题。这部分将建议一个三一圣灵论的观念作为梳理神圣生命中包含的“独特性–普遍性”问题。蒂利希指出“灵”这范畴很特别，一方面上帝本身是灵，其次上帝拥有圣灵。上帝的存有本质上就是鲜活的灵。在《系统神学》（卷一），蒂利希强调上帝观念的圣灵论根基。

若我们并非追问基督教教义，而是上帝观念中这教义的预设，我们需要谈及的是三一原则，而我们就需要从灵而不是逻各斯开始。[87]

蒂利希认为，描述上帝绝对和深渊性（abysmal character）本质的首要象征就是“灵”，它包含一种辩证生命进程的神圣生命，三一上帝在此“同时分离及重新联合”；[88] 并且，这种作为灵和作为三一原则的三一生命进程，拥有不同和涵盖性极广的象征来描述神圣生命的不同自我彰显。[89] 蒂利希关心的并非基督教的三一论教义，而是这教义的预设，意指关于上帝自我彰显的三个象征：作为第一原则的神格（Godhead），表示神圣的深渊性和对非存有的无限抵抗的存有力量；作为第二原则的逻各斯，表示上帝的自我客观化，是意义和结构的象征；作为第三原则的灵，是联合第一原则力量与第二原则意义的中介性原则。从整体而言，灵是神格内整个动态性生命进程。[90]

灵作为鲜活的上帝，又作为三一进程，是神圣动态性的彰显，在灵中上帝从自身中走出，将神学根基内的潜能带到实现，以神圣逻各斯来说话。[91] 值得注意的是，在三一原则下，圣灵参与在耶稣基督的独特性中，圣灵就是基督之灵，意指圣灵的普遍性完全并真实地联结于耶稣其人的独特性之中。并且，作为将分离加以联合的力量，圣灵联合那位成肉身的独特性的逻

87. Tillich, *Systematic Theology*, vol. 1, 250.
88. Ibid., 242.
89. Tillich, *Systematic Theology*, vol. 3, 294.
90. Tillich, *Systematic Theology*, vol. 1, 251.
91. Ibid., 215.

各斯与神格之中，在此重新联合的过程，基督的后存性（post-existence）重新获得普遍性。依此，在这三一的进程中，“独特性–普遍性”问题一开始以“圣灵引导历史上的耶稣”的辩证平衡出发，最终以“圣灵引导升天的基督”告终。

蒂利希在一份1913年系统神学手稿中，上述的三一原则首先被陈述。在关于教义学的开始部分，上帝被理解为鲜活的“三–一”（tri-unity/*Dreienigkeit*）上帝，这种“三–一”表达了无限之多的联合。[92] 蒂利希指出，“由于教义学的恰当安排是通过上帝观念的不同运动而给予的，以致有需要把‘三–一’的位置置放在教义学的开端……由于体系每个重要部分皆与‘三–一’直接相关，所以‘三–一’也应在体系的中间部分（基督论）和体系的结束部分被提及。”[93] 可见，在蒂利希这个早期的神学建构中，三一论并非众多教义的其中一项，而是整个体系的引导性原则，意指他原初的系统神学设计完全是以三一的方式展开的。

基于以上的三一原则，成肉身的逻各斯表达了上帝的外显运动和决定性的具体时刻。“通过基督的升天、与上帝联合，基督与历史上的耶稣之间的张力得以克服，这种克服最终成就在十字架上。”[94] 虽然有关基督升天的教义从来没有在蒂利希的《系统神学》中充分展开，但是“具体–普遍”的辩证张力似乎在三一原则和基督升天的象征中得以缓解。耶稣其人被圣灵提升入天。以蒂利希的语言来陈述，“圣子得以与一切的神圣完满

---

92. Tillich, “Systematische Theologie von 1913,” 329.
93. Ibid., 330.
94. Ibid., 364–365.

联合，上帝与其儿子的联合在历史上的耶稣的生命中被保持。纵然单独性的张力被提出，而在上升与上帝联合中被克胜，这种单独性虽被保存，但却并非作为一对相反的因素而被克服，反而在拯救的状态中得以证明。”[95]

可见，蒂利希企图以“普遍性-独特性”来奠基他的整个神学体系与方法论并不完全令人满意。但他似乎在早年的神学考量中，通过对三一圣灵论的思考提供了一个富有想象力的神学象征，以此来讨论圣灵进入独特的耶稣身上，并提升复活的耶稣进入高升的状态。依此，独特性与普遍性就进入了交替互换的框架，圣灵论提供了独特性和基督论提供了普遍性，神学圈与文化神学就能更好地安放在三一的框架里。圣灵不仅为神学圈的外延提供了合理性，更丰富了耶稣基督的独特性。最终，耶稣基督在属灵在场的普遍化中为基督教信息的独特性提供了一种宇宙性与普遍性的远象。正如蒂利希所言，三一论应该是开放的，所以神学思考的三一概念也应该是开放而非固定的。

七、一种诸宗教历史的圣灵论神学

从上述的分析中，蒂利希思想出现过一种基督论到圣灵论的转移，这转移大概是《系统神学》卷一和卷二以基督论的关联法为焦点，转移到卷三的圣灵论视角。其中导致这种转变的决定性因素将是宗教对话的问题，尤其是蒂利希对待非基督宗

95. Tillich, “Systematische Theologie von 1913,” 365.

教的态度。事实上，蒂利希分别于1951年及1953年在纽约和阿斯科纳（Ascona）会晤铃木大拙（Daisetz Suzuki）；于1957年在哈佛会见久松真一（Hisamatsu Shin-ichi）；[96] 于1960年展开他的日本之旅。[97] 在结束日本之旅后，蒂利希于1961年就作出他关于宗教对话问题的班顿演讲（Bampton Lectures，演讲稿于1963年出版）。这些事件显示，蒂利希非常投入思考关于非基督宗教问题，倘若在关联法下，其他宗教不仅被视为一种提出实存问题的文化，而是一种鲜活的宗教，好比基督教一样提供宗教答案。这意指“宗教–文化”这种关联法的机制将无可避免会受到“宗教–宗教”这方式挑战。当其他宗教同样能就具体而实存的问题而提供答案时，蒂利希如何能维持他关联法“问题–答案”的构想？[98] 事实上，蒂利希并非没有意识到这问题，他尝试在属灵在场的普遍性观念下整合宗教对话的问题，正如他在《系统神学》（卷三）的“导言”中指出：

> 现今处境的另一个重要特征就是……愈发重要的历史宗教间的交流，部分原因乃是需要有一对抗世俗力量入侵

---

96. 就蒂利希与久松真一的对话，可参 Paul Tillich, *The Encounter of Religions and Quasi-Religions*, ed. Terence Thomas (Lewiston/Queenston/Lampeter: Edwin Mellen Press, 1970), 75–170。就蒂利希与佛教对话的一般性分析和诠释，可参 Marc Boss, “Tillich in Dialogue with Japanese Buddhism: A Paradigmatic Illustration of His Approachto Inter-religious Conservation,” in *The Cambridge Companion to Paul Tillich*, ed. Russell Re Manning (Cambridge: Cambridge University Press, 2009), 254–272。

97. 就蒂利希与日本禅宗学者的对话和蒂利希在日本之旅所发表的演讲，可参 *Paul Tillich-Journey to Japan in 1960*, ed. Tomoaki Fukai (Berlin & New York: Walter de Gruyter, 2013)。

98. 这观点笔者得益于赖品超教授，特此致谢。

> 的统一战线，部分原因是不同宗教中心之间的空间距离得以克服。我需要再次论及的是，基督教神学若不能以神学思想与其他宗教进入富有创造力的对话中，将会失去世界历史的机遇而仍然滞留于区域性（provinciality）。[99]

蒂利希似乎已经意识到问题和答案间的关联法，应该转移到宗教对话的考虑。非基督宗教同样具备提供实存答案的能力。蒂利希自从移居到美国后，他就愈发意识到受德国文化遗产塑造的哲学和神学“区域主义”（provincialism）的限制和狂妄，[100] 保持德国文化传统与在美国文化中开放其他可能性并非一个非此即彼的选择。蒂利希认为“美国能将你从欧洲及其他的区域主义中拯救出来，而不必然让你再陷入区域当中”。[101] 蒂利希在深入与非基督宗教相遇之前，他只考虑到宗派间的（intra-denominational）大公合一神学之可能，例如基督新教与罗马公教、欧洲与美国神学，而没有意识到宗教之间的（inter-religious）对话。美国的生活在某种意义上拯救了蒂利希的欧洲区域主义，而他的耶佛对话的真实体验极可能拯救了他的宗教的区域主义。依此，倘若宗教间的对话问题是蒂利希神学旅程的最后一站，他会以何种方式完成它？圣灵论在这过程中又担当了什么角色？

---

99. Tillich, *Systematic Theology*, vol. 3, 6.
100. Tillich, “The Conquest of Intellectual Provincialism: Europe and America,” in *Theology of Culture*, ed. Robert C. Kimball (New York: Oxford University Press, 1959).
101. Ibid., 160.

（一）新的系统神学？

蒂利希出版了《系统神学》（卷三）后，就在芝加哥大学连同伊利亚德（Mircea Eliade）于1963—1965年间参与了诸宗教历史的课程，并在将近去世前发表了最后的公开讲演，题目是“为系统神学家的诸宗教历史的意义”（The Significance of the History of Religions for the Systematic Theologian）。这讲演一般被认为不仅是蒂利希神学旅程的最后见证，它更是一种新神学建构的勾画。[102] 但问题是它真的是“新”建构？在什么意义上是蒂利希的新尝试？这部分将指出这种所谓“新”的考虑并非完全没有在蒂利希过去的思想发展中出现过，至少我们可以在他早期讨论谢林的论文中（1910），及他在《诸科学体系》（*System of Sciences*, 1923）中关于作为神律体系（*theonome Systematik*）的神学之讨论找到蛛丝马迹。并且，“神学与宗教历史”这课题也在《系统神学》（卷一）中稍有处理。但有趣的是，就圣灵论的引入而作为蒂利希的最后方案这点来说，确实表达了某程度的“新”。

蒂利希最早处理宗教历史问题是他早期关于谢林的论文，名为《在谢林肯定哲学中对宗教历史的建构》（*The Construction of the History of Religion in Schelling's Positive Philosophy*）。罗

102. 这观点非常清晰地表现于伊利亚德的评论中：“在这个超卓又触动的演讲过程中，蒂利希教授宣称，若他仍有时间，他将会写一部新的系统神学，专注于宗教历史，并与整个宗教历史来对话……在我们共同研讨课的某个时刻，我想蒂利希已经是在解释诸宗教历史之神学的过程中，但很快我就意识到他所向往的是另一个方向。他所展示的是，在我们都难以忘怀的那个傍晚，他在更新他自己的系统神学。”见 Mircea Eliade, “Paul Tillich and the History of Religions,” in *The Future of Religions*, ed. J. C. Brauer, 31–33。

路（Victor Nuovo）曾指出，蒂利希早期处理谢林这方面的观念与蒂利希晚年的处理有相似的地方。[103] 就蒂利希而言，谢林既没有接纳黑格尔式绝对精神的辩证进程而以此证明基督教的绝对性，又没有肯定基于启示而指出基督教的超自然独特性。谢林理解“历史本质上就是宗教历史”，而历史的开端就是堕落的观念，[104] 谢林以上帝的潜能阶次（potency of God）来理解整个历史进程，以致宗教历史的辩证建构得以展开。前历史阶段由第一潜能阶次主持，神话式的阶段体现出第一与第二潜能阶次的斗争，最后阶段为第三潜能阶次的临在。宗教历史的三个阶段对应上帝的三个潜能阶次，蒂利希似乎将这三重结构重新表述为晚年最后公开演讲的“具体之灵的宗教”（Religion of the Concrete Spirit）的三个元素（圣礼、先知与神秘）。谢林的上帝三一结构正是在自然与意识的辩证张力中完美体现出来的。就蒂利希而言，谢林理解上帝就是那完美的灵，“他就是那灵……是完美的灵，因为他在其三种形式中自由而出，他甚至不限于第三个”。[105] 谢林和蒂利希似乎倾向将圣灵视为整合历史与基督，[106] 及普遍彰显与具体独特性的联合原则。蒂利希指出，对谢林而言，“……第三潜能阶次……指涉约翰所见证的在圣子得

---

103. V. Nuovo, “Translator’s Introduction,” in Paul Tillich, *The Construction of the History of Religion in Schelling’s Positive Philosophy*, trans. Victor Nuovo (Lewisburg: Bucknell University Press, 1974), 32.

104. Tillich, *The Construction of the History of Religion in Schelling’s Positive Philosophy*, 77.

105. Ibid. 这种对作为灵的上帝理解完全符合蒂利希晚期神学体系以鲜活和灵作为对上帝的陈构。

106. “这就是历史的全部内容：基督的工作，就是将其自然性的存有舍弃，以致能在灵和真理中重寻自身，这就是历史的内容，因为这正是灵的本质”，见 ibid., 111。

荣耀后的圣灵降临……在三一中普遍性与个体性的联合能为三个潜能阶次给出一种神秘的特质……其中，抽象的普遍性与具体的个体间反题得以克服……绝对观念乃是绝对普遍与绝对个体的等同。”[107] 谢林和蒂利希一样，圣灵论被视为普遍性与个体性的联合，这种圣灵论式的普遍-个体的装置将重新在蒂利希晚年陈构的诸宗教神学中出现。

蒂利希在 1919 年至 1923 年间尝试勾画出神学在一个科学体系中的位置，神学需要被安放在精神科学（*Geisteswissenschaften*，或称人文科学）及科学（*Wissenschaften*）的整体之内。按当时蒂利希对精神科学内部的划分，具备三个部分：哲学（旨在厘清研究对象的本质和特性）、精神 / 文化历史（旨在展示研究对象在历史呈现的类型学）、体系（结合前两部分给予规范性陈述）。[108] 可见，蒂利希早期就是以“哲学-精神历史-体系”这三重框架来理解神学。但这个对神学整体的构想从未得以充分展开，他只在 1923 年完成了宗教的“哲学”，和 1925 年在马堡大学（Philipps-Universität Marburg）尝试了宗教的“体系”（即神学）。至于中间部分的精神历史就从来没有在德国时期展开过。在蒂利希原初的构想中，“哲学”这部分是为宗教建构一个形式结构；而“体系”则在具体视野中提供宗教实质的规范性陈述；至于中间部分的文化宗教历史，原是为嫁接哲学与体系而提供元素的。蒂利希早期认为，文化宗教历史这领

---

107. Tillich, *The Construction of the History of Religion in Schelling's Positive Philosophy*, 153.
108. Paul Tillich, “On the Idea of A Theology of Culture,” *What is Religion?*, ed. James Luther Adams (New York: Harper & Row, Publishers, 1973), 157.

域能为神学家在建构形式与规范部分时提供质料内容，并且在普遍-存在论（哲学）与启示宣称（体系）间做出平衡。可见，宗教历史在蒂利希早期就已经得到重视。需要注意的是，我们需要区别他早期所指的宗教与晚期的不一样，那些具体和独特的宗教传统仍然不是蒂利希早期关心的焦点。

宗教历史在蒂利希写于 1951 年的《系统神学》(卷一）中论到神学资源的部分中再次被提及。蒂利希为了拒绝所有他律性的启示，以致他强调圣经作者的体验与参与性元素——“他们的参与就是对事件的回应，通过回应，事件则变成启示性事件”[109]——他之所以认为圣经记载的内容应视为神学的资源，原因并非这些是宗教历史文献，而是通过历史和词源学注释彰显出圣灵的能力。可见，圣经研究或教会历史中的历史批判学所获得的历史资料并非蒂利希的兴趣所在，而是作为一个神学家他能基于终极关切来自由地运用这些资料。[110] 对蒂利希而言，没有任何事物在神学思考中应先验地被排除在终极关切之外，系统神学家需要对所有资料怀有批判与终极关切的态度。

蒂利希提出两点系统神学家需要认真看待宗教历史问题的原因：实践上和建构上的原因。神学家和神学思考本身就不可避免地有语境性，他们必定带有文化、宗教及世俗的表达，[111] 这个实践的处境引出如何和为何选取资料的问题，蒂利希认为

---

109. Tillich, *Systematic Theology*, vol. 1, 35.
110. Ibid., 36.
111. Ibid., 38.

需要考虑三个重点。首先，“一个神学的宗教历史需要就人类的前宗教与宗教生活的探索和分析所提供的素材加以神学性诠释，它应该阐释宗教表达的动机与类型，以图展示他们如何由宗教关切所引导，以致必然出现在所有宗教内，包括作为宗教的基督教”。[112] 其次，“一个神学的宗教历史需要指出世界宗教的魔化扭曲和新的趋势，并指出基督教的答案，为那些非基督宗教的继承者接受基督教信息而作好预备”。[113] 再次，“一个神学的宗教历史需要在宣教原则的亮光下被引导，此宣教原则是在耶稣基督里的新存有，是人类宗教或明或暗所提出的问题之答案”。[114] 就一个神学家而言，诸宗教历史应在关于宗教本质的存有论表达所提供的类型中被理解，这操作类比于早期蒂利希所指的“哲学”和“精神历史”的部分。同时，宗教历史也是论战性的，它提供关于实存问题与基督教答案之间关联机制所要的素材。最后，在卷一和卷二中，“问题–答案”的关联法机制仍以基督论作为根基。

可见宗教历史的问题对蒂利希而言不是新的课题，他在早期的神学建构中已经指出宗教历史的地位和功能。但蒂利希晚年在最后的公开演讲中谈到的“诸宗教历史”不同于他早期使用的单数“宗教”观念；前者更多表达出某些独特个别的宗教传统，后者却是宗教本质的形式结构所构成的一个抽象表达。

112. Tillich, *Systematic Theology*, vol. 1, 39.
113. Ibid.
114. Ibid.

（二）作为最后答案的圣灵论

倘若蒂利希整体神学建构经过从基督论到圣灵论的转移，我们发现这并非一个转向，因为蒂利希在卷三中尝试以圣灵论来重新思考卷一和卷二的基督论问题。整个最根基性和不变的前提仍然是普遍性-独特性的机制，它一直遗留在蒂利希的最后讲演中。这部分将指出蒂利希的圣灵论在他步入诸宗教历史之神学的路途上确实扮演了重要角色。[115]

蒂利希在卷三非常强调神圣普遍临在一切有限当中，及在最后的公开演讲中，清楚地反对排他性的基督中心论。其原因并非因为基督论的独特性宣称需要被放弃，而是它容易导致一种极度危险的化约论，它会将启示经验的范围和界限收窄至一狭小的区域。因此，肯定“诸宗教历史”的价值就等于肯定普遍启示经验，虽然这些经验经常以扭曲的方式出现。故此，包括基督教在内，没有任何一个宗教能宣称自己是绝对的、最高的和最后的。[116] 依此，蒂利希晚年亦开始怀疑是否在诸宗教历史中只有一个中心存在，[117] 这个中心需要被视为人类历史中神圣普遍在场与具体的历史彰显。蒂利希为了保持普遍性与独特

---

115. 卡维里（Veli-Matti Kärkkäinen）曾注意到蒂利希的圣灵论与他关于诸宗教历史神学的最后演讲的关系，但他认为蒂利希的“具体之灵的宗教”动态-类型论的宗教神学是彻底基督论式的，并且他指责蒂利希“出卖了圣灵论的取向”，见 Veli-Matti Kärkkäinen, *An Introduction to the Theology of Religions* (IL: InterVarsity Press, 2003), 231。笔者未能同意卡维里的观点，并且会指出蒂利希的基督论与圣灵论在他宗教神学的思考中一直占有重要地位。

116. Paul Tillich, “The Significance of the History of Religions for the Systematic Theologian,” in *The Future of Religions*, ed. J. C. Brauer, 81.

117. 蒂利希说：“也许……我强调，也许……诸宗教历史中有一个核心事件”，见 Tillich, “The Significance of the History of Religions for the Systematic Theologian,” 81。

性的张力，他甚至将这个批判推至会导致普遍性危害的耶稣论（Jesusology）所有类型。[118] 面对历史诸宗教的合理性，基于启示、救赎与神圣临在彼此联结，蒂利希认为唯一的方法就是把这个历史中心普遍化（倘若还有一个所谓的中心）。依此，在蒂利希的体系内，圣灵的启示经验普遍临在，并彰显于耶稣基督在历史中具体呈现的新存有。

蒂利希在《系统神学》（卷一）中已经提出耶稣论的终结，因耶稣其人的历史独特性仅仅是最终启示的载体，而最终启示则是通过历史上的耶稣奉献出整个有限的独特性而确立的。[119] 本真性的最终启示具备两个相互关联的角度：抽象原则和具体图像。[120] 前者是通体透明观念，它指向"启示的中介如何以奉献自身来克服有限条件的问题"；[121] 后者则将前者的原则以历史和具体的方式图像化和实现。依此，蒂利希指出，作为基督的耶稣乃是最终启示，是完全并且悖论式地通过对他历史独特性的否定而决定的。[122]"拿撒勒人耶稣之所以是最终启示的中介，是因为他把自己完全奉献为作为基督的耶稣。"[123] 正如蒂利希所强调，耶稣与存有根基的联合和历史上的耶稣的透明性中介，

118. Tillich, "The Significance of the History of Religions for the Systematic Theologian," 83.

119. Tillich, *Systematic Theology*, vol. 1, 132–134.

120. Ibid., 135.

121. Ibid., 133.

122. 在《系统神学》（卷一）中，蒂利希强调作为基督的耶稣并非奠基于他个别独特的言辞、工作，甚至受苦。这一切只不过是在他身上神圣在场的后果。蒂利希说："永远不是其道德、知性或情绪的品质决定了他成为最终启示的载体……乃是上帝临在于他身让他成为基督"，见 Tillich, *Systematic Theology*, vol. 1, 135–136。

123. Tillich, *Systematic Theology*, vol. 1, 136.

皆是神圣启示最终性的两个判准，他们其实也对应耶稣身上那种没有中断的属灵在场而产生出耶稣牺牲的爱和信仰。[124] 这正是为什么从卷一到卷三，蒂利希都一直强烈反对将历史上的耶稣视为基督教信仰对象的各种耶稣论。

蒂利希指出，神圣的“普遍性–独特性”临在需要赋予神学批判，所有宗教皆须表达一种先知式的批判，以图审视宗教历史中神圣的扭曲。在克服宗教的魔化时，自我批判应该同时出现在边界内（先知的攻击）和边界外（世俗思想）。在趋向实现内在目的的过程中，并攻击所有宗教的内在魔化倾向时，将具体历史宗教等同终极的做法必须放弃，并应以圣灵论来检视。蒂利希称呼这种终末式终极目的与普遍临在为“具体之灵的宗教”（The Religion of the Concrete Spirit），其中包括圣礼、先知与神秘的动态性元素。每一种宗教皆不同程度地包含这三方面。在《系统神学》（卷三），蒂利希指出，圣灵的普遍临在构成了万物的圣礼化，圣灵属灵在场于人格的信与爱中呈现为神秘经验，圣灵的格式塔转化了新教原则而带出先知式的自我批判。其次，包括基督教，所有宗教皆陷入宗教的含混性中，并追寻圣灵的自我超越。因此，蒂利希在班顿演讲中，谈到以接纳和拒绝的辩证联合来看待其他非基督宗教的含混性；他在最后的

---

124. 对蒂利希而言，历史上的耶稣永远不是基督教信仰的基础，反之，蒂利希的基督论是完全奠基于在属灵在场的力量中对历史独特性的否定来强调作为基督的耶稣。依此，蒂利希与施来尔马赫的分别是明显的，正如蒂利希这样说：“施来尔马赫的上帝意识具备人类学的特质，‘原型’（*Urbild*）一词当用来描述基督耶稣时并没有一种‘新存有’的决定性意义”，见 Tillich, *Systematic Theology*, vol. 2, 150。因此，施来尔马赫基督论的困难是将本质化的人性保留在耶稣而非基督身上。

演讲中表达了，在具体之灵的宗教结构内，所有宗教皆投入到实现终极目的的斗争中。[125]

上述这种宗教历史的神学基本上是垂直性而非水平的。蒂利希在《系统神学》(卷三）中清楚并强烈反对以黑格尔式观点看待宗教历史，以及一种演化-进步的进路。在关于基督教是否是最绝对的宗教这问题，他重构为是否可能肯认诸宗教的根基（启示经验）具有发展-进步的可能，[126] 他的答案既是又否。在属灵在场的冲击下，神圣的具体临在并非以横向水平的形态出现，但诸宗教文化维度中的经验性表述和诸象征的呈现，则完全受制于历史发展进程的外在与内在条件。"进展由此观之是可能的，处于不同文化阶段中，圣灵被接收的彰显状态会以不同程度的清晰性与力量大小呈现为启示经验。"[127] 依此，没有宗教能有绝对的宣称。并且，蒂利希会强调终极的批判力量展现为耶稣基督事件的新教原则，将是所有宗教克胜神魔结合的重要武器。我们可以这样总结：关于基督教绝对性的问题，属灵在场的历史性彰显将连同耶稣基督的先知性批判力量，来将历史宗教绝对性加以相对化，并引导到关于克胜宗教含混性的讨论。圣灵论与基督论在蒂利希的诸宗教神学中成为两个互补的教义。[128]

---

125. Tillich, "The Significance of the History of Religions for the Systematic Theologian," in *The Future of Religions*, ed. J. C. Brauer, 90.
126. Tillich, *Systematic Theology*, vol. 3, 337.
127. Ibid.
128. 里奇（Tony Richie）同样注意到基督论的判准和圣灵论的在场是蒂利希发展一种较为健康的宗教神学的两大重要支柱，见 T. Richie, "What have Pentecostals to do with 'The Religion of the Concrete Spirit'? Tillich's Theology of Religions in Twenty-First Century Global Renewal Context," in *Paul Tillich and Pentecostal Theology: Spiritual Presence & Spiritual Power*, eds. N. Wariboko & A. Yong (Bloomington and Indianapolis: Indiana University Press, 2015), 146。

在梅迪茨（Robert Meditz）新近的研究《神圣的辩证》(*The Dialectic of the Holy*）一书中，他注意到蒂利希的宗教历史神学尝试“在普遍启示与批判的审视中做出积极性评价的平衡”。[129] 他认为圣灵论的普遍神圣启示与基督论的独特性判准共同为蒂利希的宗教历史神学提供了最重要的素材。但他的论证值得怀疑，因为他虽然正确地指出蒂利希反对化约论、耶稣中心的排斥论与世俗神学的立场，但他却过分强调蒂利希具体之灵的宗教中的“非基督中心论”特质。[130] 正如我们所看见，蒂利希在晚期是要就启示的普遍性与独特性保持一种辩证的关系，这个神学张力固然会让他稍微对历史中的神圣启示的中心事件（基督论）抱有怀疑态度，并且他似乎在最后的方案中肯定了圣灵在新存有创造中的具体展现的众多核心事件，以致我们难以再去宣称蒂利希的诸宗教神学是基督中心论式的。但我们要指出，虽然蒂利希确实在神学的焦点上从基督论转移到圣灵论，但他从来没有接受一种圣灵中心论（pneuma-centricism）并试图在晚期放弃耶稣基督的新存有观念。虽然圣灵创建的耶稣身上呈现的新存有并没有强调他的历史独特性，但它依然被保存，并连同新存有的普遍性被考量。

帕雷拉（Frederick Parrella）曾在《蒂利希的具体之灵的神学》(Tillich’s Theology of the Concrete Spirit）一文中注意到蒂利希关于“普遍性–独特性”的内在张力，及在“具体之灵”观念

---

129. Robert E. Meditz, *The Dialectic of Holy: Paul Tillich's Idea of Judaism within the History of Religion* (Berlin: Walter de Gruyter, 2016), 172.

130. Ibid., 173.

下基督教与其他宗教的外在关系问题。他问：

> 蒂利希有否在他的系统神学中因为一种相对主义而放弃了基督中心论的结构，这种相对主义认为在诸宗教历史中"或许"有一核心事件并"让一种具有普遍意义的具体神学成为可能"？这进路似乎与他卷二关于基督事件的独特性与普遍性相冲突，又与卷一的耶稣基督作为最终启示相冲突。其次，卷三中关于圣灵的处理又与卷一和卷二，甚至具体之灵的宗教有何关系？[131]

帕雷拉在蒂利希研究者中极为少见，他注意到圣灵论与基督论所凸显的普遍性与独特性的内在张力，以及此问题直接关乎基督教与其他宗教的关系。他自己对上述问题的答案是"没有清晰答案"。[132] 相反，我会指出答案是存在的，以上的整个讨论可算是以一种迂回却积极的方式梳理了整个问题。耶稣基督的独特性问题再次并重新在属灵在场的普遍性框架下被理解，总结一句：圣灵论以普遍化的方式完成了基督论，基督论以具体的方式奠基了圣灵论。蒂利希最后的方案指向一个三一神学的框架，上帝之灵包纳了三位格；在圣灵–终末的框架下，所有宗教的目标将在上帝国中被满足，上帝国同样是具有普遍性与充权力量的象征。正如蒂利希在他最后演讲的结束部分提到，"宗

131. Frederick Parrella, "Tillich's Theology of the Concrete Spirit," in *The Cambridge Companion to Paul Tillich*, ed. Russell Re Manning (Cambridge: Cambridge University Press, 2009), 87.

132. Ibid.

教命题的普遍性并不在于一种包罗万有的高度抽象性，这将摧毁宗教本身，而是在于在每个具体宗教内的深处（depth）”。[133]

总而言之，蒂利希清楚展示出圣灵论在他后期神学发展的重要位置，基督论与圣灵论代表着普遍性与独特性原则而成为蒂利希神学体系的重要焦点。虽然蒂利希从未以圣灵论来描述自己的神学，但在这章讨论中，我们会发现神学知识论、神学方法、文化神学、教会神学和宗教神学皆在圣灵论的视野中寻找到新的远象。如何平衡处理基督论和圣灵论将会是蒂利希晚年一个重大的问题，这问题直接关乎神圣普遍在场并以独特的判准来展示万物与圣灵间的多重维度关联。

133. Tillich, “The Significance of the History of Religions for the Systematic Theologian,” in *The Future of Religions*, ed. J. C. Brauer, 94.

第二章
基督

一、前　言

基督教奠基于对拿撒勒人耶稣作为基督的认信上，“耶稣作为基督”(Jesus as Christ)就是基督教的根基性宣告。蒂利希指出，这宣告包括两个层次的陈述：一是拿撒勒人耶稣这“事实”(fact)，二是教会或门徒对这事实的“接受”(reception)并宣告和接受他就是基督。[1] 因此，“耶稣作为基督”这信仰陈述并非一种历史性陈述而已，而是包含一种对这事实的认信参与和投入，这种主体性的信仰接受和客观性历史的存在两方面结合才建构出对“耶稣作为基督”的理解。[2] 蒂利希认为任何基督论若对这两方面缺乏足够的把握，皆会出现严重的困难。

蒂利希对于“耶稣作为基督”的客观性历史事实完全做出肯定性的态度，因为基督事件的历史真实性涉及基督教救恩的

1. Tillich, *Systematic Theology*, vol. 2, 97.
2. Ibid., 98.

重要维度。基督的救赎必须活现于历史中的某一点上，正如蒂利希所言，“本质的神–人性（essential God-manhood）曾在实存中出现，并把自身受制于实存的条件下，但却没有被它所胜”。[3] 在实存状态下呈现出神–人联合的神圣彰显必须是在时空下的真实处境，否则必导致某种幻影说和诺斯替主义对物质界域的漠视。蒂利希强调“道成肉身”这个基督事件必须是“真实事实”（actual fact），[4] 否则基督所带来的克胜实存中的疏离等问题必然会落空。

但上述的“事实角度”（factual side）需要“接受角度”（receptive side）共同建构基督事件。蒂利希认为“倘若耶稣并无在他的门徒及通过他们及至所有跟随者的世代中被接受为基督，则被称为拿撒勒人的耶稣将可能以一个历史和宗教上重要的人物而被记念而已”。[5] 耶稣被接受和被宣告为基督，他的能力在他的门徒身上彰显出来，都是基督的一种表现。

二、历史上的耶稣与信仰中的基督

从以上的描述，可见蒂利希非常强调在历史中需要有一人格生命（personal life）来彰显神圣生命活现于并胜过实存生命中的种种问题，否则，对于新存有（New Being）就只留下追问和期望，而非一种实在（reality）。但蒂利希对于伴随探索历史事实的历史批判学方法却有着独特的观点；简而言之，蒂利希

3. Ibid., 98.
4. Ibid.
5. Ibid., 99.

对于上述基督事件的双重特质能否通过历史批判学方法而获得，抱有极度怀疑的态度。换言之，蒂利希不认为当时的“追寻历史中的耶稣”（quest for the historical Jesus）能带我们进入历史上耶稣的生命。

> 从它［历史批判学］的基本意向而言，这种找寻拿撒勒人耶稣的经验性真理（empirical truth）的尝试是一种失败。那个所谓历史上的耶稣，即在他被接受为基督这象征背后的耶稣，不仅并无出现，并且这尝试往前一步就会退后几步。[6]

蒂利希**并非否定**历史上存在耶稣此人，而是对于历史批判学认为“能够穿越圣经所记载的耶稣图像（Biblical picture of Jesus）从而找到历史上的耶稣”的这种运作持否定的态度。蒂利希指出，“历史上的耶稣”一词需要区分两个意义，一种是通过历史批判学所寻找的耶稣图像，在“追寻历史中的耶稣”的运动中，一度有人认为能够找到在圣经中那种带有深刻信仰意义的耶稣基督背后的“客观的”历史上的耶稣；但其实，这个耶稣可说是“历史批判学下的耶稣”（Jesus of historical criticism）。蒂利希指出，历史知识本身的限制性导致这种方法所带来的结果只有不同程度上的或然性（probability），而基督教信仰不应该、也不是将其对基督的信仰建立在历史的或然性上。[7] 另一种

6. Ibid., 102.
7. Ibid., 107.

是指“耶稣作为基督”的事实性，就蒂利希而言，这种基督事件的真实性并非由历史研究方法所保证和提供的，因为这些方法的知识性质是零碎和假设性的。[8] 他提出一个颇为特别的观点：历史研究的证据和分析无法**证明或否证**对基督事件的信仰，“信仰无法保证‘耶稣’此名就是基督，这需要让位于历史知识的不确定性；但信仰却能保证那种实在的事实性转化（factual transformation of reality），这转化是新约表现在耶稣作为基督图像的人格生命中。”[9]

蒂利希这种观点受其老师卡勒（Martin Kähler, 1835-1912）影响很深。卡勒早于1896年就已经对当时圣经研究中找寻“耶稣生平”（life of Jesus）的历史研究做出严峻的批判，他在《所谓历史上的耶稣与历史性圣经中的基督》一书中，指出福音书的写作并非一份对耶稣的生平事迹做出一种可供历史科学化探索的文献，而是通过对基督的救赎行动的宣称所带来的信仰文本。因此卡勒强调福音书并无提供一种耶稣生平（biography）而是他作为基督的图像（picture），这幅基督图像是历史上的耶稣曾为他的门徒带来的信仰转化力量的结果。易而言之，门徒撰写的基督图像正是基督的信仰力量的一种**历史性**表现。因此，历史研究最终无法让历史上的耶稣找到确定性，但这种历史的不确定性无损于对基督的信仰；相反，门徒被基督救赎转化的信仰力量所产生的基督图像反而以这种逆向的进路保证了信仰的历史性，这就是蒂利希所言：“信仰保证了耶稣的圣经

8. Ibid., 107.
9. Ibid.

图像。”[10]

蒂利希的观点无疑是将圣经中关于耶稣的文本记载中的历史性和信仰素质结合起来。就“历史上的耶稣”和“信仰中的基督”的对立问题，蒂利希清楚指出这种对立实际上建立在两种错误的假设上，假设越过圣经的信仰文本就可以找寻到一个有别于该文本的历史上的耶稣，并且假设这历史上的耶稣跟圣经文本中的基督图像截然不同。就蒂利希而言，呈现在我们面前的就只有一个曾在历史上产生过巨大信仰影响力的、并通过他曾在历史中影响过的门徒所描绘出来的图像。近年新约学者邓雅各（James D. G. Dunn）反思历史上的耶稣的谬误和如何重新寻找耶稣时，有着跟蒂利希类似的观点，他正确地指出上述追寻历史上的耶稣两个假设的错误，并且认为圣经对耶稣基督的描述本身就是一种门徒与耶稣**初始相遇**后产生信仰的结果。所以，福音书的文本并非一种“后复活事件”（post-Easter event），至于对耶稣的观点，邓雅各认为，

> 我们无法越过传统而去到一位并无产生任何影响的耶稣里，或那位可能有另一些影响的耶稣；我们有的就是他真实地做出过的影响，而我们能归纳得出的就是使命中的特质和教导所产生出来的影响……历史上的耶稣应该只能是那位产生影响并展开耶稣传统的耶稣（Jesus who made

---

10. 卡勒的著作，可参 Martin Kähler, *The So-called Historical Jesus and the Historic Biblical Christ*, trans. Carl E. Braaten (Philadelphia: Fortress Press, 1988)；另参 Wilhelm Pauck, *From Luther to Tillich* (San Francisco: Harper & Row Publishers, 1984), 173–180; Tillich, *Systematic Theology*, vol. 2, 115。

the impact which is the beginning of the Jesus tradition)，我们只能通过第一代门徒的眼和耳，以及那些内蕴于耶稣的教导和故事中的影响（这些都被他们放置在形式中）去看拿撒勒耶稣。[11]

无疑，蒂利希认为无法也无须在信仰中的基督的背后寻找那位历史上的耶稣，耶稣作为基督的图像就是历史上的耶稣对门徒产生信仰影响力的结果。因此，纵然无法就耶稣的历史确定性取得满意的结果，信仰也无须建基于这种历史的不确定性上，因为基督教所赖之以存在的根基，在于**承认**耶稣作为基督，是耶稣基督的图像所产生的信仰所使然的。依此，蒂利希会认为基督教信仰并非建基于历史上的耶稣，他早年曾指出，“[倘若]将信仰建基于历史上的耶稣上，将不可避免地导向一种教皇崇拜。”[12] 蒂利希认为，一方面要避免将信仰建立在错误的根基之上，亦即历史知识本身的限制无法完全提供准确的“信仰中的基督”；另一方面，蒂利希认为信仰的本质告诉我们不应把耶稣绝对化，一旦信仰的对象和本质走向寄托于一种外在无所关涉的权威时，信仰就不是自由的了。

---

11. James D. G. Dunn, *A New Perspective on Jesus* (Grand Rapids, Michigan: Baker Academic, 2005), 30.

12. Paul Tillich, “Die christliche Gewißheit und der historische Jesus,” *Paul Tillich Main Works/Hauptwerke*, vol. 6, ed. Gert Hummel, thesis 117, 33. 这观点在蒂利希 1963 年撰写的《系统神学》（卷三）中再次被提及，他提到不少神学传统会倾向把耶稣此人视为基督教信仰的对象，他认为这样会扭曲和忽视基督教的信息：“新存有彰显在**作为**基督的耶稣身上”（粗体为原书作者所加），我们是通过灵来认识他而非通过历史的肉身存在来认识，“这样才能将基督教从那种把自身从属于‘将个体当作个体的他律’中拯救出来，基督是灵不是律法”，见 Tillich, *Systematic Theology*, vol. 3, 146。

（一）图像类比

蒂利希指出信仰能保证圣经内的基督图像所带来的“信仰转化力量”，并认为这种保证无须依赖任何历史研究方法得出的“历史上的耶稣”，但在这种对于历史方法研究下的耶稣一无所知的处境下，是否真实地能带来蒂利希所谓的“信仰转化力量”？易而言之，信仰新存有在实存状态下的种种困难所带来的克胜，是否能够在缺乏历史资料的情况下呈现？

蒂利希一方面指出信仰本身绝对足以成为保证那个克胜实存状态的新存有，“信仰只能保证其自身的基础”，[13] 这是一个循环的理解——新存有在具体历史中呈现出转化生命的信仰力量，而这信仰当然能够对其产生的源头有所保证。但问题是当今读者通过碰触这个基督图像时，如何能跟当时的门徒一样亲身经历这种信仰的转化力量？蒂利希并不认为克尔凯郭尔（Kierkeggaard）那个跳越莱辛（G. E. Lessing）认为历史和真理间鸿沟的信心之跃能解决此问题，[14] “缺乏新存有的具体性（concreteness），其崭新性则是空寂的”。[15] 依此，蒂利希认为从个体的信仰到亲自碰触耶稣身上彰显的新存有之间是需要依赖圣经的基督图像，意即在信仰与新存有间的认识永远是**象征性的、间接的和中介性的**。[16] 当今读者是通过基督图像来认识那位昔日曾与门徒交往的“历史上的耶稣”；昔日门徒写就当下影响当今信徒的基督图像是因为与历史上的耶稣相遇而被他

13. Tillich, *Systematic Theology*, vol. 2, 114.
14. Ibid.
15. Ibid.
16. Ibid., 115.

改变。倘若蒂利希认为当今读者与昔日门徒**同样能经历相同**的新存有转化力量，并且认为当今读者无须靠赖耶稣的历史确定性就能产生信仰，他就需要假设昔日门徒遇见的耶稣与当下读者遇上基督图像间有某种密切的关系，他称这关系为“图像类比”(*analogia imaginis*)。

蒂利希明言，这类比是指“[基督]图像和由此产生该图像的那个真实人格生命之间的类比”。[17] 基督图像与所谓具真实人格生命的“历史上的耶稣”之间所形成的这种类比关系，蒂利希尝试以一种表现主义(expressionism)的艺术进路来理解，

> 画家会尝试进入他要处理的人的最深处，他之所以能够这样做完全是通过一种进入到主题(subject matter)中的真实和意义的深刻参与，唯有如此，他所描绘之人的那种表面的痕迹才不会如摄影般被重新制造(或被自然主义式地仿制)，或根据画家自身对美的观念而被观念化。[18]

圣经中的基督图像与真实耶稣间的生命存在着一种类比关系，这关系并非一种实在论(或自然主义式)的对应关系，意即圣经的图像无法将真实的耶稣巨细靡遗地描述出来。追寻“历史上的耶稣”之运动正是这种观念的智性活动，以为这图像背后有一位真实者在隐藏，尝试通过历史方法使之活现；这关系亦非一种作者自己主观的观念论式投射，将自身的宗教理

---

17. Ibid.
18. Ibid., 116.

想和欲望投射在对基督的描绘之上，以致这图像只反映作者的主观意念。蒂利希认为在一种客观主义和观念论之间，还存在一种表现主义的基督图像理解，“表现主义的风格的原则是突破实在的自然表象，既不去复制平常经验的实在，也不预期实在本质性的完满，它将绘画从自然主义的局限和理想主义的超越中解决出来，先知性地宣告了一种崭新的精神。个体事物的外部形式被瓦解，但其目的既不是停留于这种解体状态中，也不是要呈现艺术家任意或武断的主观性，而是通过粉碎表象深入到事物的实质性基础，象征地表达其客观真理和精神价值”。[19]

依蒂利希的观点，圣经中的基督图像就好比表现主义的绘画作品，对于基督图像的描述已经不再是真实表达历史上的耶稣的一言一行或是作者宗教的主观理解，而是被描述者与描述者间所发生的一次宗教性相遇，相互介入和参与对方生命的深处而产生的一种结果，所以被描述者与基督图像间的类比关系既非同一亦非差异。更重要的是，依蒂利希所言，“图像类比”并不依赖圣经故事中的耶稣作为基督的历史可靠性，它的运作完全建基于门徒所经验和与图像碰触所体验到的“新存有的转化力量”的持续性。[20]

> 那种创造和保存新存有群体的力量，并非关于其外表

---

19. 沙湄：《蒂利希与视觉艺术》，载于陈家富编：《蒂利希与汉语神学》，香港：道风书社，2006 年，第 241–242 页。
20. Tillich, *Systematic Theology*, vol. 2, 114.

> 的一种抽象命题；它是他曾由之出现的图像。在这图像中，并无任何的独特痕迹可确实地被证实，但却可肯定地指出，新存有通过此图像具有力量去转化那些曾被他转化的人。[21]

圣经图像之所以能与真实的耶稣人格生命产生类比，是新存有的转化力量使然。门徒昔日在耶稣身上遇见这力量，当下读者通过圣经图像也遇见这力量，这种力量是一种信仰参与的结果。读者通过信仰从而参与圣经的基督图像，“我们认知，通过图像类比耶稣作为基督在圣经图像中存在”。[22] 依此，蒂利希告诉我们一个重要的关键：圣经内关于耶稣图像的内容也只是一种载体和媒介，是一种对新存有接受和转化力量的表达。因此，这些材料的真实性（非历史的准确性）是依赖作为基督的耶稣身上新存有的转化力量的恰当表达。[23] 蒂利希明言：历代信徒之所以能通过圣经的基督图像（而非那个遥远的“历史上的耶稣”）获得力量，是因为“图像具有这创造性力量，因在这图像中和通过它，新存有的力量得以表达”。[24] 因此，**基督论的重点并非在于“历史上的耶稣”之独特性，而是那种寓居于耶稣此人身上的那种新存有的普遍性力量**。无怪乎蒂利希认为“无论他的名字是什么，新存有曾经和现在在这人身上成为真实”。[25] 耶稣成为新存有的载体，圣经的基督图像也是彰显新存

---

21. Tillich, *Systematic Theology*, vol. 2, 114.
22. Michael Palmer, “The Certainty of Faith and Tillich’s Concept of the *Analogia Imaginis*,” *Scottish Journal of Theology* (vol. 25, 1972), 286.
23. Tillich, *Systematic Theology*, vol. 2, 115.
24. Ibid.
25. Ibid., 114.

有转化力量的象征和载体。

（二）新存有

新存有是"在实存条件下能克胜本质与实存鸿沟的本质存有"，[26] 新存有的"新"是指这种本质存有并非一种单纯的潜能特质（potential character），而是通过实现出来，并活在实存环境中而不被实存中的疏离所支配的一种存有。[27] 蒂利希以一种动态存有论（dynamic ontology）的语言来阐述基督论的意义，万物在实存下经历一种本质与实存的割裂，以致需要一种能在实存下恢复本质性存有的崭新存有；这种新存有作为蒂利希神学体系中的"恢复性原则"（restorative principle）——基督就是这种完全存活于和参与实存疏离下的本质性存有。万物参与这新存有就同时成为一种新创造。

正如前文所言，蒂利希指出，圣经图像所彰显的转化力量属于新存有，作为基督的耶稣也是新存有的载体（bearer），[28] 人参与在基督里就是参与在那种在耶稣身上克胜实存疏离的新存有当中。普遍性的新存有力量彰显在耶稣的独特性中，而非倒转过来说某一个具体事件呈现普遍性的力量，"并非新存有在耶稣身上**实现出来**，而是新存有通过耶稣**彰显出来**"。[29] 这种带有强烈德国观念论的哲学色彩的基督论引导蒂利希将整个基

26. Tillich, *Systematic Theology*, vol. 2, 119.
27. Ibid.
28. Ibid., 121.
29. Jeremy S. Begbie, *Voicing Creation's Praise: Towards A Theology of the Arts* (Edinburgh: T & T Clark, 1991), 78. 粗体为原书作者所加。

督论的重点放在一种观念通过历史呈现的黑格尔式进程中——黑格尔指出，基督的圣经图像是神-人联合的观念的具体再现（concrete representation），耶稣基督亦是这种神-人联合在实存状态下的呈现。[30]

蒂利希坚持以一种动态存有论来理解基督的生命，作为基督的耶稣整个存有（totality of his being）成为新存有的载体。所以，蒂利希并非如某些自由派神学般强调基督的道德教训或他的内在生命（inner life）；这些都是基督整个存有的表达，而非他的全部。以一种动态存有论来理解基督必然对传统两性基督论（two natures Christology）的那种静态模式提出反对。蒂利希指出，"本性"（nature）一词应用在上帝和人都会显得困难重重。上帝的生命是永恒的创造力（eternal creativity），是越过本质和实存本性的（beyond essential and existential nature），在上帝的鲜活生命（living life）中具备所有存有论的元素和结构，因此"本性"不能应用在上帝生命中；人活于实存状态下却与上帝的生命有联结，是一种本质与实存生命的结合（mixture of essential and existential being），所以，当以"本性"一词应用在人身上时，可以指涉人的本质被造性（essential created nature）或实存的堕落性（existential fallen nature），这种静态的描述方式似乎未能恰当地描述基督身上的处境，因此便带有含糊性。[31]因此，蒂利希认为，"'作为基督的耶稣是"神性"与"人性"

30. Bruce J. R. Cameron, "The Hegelian Christology of Paul Tillich," *Scottish Journal of Theology*, vol. 29 (1976), 32–34.

31. Tillich, *Systematic Theology*, vol. 2, 142, 147.

之位格性联合（personal unity）’需要由以下的观点所代替：作为基督的耶稣是神–人的永恒联合（eternal unity）成为历史的实在（historical reality）”。[32] 究竟“本性”本身是否如蒂利希认为的那样，俨如“硬石”（blocks）般无法描述神性与人性的联合，是可以探讨的；[33] 而神–人的永恒联合（或永恒的神–人性［Eternal God-Man-hood］）成为历史的真实又如何可以是一种动态存有模式？

首先，蒂利希认为若要研讨神–人联合的基督，起始点并非在于在“历史上的耶稣”，这种神–人联合并非一种耶稣努力达致的后验论述，反而是一种神学上的先验论题。神–人联合之所以是“永恒”的，正在于“神–人间的永恒联合就本应在神圣生命当中”，先于耶稣的生命前。[34] 意思就是在本然状态下（essential state），没有一种离开神性的人性，和离开人性的神性。然而，这种本然状态下的神–人联合需要通过一个具体真实的生命实现出来，依此，道成肉身（incarnation）就是一种神–人联合的本然状态实现在实存状态下但不被实存疏离所克胜的模样。蒂利希非常反对以一种“转变”或“变化”（transformation）的观念来理解道成肉身，他认为并非“上帝变成人”（God becomes man），而是代表上帝的神圣存有以他的终极完全在实存的形式中彰显自身，这种形式与本身神圣的

32. Tillich, *Systematic Theology*, vol. 2, 148
33. 有学者就提出过，蒂利希因未能充分理解《迦克墩信经》基督论表述中的神–人联合是一种有机性的联合，才会对 *hypostasis* 有此误解，见 George H. Tavard, *Paul Tillich and the Christian Message* (NY: Charles Scribner’s Sons, 1962)。
34. Tillich, *Systematic Theology*, vol. 2, 148.

属天形式截然不同。[35] 整个道成肉身事件所建构的悖论就是属天的人彰显自身作为属地的人，普遍的逻各斯彰显自身作为被造的逻各斯，先存的基督彰显自身作为历史上的基督。[36] 对蒂利希而言，在道成肉身事件中并不存在一种无限与有限的联合悖论，因为有限与无限是一对相互关联的辩证观念（mutual interrelation dialectical concept），两者并不存在一种对立的格局。依此，在整个神圣彰显的历程中，本然状态下的新存有需要通过一种“实现”过程，以致神-人联合的潜存性能得以实现在实存中。这种实现不同于人的那种从潜存到真实（potentiality to actuality），因为新存有的实现是不被实存所克胜的。依蒂利希所言，新存有是超越本然和实存的（beyond essence and existence），因为新存有是真实的实在（real reality），故不仅是一种潜存的本然性；但却又克服实存，因本身就是一种神圣存有的彰显。[37] 故此，整个新存有所呈现的是一种彰显的历程，在实现（actualizing）的过程中把神圣存有以有限形式来呈现。

其次，动态基督论的存有论清楚表达了，在上述过程构成的神-人张力中，也就是在实存状态下所呈现的本然状态。蒂利希以道成肉身式基督论（incarnational Christology）与嗣子论式基督论（adoptionist Christology）的张力来切入此课题。依蒂利希所言，两种基督论需要相互补足，倘若失去前者的一种神圣联系，纵然嗣子论能强调基督论的耶稣特质和人性的完整，但

---

35. Tillich, “A Reinterpretation of the Doctrine of the Incarnation,” *Paul Tillich Main Works / Hauptwerke*, vol. 6, 308.
36. Ibid.
37. Ibid., 312.

却最终无法处理神圣命定（divine destiny）的问题；倘若失去后者的人性挣扎，纵然道成肉身的基督论能强调基督论的神性特质和神性的完备，但却引来“神变人”的奇怪学说。依此，蒂利希所强调的嗣子论的基督论并非是耶稣经历一种所谓“人而神”的上升之途，而是神圣生命在实在状态下的种种现实模态。[38] 依此，从神-人联合的本然状态历经一个动态的实存实现进程，通过此实现神圣生命才得以全幅朗现。

（三）圣灵基督论

从以上分析来看，蒂利希强调基督论的重点并非落在耶稣的独特性上，而是那种把实存状态下的问题克服，并寓居于耶稣此人身上的那种普遍性新存有的力量。同时这种普遍性的救赎力量又嫁接“历史上的耶稣”呈现出来，并具有基督的圣经图像所引发的转化性力量。倘若，如蒂利希所言，基督论是救赎论的一项功能，[39] 那基督论所展示的重点就正在于这种普遍性的新存有的力量能在耶稣此人身上，彰显出一种处于实存状态下的神-人联合的本然状态；唯有这样，所有参与在这新存有力量中的人才可以同样克胜实存的疏离。在传统的基督论中，探讨耶稣基督的救赎力量的确定性，大体上沿两个方向处理：一种是以“本质联合”（hypostasis union）的亚历山大里亚学派（Alexandrian School）的道成肉身进路，此进路标志着一种神-人的本质联合，以基督的神性作为救赎的保障；另一种以“道

38. Tillich, *Systematic Theology*, vol. 2, 149.
39. Ibid., 150.

德联合”（moral union）的安提阿学派（Antiochene School）的进路，强调人性与神性历经努力而达致的联合进路，以“要救赎的人性就是被取的人性”为原则。蒂利希在1963年前，似乎仍然倾向平衡地处理这两种基督论。但纵然如此，在《系统神学》（卷二）中的基督论部分，已经趋向一种动态基督论论述，这种动态性论述的首要基本方向是指向耶稣真实人性的全副呈现；同时蒂利希又一直坚持并非耶稣人性中的特质把他变成基督的人而神，再加上整体基督论强调一种普遍性的转化力量；依据这三项元素，根本上上述的两种传统基督论是难以达致平衡的，或者应该这样说，他们需要一项新的切入角度来重新整合这两种进路。

蒂利希在《系统神学》（卷三）中，把这些问题全由圣灵基督论来承担。新存有所彰显的力量在于能克服本然和实存间的割裂，并把两者重新结合；蒂利希在《系统神学》（卷三）中称这为一种非含混性生命（unambiguous life），“非含混性生命的创造带给生命进程中所有元素的联合，在此生命中真实存有是潜存存有的真正表达……这仅由于疏离、对抗和抉择后所实现的”，[40]这种非含混性生命并非依靠自身能完成和实现，完全是圣灵临在人的灵当中所产生的。[41]在此，蒂利希似乎把新存有的彰显与圣灵在场所呈现的力量等同起来，故此可以说，在耶稣基督身上所承载的新存有，也就是圣灵在场于耶稣身上所彰显的力量。

---

40. Tillich, *Systematic Theology*, vol. 3, 129.
41. Ibid.

圣灵基督论并不意味着耶稣本身能依赖自身努力达致基督的境地，相反，蒂利希似乎有意指出耶稣在此事上的被动性。非含混性生命所彰显的信仰和爱，是圣灵抓住人的灵所产生的，并非由人而出（not from man）而是在人里面（in man）。[42] 耶稣的灵（Jesus' spirit）同样被圣灵所抓住以在其身上彰显的圣灵所创造的新存有力量。依此，蒂利希一贯地指出基督论的焦点并非落在拿撒勒人耶稣之上，[43] 基督教信仰亦非以这种独特性来建立，而是圣灵在场于耶稣的灵中所产生的新存有的那种非含混性生命和力量，正是这种力量和生命才能够带来救赎。依此，耶稣基督可谓是"上帝在他里面"（God was in him），"神圣的灵无任何扭曲地在场于作为基督的耶稣里面"，[44] 从而耶稣的一生就能具有一种动态历程，是圣灵不断地参与。所以耶稣生命中所产生的信仰和爱就相应地更能透释出基督真实的人性部分，[45] 基督生命中信仰的确定性并非为道所掌控，而是神圣之灵所产生的一种存有状态。要注意的是，新存有那种非含混性生命并非基督作为真实人性自身生命所能产生的，完全是圣灵临在的**创造**；但同时，圣灵的临在是参与和介入耶稣的灵，在耶稣的灵中彰显他的力量，所以，耶稣的人性同时又是整个过程中的重要载体。

---

42. Ibid., 133.
43. Ibid., 146.
44. Ibid., 144.
45. Ibid., 145.

第三章
神秘主义

一、前 言

虽然蒂利希明言他自己不是一位神秘主义神学家，[1]但他毋庸置疑是二十世纪基督新教中对神秘经验和基督教神秘主义传统最欣赏和采取正视态度的神学家之一。

他对大自然的美和向往表现出人与自然间可以发展出一种神秘交往的关系。蒂利希记述道，他孩童时身处德国的村庄中，那些中世纪建筑物的特色、歌德式的城墙和教堂，[2]都促使他对自然和历史采取了更亲密的关系。他认为自己与自然可以建立一种浪漫主义式的关系，因为他经常对自然有着神秘的领悟和参与，并以一种审美和默观而非科学分析或科技控制的立场对待自然。[3]一方面，他经常强调这种浪漫主义自然观有着

1. Paul Tillich, *Perspectives on 19th & 20th Century Protestant Theology*, ed. and with an introd. by Carl E. Braaten (New York: Harper & Row, 1967), 21.
2. Paul Tillich, *My Search for Absolutes* (New York: Simon & Schuster, 1967), 24.
3. Ibid., 26； 另 参 Paul Tillich, "Autobiographical Reflections," *The Theology of Paul Tillich*, eds. Charles W. Kegley & Robert W. Bretall (NY: MacMillan Co., 1956), 4。

他自身的**亲身**体验，是一种在自然中的“神秘参与”（mystical participation）；[4] 其次，他亦从文学作品中吸取养分，在德国文学中的诗人，如歌德（Goethe）、荷尔德林（Hölderlin）、尼采（Nietzsche）、诺瓦利斯（Novalis）、里尔克（Rilke）的作品中皆充满了自然神秘主义（nature mysticism）的色彩。[5] 在蒂利希的自我描述中，大自然确实给予他丰富的材料和精神上的安舒，这些与大自然的神秘经验一直丰富着他的神学思考。在大自然的各种景物中，蒂利希似乎对海洋尤有好感，就他而言，海洋象征着无限，开放及无尽的空间，这些自然特质往往让他在学术上得着灵感。他曾言及面对海洋时的体验，让他获得——

> 无限邻近有限的体验，这体验正切合我所倾向的边界上的处境（boundary situation），又提供给我一个象征的想象，为我思想上的情感和创意提供了内涵。[6]

其次，海洋动态地冲击宁静的大地，其中充满着大风和海浪，这些自然现象为蒂利希建立“动态的群众”（dynamic mass）理论提供了素材；更重要的是他思想的核心部分有关“绝对”这观念，因着狂暴的海洋，让他把绝对（Absolute）视为动态真理的根本和深渊（abyss）提供了想象的元素。[7] 上述这些蒂利希自身的个人叙述清楚表达出他是一位**自然的神秘主义者**，

---

4. Ibid.
5. Tillich, *My Search for Absolutes*, 26; Tillich, “Autobiographical Reflections,” 5.
6. Tillich, *My Search for Absolutes*, 18.
7. Ibid.

对自然有着很深的欣赏和向往；这些个人经验及学理上的兼容使他对自然有着深刻而丰富的洞见。

其次，蒂利希所继承的学术思想传统亦提供了空间，让他更正面地看待无限和有限之间的神秘联合。他的路德宗信仰传统强调“有限能承载无限”（*finitum capax infiniti*）的基督论，承认神–人两性在基督身上互为内在，以致让他能够接受“无限能够临在一切有限之物中”，意即神–人间的神秘联合和自然的神秘主义体验完全是可能并且真实的，而在加尔文主义中这种态度却被视为泛神论（pantheism）。[8] 这些体验和学说让蒂利希充分欣赏谢林（F. W. J. Schelling）的自然哲学和同一性哲学，并且在神学上建构自身的“自然参与在堕落和拯救中”的理解，以致蒂利希经常强调他无法接纳立敕尔派神学（Ritschlian theology）在自然（nature）和位格（person）间筑起一道无限的鸿沟，把耶稣带来的拯救仅仅理解为将人从自然的困缚中释放出来。[9] 这种神学立场倾向让自然成为人在道德上和科技上操控的对象，以致阻碍了人与自然建立一种神秘性参与，并且无法理解自然是万物无限根基的有限表现，亦无法获得在自然中神魔争斗的远象。[10]

---

8. Tillich, *My Search for Absolutes*, 26; Tillich, “Autobiographical Reflections,” 18.
9. Tillich, *My Search for Absolutes*, 25; Tillich, “Autobiographical Reflections,” 4.
10. Ibid. 吉尔奇曾在一段叙述蒂利希的生平事迹中表达出蒂利希对自然界的创造与魔化力量的尊重和敬畏。1950 年 4 月，当吉尔奇正准备驾车带蒂利希到一处森林中散步时，蒂利希到达后问：“这里有没有‘蛇’（serpents）出没？”吉尔奇表示他经常往返这里，但从未遇见过，并鼓励蒂利希同行，谁知蒂利希直立不动，并返回车中，说：“我是一个城市人，我要返回车上去。”后来吉尔奇惊觉蒂利希以“serpents”而非“snakes”来描述蛇，正是表现出蒂利希经常注意无限的生命力量和死亡存在于自然之中，这正是自然的奥秘，参 L. Gilkey, *Gilkey on Tillich* (Eugene: Wipf and Stock Publishers, 1990), 201。

德国浪漫主义对蒂利希的影响不单彰显于他对自然的审美和神秘参与上，还建构着他对历史的特别关系。蒂利希曾表示，在德国乡镇中的自然景观都见证和产生历史感，这种从自然中引导出对历史的向往不是一种抽离的历史知识，也就不会将历史看作单纯的事件，并把它作为一种智性的考察对象而已；相反，它是视之为个体赖以存在的重要元素，是过去的历史参与在现今时刻的一种活生生的真实。[11] 这些历史事物和建筑所彰显的中世纪文明让蒂利希深深认识中世纪的神律观念（idea of theonomous），并期盼在历史的终末能彰显新的神律。[12]

就蒂利希继承的学术传统而言，他承袭了西方神哲学思想中的神秘主义元素。德国观念论和浪漫主义为他提供了丰富的想象空间，而谢林的思想更塑造了他思想体系的基本框架；其中谢林的自然哲学更为蒂利希考虑自然的问题提供了重要的素材。[13] 蒂利希在其中一篇早期探讨谢林的博士学位论文中，就分析了谢林的神秘主义和罪疚意识；[14] 而谢林早期有关“自然与精神的同一性原则（*Identitätsprinzip*）”亦让他对自然与人的关系采取一种相互依存而非对立的立场。在同一性原则下，自然和精神、客观与主体、真实（*Realität*）与理念

11. Tillich, “Autobiographical Reflections,” 5.
12. Ibid., 6.
13. Paul Tillich, *On the Boundary*: *An Autobiographical Sketch* (NY: Charles Scribner’s Sons, 1966), 17.
14. Paul Tillich, “Mystik und Schuldbewusstsein in Schellings philosophischer Entwicklung,” *Paul Tillich Gesammelte Werke*, Band I. Herausgegeben von Renate Albrecht (Stuttgart: Evangelisches Verlagswerk, 1959), 11–108. 英译本见 Paul Tillich, *Mysticism and Guilt-Consciousness in Schelling’s Philosophical Development*, tr. Victor Nuovo (Lewisburg: Bucknell University Press, 1974)。

（*Idealität*）皆处于不离不弃的整体之中。[15] 在他的教授资格论文（*Habilitationsschrift*）中，他更以这种“同一性原则”作为切入“前施莱尔马赫神学”中有关自然与超然的讨论，并为批判一种将上帝与自然严格二分的“超自然主义”（*Supernaturalismus*）提供了重要的参考。[16]

蒂利希深信有限的世界能彰显无限的神圣，以致两者并非截然的二分，这种联结有限与无限的思想一方面是得力于路德宗的“有限能承载无限”的观念；另一方面，蒂利希的老师卡勒所教导的因恩典借信心称义（justification through faith by grace）对蒂利希产生极深刻的影响；[17] 这个路德宗的重要教义指出没有人能宣称与上帝等同，所有人在上帝面前皆是平等的；再者，上帝与人的疏离因着上帝的接纳而得以复和，人能做和应做的只是接纳上帝对罪人的接纳。蒂利希最欣赏的是上帝的接纳并非仅是对应一种信心上的怀疑，更是接纳人在智性上的怀疑；并且这种称义的观念打破一切生命中的等级性关系。上帝的接纳是直接和当下的，人无须攀越生命中和制度上的重重阶梯来到达上帝面前接受这种恩典，这种思想为他以生命的多重向度的整合来代替层级性思维提供了素材。

其次，库萨的尼古拉（Nicolaus Cusanus）提出“对立并

---

15. Werner Schüssler, *Paul Tillich* (München: C. H. Beck, 1997), 27.
16. 蒂利希的教授资格论文，见 Paul Tillich, “Der Begriff des Übernatürlichen, sein dialektischer Charakter und das Prinzip der Identität, dargestellt an der supranaturalistischen Theologie vor Schleiermacher,” *Ergänzungs und Nachlaßbände zu den Gesammelten Werken von Paul Tillich*, Band IX. Herausgegeben von Gert Hummel und Doris Lax (Berlin: Walter de Gruyter, 1998), 435–588。
17. 就卡勒的思想及其对蒂利希的影响，参 Wilhelm Pauck, *From Luther to Tillich* (San Franciso: Harper & Row, Publishers, 1984), 170–180。

存”(coincidence of the opposites/*coincidentia oppositorum*)，这思想让蒂利希得悉无限临在于一切的有限之中，世界成为上帝无限能力的彰显场所，有限的世界得以参与在无限的上帝当中；“参与”(participation)对蒂利希而言是一个核心的观念，他坚称这观念是继承柏拉图-奥古斯丁-方济各的传统(Platonic-Augustinian-Franciscan tradition)而来，[18] 在这传统中人对无限的体会是当下和实时的，这种“当下的原则”(principle of immediacy)对蒂利希理解上帝作为存有自身、存有根基和能力大有帮助。[19]

二、对神秘主义的负面评价

但与此同时，蒂利希对神秘主义又采取一种带有保留，甚至是消极的负面态度。在他讨论基督教思想史有关中世纪的神秘主义时，他一方面批判新教自立敕尔以降至巴特为止，对神秘主义都有歪曲，又提醒听众不要走向另一个极端，

> 使神秘主义与个人消失在神圣深渊之中、把绝对的(absolute)和抽象的(abstract)神秘主义相等同，不要犯

18. 就蒂利希与柏拉图-奥古斯丁-方济各的传统的关系，参 John Dourley, *Paul Tillich and Bonaventure: An Evaluation of Tillich's Claim to Stand in the Augustinian-Franciscan Tradition* (Leiden: Brill, 1975)。就“参与”(participation)这概念在蒂利希思想中的位置，参 A. A. Wettstein, “The Concept of Participation in Paul Tillich's Thought with studies in its Historical Background and Present Significance,” unpublished Ph.D dissertation, McGill University, 1968。
19. 见“Interrogation of Paul Tillich,” conducted by William L. Reese, *Philosophical Interrogations*, ed. Sydney & Beatrice Rome (NY: Holt, Rinehart & Winster, 1964), 357。

下这种错误。[20]

其实，早于撰写谢林主题的博士论文中，蒂利希已对神秘主义提出一种保留的态度，他认为联结神-人的同一性原则和分隔神-人间的罪疚意识之间必须找寻一种综合的可能。“神秘主义原则会胜利，但**并非在**神秘主义的形式下，即不是作为一种当下实时的同一性（immediate identity），而是作为克胜矛盾的**位格性联合**（personal communion）：就是‘圣灵与自由的宗教’。”[21] 在后期的《系统神学》中，他指出神秘主义的问题“既不是独处又不是联合，而是个体的核心自我被消融”。[22] 其次，蒂利希认为神秘主义无法让人正视实存生命中的种种非存有状态，神秘主义倾向以一种虚幻的、不真实的进路来消解人生的种种问题。就蒂利希而言，神秘主义往往缺乏一种终末论式的盼望焦点，对人间历史的种种不义视若无睹，这些只重视上帝与人的垂直维度，而忽略水平横向维度的消极处世态度促使蒂利希对神秘主义持有一种保留态度，以致他认为神秘主义需要被基督教施洗。[23]

根据霍恩（James R. Horne）的分析，蒂利希反对神秘主义可总结为有四项理由：第一，绝对的神秘主义取消了自我；

---

20. Paul Tillich, *A History of Christian Thought*, ed. Carl E. Braaten (New York: Simon & Schuster, 1967), 136.

21. Paul Tillich, *Mysticism and Guilt-Consciousness in Schelling's Philosophical Development*, trans. Victor Nuovo (Lewisburg: Bucknell University Press, 1974), 125. 粗体为笔者所加。

22. Tillich, *Systematic Theology*, vol. 2, 72.

23. Tillich, *A History of Christian Thought*, 173.

第二，绝对的神秘主义有意逃避人在实存状下的怀疑和无意义；第三，绝对的神秘主义取消了盼望，抹杀了上帝的国；第四，绝对的神秘主义的纵向维度取消了社会和政治关怀的横向维度。[24] 德赖斯巴赫（Donald F. Dreisbach）亦较认同这种观点，蒂利希并非无条件地接受神秘主义，但他补充了一个处境性的考虑，就是二十世纪五十年代，西方社会对东方的神秘主义出现一种热潮，以致蒂利希认为这种注意心灵内在化的神圣追求有忽略关心当时复杂的政治社会形势的危险，正如蒂利希当时所言："根据现时的宗教处境而言［美国的二十世纪五六十年代］，东方的神秘主义并非西方存在主义问题的解决办法，虽然很多人尝试这样做。"[25] 所以，对蒂利希而言，"神秘主义亦是一种试探，一种欲逃离世界威胁和作为人应尽的责任的试探，特别是让一己的生命和社群世界更合理的责任。"[26]

倘若布拉顿（Carl Braaten）以下的观察是准确的话："关于**一切**用于说明蒂利希神学的名称，除了显示出他**整个思路坚固基础**的**神秘主义存有论**（mystical ontology）这个名称之外，没有一个接近于适当的说明。"[27] 那么，蒂利希自身的神秘主义式

24. James R. Horne, "Tillich's Rejection of Absolute Mysticism," *Journal of Religion*, vol. 58, no. 2 (April 1978), 130–139.
25. Paul Tillich, *Courage to Be* (New Haven & London: Yale University Press, 1952), 186.
26. Donald F. Dreisbach, "Tillich's Ambiguous Attitude Toward Mysticism" *Mystische Erbe in Tillichs philosophischer Theologie*, eds. Gert Hummel & Doris Lax (Muenster: LIT Verlag, 2000), 402–414.
27. Carl Braaten, "Paul Tillich and the Classical Christian Tradition," in Tillich, *A History of Christian Thought*, xxv. 粗体为笔者所加。

神学系统又是一种怎样的神秘主义类型呢？当他积极反对这种“绝对的神秘主义”时，他又如何在自身的神学系统中超越这种类型呢？在蒂利希的神学体系中又是如何以这种既接纳又反对的辩证性态度来看待神秘主义？

三、作为范畴与宗教类型的神秘主义

蒂利希清楚指出构成宗教经验的核心元素是“对无条件的（unconditioned）或上帝的一种**当下的醒觉**（immediate awareness）”。在他晚期回顾自己的哲学背景时，他认为有限与无限的联合成为他有关宗教经验的教义基本原则，亦由于此，让他更能认同很多东方思想。[28] 这种醒觉是神秘性的，蒂利希认为神秘性就是指“一种建构作为临在经验当中的神圣**范畴**，因此，神秘性就是每个宗教之为宗教的核心”。[29] 就蒂利希而言，神秘性作为一种神-人联合的范畴是在宗教领域上具有普遍性的，是每种宗教经验里面的核心，就是追求一种神圣的联合。[30] 一种超越主体和客体对立的超越经验将会呈现于这种神圣的联合中，[31] 这种作为范畴的神秘经验存在于所有宗教经验中的先验元素（*a prior*）。蒂利希认为无论是观念论或自然主义皆依赖一种先于经验的同一性，也就是经验主体与终极之间的同一性。[32]

---

28. Pual Tillich, “Philosophical Background of My Theology”, *Paul Tillich Main Works/Hauptwerke*, vol. 1, ed. Gunther Wenz (Berlin: Walter de Gruyter, 1999), 414.
29. Tillich, *Systematic Theology*, vol. 2, 96. 粗体乃笔者所加。
30. Tillich, *Systematic Theology*, vol. 3, 258.
31. Ibid., 257.
32. Tillich, *Systematic Theology*, vol. 1, 9.

蒂利希总结出三种类型的宗教：圣礼式、先知式和神秘式。圣礼式的宗教类型注重神圣的彰显是要通过中介来完成，万物皆能成为神圣的载体，信仰是通过这些载体而触及神圣对象本身。但蒂利希认为这种类型的危险在于容易将有限的载体等同于无限的神圣，这种祭司式的圣礼宗教类型一旦混淆了启示对象和中介的分野，就会有一种魔化的危险。[33] 因此，蒂利希指出这种类型需要一种先知式的宗教类型来补充，对那种倾向魔化的危险做出批判。有趣的是，蒂利希认为神秘式的宗教类型往往亦可以担当这种批判角色。可见，就他而言，神秘性元素和先知伦理式的批判并非相互对立的。

> 神秘主义通过贬抑启示的任何中介，来批判魔化和扭曲了的圣礼——祭司式本质，并尝试直接地联合心灵与存有的根基，使之进入存在的奥秘中而无须有限的中介来协助。[34]

事实上，作为批判力量的新教原则对蒂利希而言亦非仅仅是一种消极性的批判元素，新教原则**本身**就具备一种神圣的“否”和“是”的辩证力量。当新教原则被理解为一种对形式的否定（form-negating）力量时，它同时亦是建立在一种形式的构造（form-creating）力量中。蒂利希将这种批判的否定和创造性的

33. Paul Tillich, *Dynamic of Faith* (San Franciso: Harper & Row, Publishers, 1957), 60; Tillich, *Systematic Theology*, vol. 1, 140.
34. Tillich, *Systematic Theology*, vol. 1, 140

构造结合称为“恩典的格式塔”(*gestalt* of grace)。[35]

但与此同时，神秘性的宗教类型由于强调一种直接参与神圣本身的企图，要将现实处境中的种种载体加以否定，以求达致这种直接的当下性。但危险就在于它“移除了启示的具体特性，并使得这些都跟真实的人类处境无关”，神秘宗教元素就人的时空存在做出一种“终极的否定”(ultimate negation)。为要进入一种心灵的深度（depth of soul)，神秘主义者会倒空自己，越过一切初始性的关怀。[36] 就蒂利希而言，这正是作为宗教类型的神秘主义所要付出的代价。

四、自我在神秘经验中的消融与保存

从以上的讨论中，蒂利希对于“一己的人格存在因着绝对神秘性的经验而被取消”的观点是相当保留的。

其实，在蒂利希的存有论中一直要保持着一种同一性和非同一性的辩证张力。在讨论关于认识论的问题上，蒂利希指出认知主体（knowing subject）和被知客体（known object）的认

---

35. Paul Tillich, “The Formative Power of Protestantism,” *Protestant Era*, ed. James Luther Adams (Chicago: University of Chicago Press, 1948), 206. “格式塔”(*gestalt*) 不容易在汉语中找到相对应的用词，大抵上是指一个存活个体或群体的一种整全结构，某些翻译把它译为“形式”(form)，这不但未能把它涵盖的意义表达出来，并且容易与德语 *Form* 一词相混淆。这情况，在蒂利希的思想中尤为重要，因为他早期的文化神学构想中，就是要区分开 *Form*（形式)、*Inhalt*（内容）和 *Gehalt*（意义、涵义）三者。而在蒂利希的思想中，“格式塔”往往被理解为承载着精神心智活动及意义的载体（形式)。参 Paul Tillich, “The Philosophy of Religion,” *What is Religion?*, ed. James Luther Adams (New York: Harper & Row, Publishers, 1969), 27–121。就神秘元素和新教原则的结合问题，可参 Young Ho Chun, “Mystical Impulse and Protestant Principle,” *Mystische Erbe in Tillichs philosophischer Theologie*, eds. Gert Hummel & Doris Lax (Münster: LIT Verlag, 2000), 51–61。

36. Tillich, *Dynamic of Faith*, 61; *Systematic Theology*, vol. 1, 140.

知本体论关系是经历一种联合–分离–再统一（union-separation-unity）的三一进程。依蒂利希的理解，知识的确立必定需要默认一种“离”的局面，认知主体与被知的客体之间需要处于一种分离的距离才可以谈知识。其实在“把握–塑造”中已隐含着人的主体理性（subjective reason）与实在的客体理性（objective reason）之间的**距离**才可以谈一种相互转化的可能，这种知识领域内的“离”正是知识之所以可能的条件。[37] 主体–客体的结构又同时以一种本体理性（ontological reason）所联结，因此，蒂利希强调在知识本体结构中的“离”的同时，需要明白双方在本质的结构（essential structure）中具备某种程度的联合。[38] 这亦正是柏拉图（Plato）论及“知识是一种对理念（ideas）的回忆”的意思，及蒂利希谈到“爱欲（*eros*）作为一种人追求认识层面上与万物联合之力量”的意思。在本质结构中的“合”经历了认知结构中必须被默认的“离”后，当然最后就是一种“重合”（reunion），因此，蒂利希强调认知的行动就是一种联合的形式。[39] 可见，蒂利希认为一种纯粹的神秘联合是**不可能**在认知的层面上出现的。

依此，蒂利希非常强调一种主体与客体互惠关系，就是在这种“我–你”（I-Thou）的交往中建立一种神秘性参与。这是建基于蒂利希认为一切的存有都以一种“自我–世界”（self-world）

37. Paul Tillich, “Environment and the Individual,” *The Spiritual Situation in Our Technical Society*, ed. & intro. by J. Mark Thomas (Macon: Mercer University Press, 1988), 94.
38. Ibid., 95.
39. Ibid., 94.

的两极性为基础。[40] 在蒂利希的观点中，自我不应于神秘联合中被消解，一己自身的具体特质不应被取消，反而心灵的活动方向是积极而具体的。正是如此，蒂利希区分开具体和抽象的两种神秘主义，在他评价明谷的伯尔纳（Bernard of Clairvaux）有非常清楚的强调。

> 仅当……有爱的神秘主义，……才有基督教的神秘主义。……参与是动态的，不是静态的和律法的。这种具体的、积极的、爱基督的神秘主义是伯尔纳神秘主义［抽象的神秘主义］的前提。……具体的神秘主义是**爱和参与**救主上帝的神秘主义，而抽象的神秘主义或超越的神秘主义，则是**抽离于任何有限的东西**，达到任何事物的终极根基。……决定性的问题是：在伯尔纳的观点中，有某种不同于（伪）狄奥尼修斯著作中理论的东西，这就是具体的神秘主义、基督教的神秘主义、爱的神秘主义。它仍然是神秘主义，因为神秘主义是参与，而参与包含部分的同一（partial identification）。[41]

在蒂利希评价马丁·布伯（Martin Buber）的思想时，除了高度评价神秘主义和社会公义间的紧密关系，他更指出一种神秘主义需要经常注意的问题，就是神-人间的联合与相遇，不能让一己化入神圣的一（divine One）当中，意思就是布伯所谓的

40. Tillich, *Systematic Theology*, vol. 1, 171.
41. Tillich, *A History of Christian Thought*, 172–175. 粗体乃笔者所加。

"我-你"（I-Thou）关系不应该在神秘的联合（*unio mystica*）中被超越；因此，所谓的神秘联合是"人与自身联合，为着行动和世界，为着确认万物有着神圣的根基而与上帝联合"。[42] 就这种保存人的自身存在和保持一种相互主体的神秘主义而言，蒂利希与艾克哈特大师（Meister Eckhart）是有分别的。艾克哈特认为人的心灵为要重归一种统一性中而与上帝契合，就必须摆脱一切被造世界的多样性结构，力图返回自身的深处和原型当中——"灵魂要想认识上帝，它就必须也忘掉自己，必须也失去自己"。[43]

蒂利希这种"爱的参与"的神秘主义存有论（mystical ontology of love participation）似乎可以提供一种较恰当的理解框架来调节神秘主义中强调同一性和分离的极化问题。在爱的存有论中，爱就是联合的力量，"爱是使分离重合的动力"；[44] 联合是最终的目标，生命的各种形态都在爱的存有模态中找寻联结的力量和存有基础；这种爱的力量为存有论结构中的"个体化-参与"（individualization-participation）取得张力中的平衡，避免双方的其中一方采取压迫和操控的力量来转化这种平衡。但爱又必须预设双方的距离和特质，神圣的"你"永远跟人在联合中保持着一种认知和存有上的分别；这种分别并没有因神

42. Paul Tillich, "An Evaluation of Martin Buber: Protestant and Jewish Thought," *Theology of Culture*, ed. Robert C. Kimball (New York: Oxford University Press, 1959), 194.

43. 参李秋零：《艾克哈特的神秘思想》，载于刘小枫等编：《现代性、传统变迁与神学反思》，香港：道风山基督教丛林，1999 年，第 334–350 页；引文出自第 339 页。

44. Paul Tillich, *Love, Power and Justice: Ontological Analyses and Ethical Applications* (Oxford: Oxford University Press, 1954), 25.

秘的联合而被取消。

五、绝对信仰中的“上帝之上的上帝”

从以上的讨论中，蒂利希对神秘主义的态度和理论观点应该是清楚的——他在强调宗教经验中神圣临在的当下醒觉这一神秘体验时，指出需要保持一种保存自我核心元素的神秘联合，个体的特质“不因联合而消失”，存有论的参与和个体化元素就算在神秘联合中都不会被取消。蒂利希经常强调这是一种“参与”，参与包含着联合和分离、同一性与部分同一性。但蒂利希这种观点能否贯彻他的整个体系？要坚持这种“神秘主义”会给蒂利希的神学带来什么影响呢？

（一）存有论——神秘主义的进路

其实，蒂利希在上述所描述的神秘主义构想中，充分表达出一种圣经宗教中的位格主义（personalism）倾向。基督教强调上帝与人类之间的关系是以一种有情意的主体关系来建构的，双方的互惠关系造就了相互主体的彼此参与模态。这正是为何蒂利希一直坚持基督教的神秘主义应该是一种保存个体特质的神秘联合之精神。但这种注重位格存有（personal being）的神学精神与蒂利希一贯所强调的一种非位格性存有论（a-personal ontology）怎样调协呢？

宗教意义上的绝对上帝和哲学原则下的绝对原则被视为两种彼此对扬的观念。蒂利希认为宗教哲学就是要响应这两种绝对关系的问题：“上帝”（*Deus*）和“存有”（*esse*）这两个绝对

（Two Absolutes）的问题。[45] 众所周知，蒂利希认为可以有两种进路去认识上帝：（1）存有论的进路是当人发现上帝时，他就发现自身，上帝与自身在某程度上是等同的；（2）宇宙论的进路是把上帝作为陌生者来看待，本质上人和上帝是分离的。蒂利希指出传统证明上帝存在的论证有两方面的缺失。首先这些论证出来的上帝无法等同于身为万物根基的上帝，上帝是一切万物的来源和基础，是“本质和实存的创造性根基”（creative ground of essence and existence），[46] 所以上帝根本就不在事物整体之内，他本身就是越过本质和实在的存有自身（being-itself）。[47] 从这个意义上，蒂利希宣称：“上帝是不**存在**的”，[48] 原因是上帝并非如一般的存有者（beings in general）这样地存在，若上帝如存有者般存在，他根本就不是上帝，而只是被造物。其次，蒂利希认为这些论证都是尝试从世界这起点来推论上帝，到头来，这个被推论出来的上帝就不会是一个超越的上帝，而只会是一个早已被预设了的结论，只是一个打通笛卡尔“智性世界”（*res cogitans*）和“物质世界”（*res extensa*）的力量而已。[49] 所以，上帝存在的论证其实就不是什么论证，“他们都是隐含在人之有限性中的上帝**问题**之表述。”[50]

---

45. Paul Tillich, “The Two Types of Philosophy of Religion,” *Theology of Culture*, ed. Robert C. Kimball (Oxford: Oxford University Press, 1959), 10–12.
46. Tillich, *Systematic Theology*, vol. 1, 205.
47. Ibid.
48. 罗伯特·露斯（Robert R. N. Ross）倾向于称蒂利希这观点为“上帝是非存在”（Non-existence of God），见 Robert R. N. Ross, *The Non-existence of God* (N.Y. and Toronto: Edwin Mellen Press, 1978)。粗体为原书所有。
49. Tillich, *Systematic Theology*, vol. 1, 205.
50. Ibid. 粗体为原书所有。

蒂利希认为在存有论的进路中，上帝和存有的根基是相连的，人在自身中发现上帝，就是体会上帝作为万物的根基而存在。上帝的问题之所以可能，是因为在我们发问上帝问题时，对上帝的意识（awareness of God）已临在；这种意识并非一种纯粹心理学意义上的理解。据蒂利希描述，“意识”既非一种直观（intuition）和经验（experience），亦非一种知识（knowledge），这可说是一种神秘性的领悟，而非一种智性的推理活动或心理上的感受性活动。所以上帝是这些追问得以可能的前提而非结论。[51] 人意识到自身的有限性之余，同时亦会意识到有潜存的无限性在人的自身当中。就蒂利希而言，存有论论证（ontological argument）就因此往往带有一种**神秘性**，这种无限临在于有限中的表述，其实正是存有论的根本特性。蒂利希认为这论点一直是奥古斯丁、方济各、波纳文图拉（Bonaventura）等人所强调的一种追寻**内蕴性的上帝**之路。蒂利希直言，这个传统可被称为一种神秘性的进路，因为“神秘主义可被定义为关联于存有自身的主体与客体同一性（identity）的经验”。[52] 这种同一性的体验就是指对上帝认识的“当下性”（immediacy），[53] 上帝自身临在于人的心灵当中，因上帝就是那真理自身（*Ecce tibi est ipsa veritas*）；当人发问和怀疑时，上帝已被预设，他是先于主体与客体的区分和对立之前，这种在对立之前（*prius*）的特质充分彰显出蒂利希上帝观的神

51. Tillich, *Systematic Theology*, vol. 1, 206.
52. Paul Tillich, “The Two Types of Philosophy of Religion,” *Theology of Culture*, ed. Robert C. Kimball (Oxford: Oxford University Press, 1959), 14.
53. Ibid., 13.

秘性——作为存有自身的上帝参与在一切之中，在一切之前，先于任何的主体与客体的对立。就好像光一样，光就一直在我们旁边，只是我们没有注意它，但没有光我们也就什么都看不见，上帝作为“真理自身”（*verum ipsum*）和“善自身”（*bonum ipsum*）参与在一切人的心灵活动中，同样这些活动亦参与在终极的上帝力量中。

（二）上帝之上的上帝

基本上，蒂利希所反对的抽象神秘主义和他所赞成的具体（有情意的位格性）神秘主义都有一个比较明确的优先次序。但当蒂利希谈到一种人被非存有所侵吞的极端情况时，他似乎倾向认为上述这两种进路都无法提供实存的解决出路，以致提出一个相当富争论性的概念：上帝之上的上帝。

蒂利希认为当人面对极度和彻底的无意义和失望时，这些传统的有神论（theism）都无法给予足够的存在勇气来让人克胜这些困难，他认为“所有形式的有神论都在我们被称为绝对信心（absolute faith）的经验中被超越。”[54] 所谓绝对信心就是一种并无特别具体内容，而只有以“上帝之上的上帝”（*Gott über Gott*）为内容的信心。[55] “上帝之上的上帝”并非指有一位超级上帝在一切上帝之上，蒂利希清楚指出，“之上”（above）和“里面”（in）都只是一种空间性的图像（spatial imagery），是无

54. Tillich, *Courage to Be*, 185.
55. Paul Tillich, “God above God,” *Paul Tillich Main Works/Hauptwerke*, vol. 6, ed. Gert Hummel, 418.

法真正表达真正的意涵。[56] 蒂利希指出，人在极度的失望和彻底的怀疑当中，所有**有神论的上帝概念和形象**都会被粉碎，并且进入一种“上帝缺席”的焦虑和痛苦当中。当一切上帝的形象和以往对上帝的概念都无法成为信仰的对象时，唯一的出路就是出现在怀疑和绝对信心中的“上帝之上的上帝”。

在这种信心面对绝境的时候，蒂利希指出一般有两种进路去应对，就是神秘主义和神–人的位格关系（divine-human personal relation）。这两者都是基于一切存有的存有论结构中的两端（two poles of ontological structure）：参与（participation）和个体性（individualization）。[57] 当“参与”这种存有论特质占主导时，神秘性特质将会出现在追寻勇气过程中；若“个体性”占主导时，则会出现位格关系。[58] 首先，蒂利希要问：神秘主义能否和如何成为存在勇气的源头？他指出通过与存有自身的联合，获取存有力量而做出自我肯定，而这种东方宗教中的神秘主义倾向通过否定世界的真实本质来克胜存在的焦虑和怀疑，“有限存有在最后的分析中是‘非存有’（nonbeing）”；[59] 因此，这种**神秘式的勇气**之限制在于“意义和存有的空”，在体现万物皆空时，神秘主义者就能体会一切意义和价值的无常。由之，原初的焦虑和失望都同时带进一种彻底的否定中，在这种怀疑和否定中克胜彻底的失落。[60]

---

56. Tillich, *Systematic Theology*, vol. 2, 8. 因此，“上帝之上的上帝”这译名不是很恰当，德语 *über* 不能等同于英语 above（在上面）的意思，反而更多表达一种越过（beyond）或超越的意涵。
57. Tillich, *Courage to Be*, 156.
58. Ibid.
59. Ibid., 158.
60. Ibid., 158–159.

其次，与上帝有情意的交往又如何获取存在的勇气？蒂利希认为上帝与人的位格交往，确保了一种个体性的把握，这种接触是直接和有情意的，而非依赖一己和有限存有的存在，而是通过“与上帝经验一种独特和位格性的碰触”。[61] 这种情意的接触所提供的存在勇气是一种建基于信任的勇气（courage of confidence）。蒂利希举出路德的例子，认为他就是一个面对极度失落时仍抱着一种对上帝“即或不然”（in spite of）的信任。[62] 跟神秘主义的勇气比较，位格性的情意关系注重个体自我的特质，保存位格与位格间的关系。但同时，这种勇气也是无法得到最终极的保证，它无法找到一个毫无疑问的、稳固的信仰根基。[63]

蒂利希认为处于极度罪疚和失落当中，所需要的那份“接纳已被接纳”的勇气无法由神秘主义和位格关系所提供，唯有绝对信心才能产生存在的勇气，而对象就是“上帝之上的上帝”，绝对信心超越了神秘主义和位格关系：一方面，神秘主义并非怀疑这些威胁生存之物的存在，只是视它们为初步，可以一层层越过，但无意义的彻底怀疑是对这一切根本的否定；另一方面，彻底怀疑又摧毁了位格关系中的主客体关系，直接让人质疑位格性上帝的性情和独特性。所以，在彻底的失落中所需要的勇气，其实是要指向一个越过神秘主义和位格关系的上帝，这也就是“上帝之上的上帝”。[64]

---

61. Ibid., 163.
62. Ibid., 161.
63. Ibid., 162.
64. Ibid., 177–178.

绝对信心是一种被存有自身力量抓住的状态，它本身具有一种悖论性，路德那种“即或不然”的因信称义本身就提供了重要的参考。人在这种极端情况下，信仰让人被存有力量抓住，以致获得一种肯定自我的勇气。[65] 就蒂利希而言，神秘主义和位格关系在绝对信心之下被等同了。

但“上帝之上的上帝”是怎样的一位上帝？蒂利希认为，上帝之上的上帝是超越有神论位格情意关系的上帝和神秘主义中的上帝，他所指的又是怎样的一位上帝？饶有趣味的是，蒂利希明言上帝之上的上帝与位格性上帝和神秘联合的存有具有某种联系。

> 上帝之上的上帝是所有神秘主义渴求的对象，但神秘主义要获得他［上帝之上的上帝］亦要被超越，神秘主义并未认真看待**具体**事物，怀疑一切具体之物……上帝之上的上帝虽是隐藏的，但却临在于神-人的相遇当中……当上帝与人相遇时，上帝既非客体亦非主体，因而是越过有神论强加给他的那个框架……［上帝之上的上帝］避免因参与而失去自我和因个体化而失去一己的世界。[66]

就蒂利希而言，上帝之上的上帝应该没有具体内容，这导致蒂利希倾向于把上帝之上的上帝理解为一种**普遍化存有论结构**的存有自身（Being-itself as the universal-ontological structure），

65. Ibid., 173.
66. Ibid., 186–187.

以致让人觉得蒂利希会否最终还是没法摆脱一种非位格性的存有论模式，以此来解决极度失落的信仰问题，也即，作为绝对信心对象的这种带有普遍性存有自身会否亦是某种神秘主义式存有联合的另类形式（而这正是蒂利希所要反对的）？更甚的是，这种带有神秘性联合模式的存有论联合与非位格性联合的抽象神秘主义岂非互相排斥？我们已经知道，蒂利希自己一直在反对这种非位格性联合的抽象神秘主义。

（三）作为“上帝之上的上帝”的三一上帝

其实，蒂利希在分析上帝之上的上帝如何能提供一种存有的勇气时，就指出存有自身若要具备赋予存在力量和勇气，它自身必须采纳非存有（non-being）。“存有必须以作为存有的‘否定之否定’来思想”，[67] 以致让存有与非存有进行一种动态的辩证生命过程，这种辩证的动态性理解赋予上帝作为存有的力量（power of being），这力量提供克胜非存有威胁的勇气。而更重要的是，蒂利希认为“存有-非存有”辩证模式正是上帝生命的动态和“鲜活”（living）的标记，这种通过“存有-非存有”辩证模式来呈现的上帝正是基督教中三一上帝形态的特质，“神学在认真看待‘鲜活的上帝’（living God）这观念时，是与此一样的，最明显是在**上帝内在生命的三一象征**中出现。”[68] 当然，蒂利希从来没有承认上帝之上的上帝**就是**三一上帝，但至少当蒂利希认为上帝之上的上帝是超越有神论的上帝时，他指出有

67. Tillich, *Courage to Be*, 179.
68. Ibid., 179–180. 粗体为笔者所加。

神论的位格性上帝观**并非错误而只是片面**（one-sided），[69] 似乎留下一个思想的空间让我们可以设想位格性上帝观是要**被超越而非完全被排斥**的教义，同时上帝之上的上帝与神秘主义和位格性上帝并非一种相互排斥的状态。蒂利希指出神-人相遇的位格关系亦可以经验一种上帝之上的上帝之临在，尽管以一种隐藏的方式临在；神秘主义亦同时向往上帝之上的上帝。所以，蒂利希所言的这种上帝之上的上帝并非要对抗神秘主义和位格性上帝，反而应该是一种**继承式**超越。依此，上帝之上的上帝理应**具备并且超越**这两种元素：神秘主义所追求的非位格性存有论联合的上帝观，以及位格主义所强调的神-人相遇的位格性上帝观。

其实，蒂利希自己亦清楚指出鲜活上帝必须以三一的辩证进程来表达自身。存有自身（being-itself）并非一种静态的存有，反而是一种充满动态性、包含存有与非存有的一种三一进程。所有的生命进程都包含离和合，甚至上帝本身都不例外；蒂利希认为，三一论的诠释框架是最理想的象征，用以去理解上帝这种生命的存活性。他认为三一论象征是对人实存境况最完整的答案，[70] 并且基督教的启示亦是以建基于对神圣生命与其自我彰显的一种三一论角度去理解。[71] 蒂利希的三一论特色在于其辩证的特质，这种特质正好与生命的进程互相呼应。

其次，神秘主义所要求的是一种与**绝对者**联合，而位格关系所要求的是与位格性上帝的**具体**联合。依蒂利希的思想而

69. Tillich, *Courage to Be*, 184.
70. Tillich, *Systematic Theology*, vol. 3, 285.
71. Tillich, *Systematic Theology*, vol. 1, 157.

言，这正好对应人就终极关怀中所需要的**具体性**和**绝对性**需求。从人与上帝关系中所出现的要求具体和绝对的两种进路而言，三一结构正好满足了为要达致平衡具体性所要求的多神论结构，以及绝对性所要求的一神论结构。[72] 蒂利希指出，

> "终极关怀"这词组指向人类经验中的一个张力。一方面，人不可能去关怀某种不论在实在领域还是在想象领域都不能具体地遇到的东西。普遍概念只有借助其再现具体经验的力量，才能变成终极关怀的材料。一个事物愈是具体，对他的关怀就越是可能。彻底具体的存有，即个体的人，乃是最彻底的关怀–爱的对象。另一方面，终极关怀又必然超越每一种初步、有限和具体的关怀。要回答隐含在有限性中的问题，它就必须超越整个有限性的领域。但是，在超越有限的时候，宗教性的关怀丧失了一种"存有对存有"（being-to-being）关系的具体性。它倾向于变成不仅是绝对的，而且是抽象的，并激起具体因素的反作用。这是**上帝观中不可能避免的内部张力**……这是理解宗教史的动力的关键，而且，这是从最早期祭司智慧到**最精微的三一论教义讨论的每一种上帝论的基本问题**。[73]

因此，虽然这种三一式的终极关怀结构（Trinitarian structure of ultimate concern）并非以三一上帝为终极对象，但它

72. Tillich, *Systematic Theology*, vol. 1, 221.
73. Ibid.，粗体为笔者所加。

所呈现的宗教经验张力引导了一种上帝观的内在张力，[74] 而这种张力所导致的上帝观隐含一种三一结构或原则。就蒂利希而言，“神秘主义式的终极关怀”倾向于要求一种**终极而普遍的特质**，“位格性上帝宗教的终极关怀”则倾向于要求一种**具体而独特的特质**，而三一的问题正是“在鲜活的上帝中整合**终极性**和**具体性**的问题”。[75]

因此之故，本章大胆地指出蒂利希的上帝之上的上帝应该以一种三一上帝的方式来表达，这种三一上帝和上帝的深渊性本体不必然有矛盾的情况。并且，唯有以一种“三一上帝描述”才能更好地整合蒂利希自己一贯以来对神秘主义的批评和对基督教神秘主义的辩护。

74. Jean Richard, “The Trinity as Object and as the Structure of Religious Experience”, *Trinity and / or Quaternity-Tillich's Reopening of the Trinitarian Problem*, eds. Gert Hummel & Doris Lax (Münster: LIT Verlag, 2004), 19–23.

75. Tillich, *Systematic Theology*, vol. 1, 228. 粗体乃笔者所加。

第四章
教会观

一、前 言

本章旨在处理蒂利希前后期的教会观，在勾画出他前期和后期的教会观时，本章特别关注他在这两段时期不同重点的**神学理据**。我们会发现，蒂利希前期由于要应对更多具体的社会问题，以致教会观会倾向于与当时的宗教社会主义对话，后期在整理《系统神学》时则更多处理神学传统的内部问题。虽然有着不同的焦点，但蒂利希的教会观仍然具有强烈的延续性，就是强调教会在不断自我批判和避免魔化的同时，需要肯定上帝的恩典一直寓居于教会的体制中。前者以蒂利希的新教原则作为具体的表述，后者则尝试结合罗马公教的圣礼观点作为补充。本章一方面希望指出在蒂利希的教会观中，既能站在改教运动中改教家的批判立场上，又能展开与罗马公教间的对话以补其短，开展了一种普世教会观的可能；另一方面尝试表明蒂利希在讨论教会观时，有着一种**神学进路的转移**，就是从前期较倾向以基督论为代表的新教原则为中心，附以形式（form）和实质（substance）间的辩证关联法来处理教会与宗教社会主义间的关系，转移到后期以圣灵论来综合新教原则和公教实质的进路为中心，附以潜存（latent）和彰显（manifestation）的关系来表明教会作为属灵群体的两种模态。若这个分析是成立的，蒂利希的教会观是建基于圣灵基督论的一种边界性教会论。[1]

二、教会和社会间的边界

当蒂利希以“在边界上”（on the boundary）这象征来回想他种种生命和学术的经验时，他决意把教会和社会放在一起，表达两者处于一种边界的位置上；他认为德国路德宗教会在第一次世界大战后，要面对的诸问题（特别是自我身份的困难），皆与社会上既具体又实际的问题有关。一方面，他肯定自己对教会的归属，视教会为塑造他智性和灵性生命的“家”，他说：

---

1. 让・理查德（Jean Richard）认为这种早期和后期的思想关系为一种关联法的表现，他认为蒂利希早期的文化神学有如一种问题或潜存的属灵群体，而后期的《系统神学》则更多表达出一种教会神学或彰显的属灵群体，中介的原则就是属灵群体，见 J. Richard, “The Hidden Community of the Kairos and the Spiritual Community: Toward a New Understanding of the Correlation in the Work of Paul Tillich,” *Paul Tillich's Theological Legacy: Spirit and Community*, ed. Frederick J. Parrella (Berlin & N.Y.: Walter de Gruyter, 1995), 59–64。其次，吉尔奇曾就蒂利希的新教原则与公教实质的综合，提出一种神学性理解，他认为蒂利希思想中的新教原则和罗马公教的实质是彻底的基督论式的，并只能在一个完美的象征中实现，就是新存有在作为基督的耶稣中彰显。笔者认为这个讲法是片面和不完整的。吉尔奇的观点，参 L. Gilkey, “A Protestant Response,” *Paul Tillich: A New Catholic Assessment*, ed. Monika Hellwing (Minnesota: Liturgical Press, 1994), 292。莫德拉斯（Ronald Modras）在深入研究后，还是批评蒂利希过分强调新教原则的否定性力量，容易滑落至化约主义。笔者对此批评不能赞同，莫德拉斯观点，参 R. Modras, *Paul Tillich's Theology of the Church: A Catholic Appraisal* (Detroit: Wayne State University Press, 1976），尤其是 262–279。

> 我喜爱教会的建筑及其神秘的氛围，因为礼仪、音乐、讲道和伟大的基督教节庆皆日复一日地塑造着整座城市的生命；它们在这些年间借着教会和圣礼给我留下了不可磨灭的感受。加上基督教教义的奥秘，以及它对一个小孩内在生命的影响，就是圣经的语言、神圣、罪疚和被赦免的高峰经验，这一切都为我要决定成为一个神学家及仍然是一个神学家，担当了一个极重要的部分。[2]

另一方面，他又对教会未能在当时德国社会上充满着阶级矛盾的处境中担当重要的功能感到不满。教会在采取护教的策略时，却往往难以对身处阶级矛盾的群众展示基督教的信息。蒂利希发现"教会若尝试展示一种缺乏考虑阶级斗争的护教信息，就注定从起头就要失败，在这处境中要为基督教辩护就要积极参与阶级斗争"。[3] 当时蒂利希对德国建制教会不满，并积极参与不同的非宗教性组织和活动，他有这样的一个判断——一个当时的神学工作者就是要努力去寻索作为宗教群体的教会与这些人文主义的俗世群体间的关系。众所周知，蒂利希积极参与在当时的"凯洛斯学圈"（*Kairos* circle）的宗教社会主义（Religious Socialism）群体，缔造了他在第一次大战后主要思想的框架；同时宗教社会主义亦成为他神学思想的重要焦点。在之后，我们会发现蒂利希所理解的宗教社会主义成为他考虑基

---

2. Paul Tillich, *On the Boundary* (New York: Charles Scribner's Sons, 1966), 59.
3. Ibid., 62.

督教教会本质和使命的重要切入点。

三、宗教社会主义与先知意识：教会与社会主义间的辩证关系

蒂利希清楚表明宗教社会主义并非一种经济唯物论，认为社会的发展仅仅依赖经济关系和生产力的变化，反而宗教社会主义确认经济依赖其他社会和心智上的因素，而宗教社会主义可说是尝试理解人的整体和多元关系。[4] 所以，它并非指涉一个政党或政治组织，而是一种存在于不同相关建制中的**精神及灵性力量**，对于政治的左右派立场采取辩证理解。宗教社会主义无疑吸取了马克思对资本主义社会的分析，但它本身不是一种政治上或科学上的马克思主义。[5] 要确切理解宗教社会主义，[6] 就要先对宗教与社会主义间的关系有基本的掌握。蒂利希认为，宗教与社会主义间的关系应该是一种更具动态性的辩证关系，而非唯物论所认为的上下层建筑的单向关系。基于宗教与文化间的紧密关系，蒂利希认为，人文主义的本质都应该是基督宗教性的，但教会与社会主义往往会彼此对抗：后者会拒绝自身的超越和宗教元素，前者又往往接纳更多的资产阶级意识。蒂利希认为只要将社会主义从一种观念论和唯物论的资本主义解释进路中释放出来，而基督教教会又可以从封建式和资本主义

---

4. Tillich, "Author's Introduction," xviii.
5. Ibid.
6. 全面而深入探讨蒂利希的宗教社会主义思想，参 John R. Stumme, *Socialism in Theological Perspective* (Missoula: Scholars Press, 1978)；另参李骏康：《蒂利希的宗教社会主义及其对当代中国的意义》，载陈家富编：《蒂利希与汉语神学》，第313–350页。

式形态中被解放，则两者就有可能达致深度的合作。[7] 除了对抗，蒂利希认为其余三种的关系模式都是不恰当的；第一种是律法式的，把社会主义视为宗教道德要求的直接后果，[8] 意指教会提倡的宗教伦理观念都应是社会主义式的，这种理解对双方更具辩证性的关系缺乏把握；[9] 第二种是浪漫主义式的，简而言之就是把社会主义视为一种宗教，作为一个社会主义一分子，为这群体做出种种无私奉献也就是一种宗教的行为，问题是批判能力和原则在这同构的关系中无法体现；[10] 第三种是践行–政治式的，这种理解是泛指作为一种运动的社会主义和建制教会之间的关系，而又专指一个个体的社会主义成员身份和教会成员身份间的结合，这种结合往往未能发现双方更深度的问题而无法将双方进行转化。[11]

宗教社会主义的辩证形态就是指两方面，一方面肯定“宗教无须专指一特别的宗教领域”，[12] 而社会主义及其他的世俗人文主义思想亦可体现和彰显神圣超越的本质。“上帝的工作或许能更清楚地在俗世，甚至是反基督教的现象（如社会主义）中被察见，甚至于是在教会的明显宗教领域中。”[13] 蒂利希的观点是认为宗教在具体历史的特定形态不一定能彰显其宗教实质，所以基督

7. Paul Tillich, “Religious Socialism,” *Political Expectation*, ed. James Luther Adams (Macon, Ga: Mercer University Press, 1981), 44. 原文以“Sozialismus: II. Religiöser Sozialismus”为题于 1930 年出版。
8. Ibid., 40.
9. Ibid.
10. Ibid., 41.
11. Ibid.
12. Ibid., 44.
13. Ibid.

教教会这有形有体的宗教组织往往在实现其宗教实质时会扭曲其本质，而同时这种宗教实质由于不局限在某种宗教组织和团体之内；因此，或许有时其他人文主义或社会主义比基督教教会更能充分发挥这种宗教实质。但为什么宗教社会主义能具备承载基督教实质的因素？蒂利希强调关键在于宗教社会主义具备一种**先知式的新教原则**，这原则能就某种宗教认信形式做成一种辩证性态度，首先肯定某种具体的宗派形式价值，但同时又坚决反对将宗派绝对化而成为宗派主义；其次，这辩证原则肯认了社会主义的种种理念和践行形式，但更重要是关注宗教基础；最后，加上当教会具体落实为一历史的真实时，她就受俗世化的影响，所有教会传统内的教义、礼仪和建制的有限性都需要受到某种原则的揭示，而辩证原则正好担当这个角色。[14]

蒂利希指出在当时要具体实现这种新教原则需要结合体现在宗教社会主义内的无产阶级处境。新教原则是新教实现的批判性和动态力量源头，它不等同于任何一种宗教或文化的具体形态，但却内蕴在这一切当中。“新教原则是一切宗教和文化真实的批判。”[15] 无产阶级处境是专指资本主义社会内其类群体（sub-group）的典型处境，它并非狭义地指涉无产阶级的成员，[16] 而是指涉这群体成员工作或劳动力量被市场以自由方式来交易买卖。[17] 无产阶级意识注意到社会中内在矛盾和人性的扭

14. Paul Tillich, “Religious Socialism,” *Political Expectation*, ed. James Luther Adams (Macon, Ga: Mercer University Press, 1981), 54–55.
15. Tillich, “The Protestant principle and the Proletarian Situation,” *The Protestant Era*, 163.
16. Ibid., 164.
17. Ibid.

曲。新教原则对普遍人性堕落的理解和无产阶级对资本主义社会上制造的矛盾相辅相成。人性扭曲可以彰显为一种社会性的扭曲和罪疚；同时社会上的阶级矛盾又并非只是一种历史的偶发现象，却被新教原则给予一种神学的理解，被视为人性本质的扭曲。[18]蒂利希认为，新教原则因着无产阶级处境得以更具体和真实；社会主义的意识又因着新教原则使得自身更普遍和带有宗教性意涵。[19]

> 揭示这些具体的意识形态［指在资本主义经济市场模式下制造出来的意识形态］是新教原则其中一项重要的功能，正如它就是昔日先知对宗教和社会秩序的攻击。神学……需要就人性处于扭曲的性格和喜于创造意识形态提供普遍性的洞见。但这是不足够的……无产阶级处境客观地就是揭示意识形态处境的出色例子，主观地……无产阶级作为一个人，又不能从树立一个反对其自身利益的意识形态上层建筑中逃脱……［无产阶级］倾向建立一个有问题的意识形态上层建筑。[20]

同时，因着新教原则作为批判性原则，它使教会与无产阶级能有一种更紧密的关系。正如唐纳利（Brian Donnelly）指出，“教会与无产阶级，通过新教原则的介入，与意识形态、真

18. Tillich, “The Protestant Principle and the Proletarian Situation,” *The Protestant Era*, 166.
19. Ibid.
20. Ibid., 170.

理与偶像崇拜间的扭曲进行斗争”。[21] 蒂利希指出，马克思提到的错误意识、意识形态和异化等问题，应该成为教会和无产阶级的敌人；同时这些社会产物亦会损害教会和无产阶级，所以两者都需要一种彻底的批判性力量来进行自我批判。

其次，宗教社会主义这种先知式的辩证态度同时针对圣礼式和理性批判式的进路。前者肯定神圣临在于实在和具体对象中，为当下的处境或形式赋予意义和内涵；后者则提供了反思神圣的抽离意识。蒂利希认为先知式进路是这两者的一种更高的整合，[22]

> ［宗教社会主义］一定要彻底清晰地从先知意识中肯认法权（*Recht*）和形式，对正确形式的要求甚至比理性主义还要强；但亦需要承认无制约的临在是一切有制约行动的前提（*prius*），这种意义的无制约内涵就是一切意义形式的前提，而这种形式的发展亦就是一切构造形式（*Gestaltung*）的前提。[23]

意即，神圣乃临在于有限事物当中，这种临在就是一种圣礼式观照；神圣的内蕴性甚至在一切意识活动和意义构造的活动以先存在，这种先存性又赋予这些活动意义和内涵。重

21. Brian Donnelly, *The Socialist Émigré: Marxism and the Later Tillich* (Macon. Georgia: Mercer University Press, 2003), 91.
22. Paul Tillich, “Basic Principles of Religious Socialism,” *Political Expectation*, ed. James Luther Adams (Macon, Ga: Mercer University Press, 1981), 60. 原文以“Grundlinien des Religiösen Sozialismus”为题在 1923 年出版。
23. Ibid., 61.

要的是这种临在是有要求的：临在一方面肯定了有限的形式能承载无限，但同时确认了有限自身的有限性而不能逾越有限具体对象本身所应有的象限，一旦越过就是一种需要彻底被批判的魔化举动。这也就是神律（theonomy）所彰显的“凯洛斯”（*kairos*）意义，即在时间一刻中贯注了无限的意义和要求。蒂利希强调精神和社会上的诸形式（包括教会在历史社会下实现的形式）是那位无条件的（Unconditioned）上帝作为其根基、意义和真实的内涵；文化中的自律形式能与圣礼的实质（sacramental substance）结合构造出一附带神圣和公义要求的实体。[24]

依此，教会需要依赖这种内藏于自身中的先知精神来进行一种否定和肯定的辩证体认，一方面任何的教会或认信形式都只是夹杂着宗教和世俗文化的形式。因此，他们内部的诸宗教象征都无资格被宣称为绝对，故此排他性的宗派主义在神圣的“否”之下是站不住脚的；另一方面，这种彻底的反省意识是需要植根于宗教自身，在神圣的“是”里面，宗教形式又能对构造自身的宗教象征有信心。蒂利希认为，唯有在神圣的无制约面前的“是”和“否”的辩证关系下，教会才能恰如其分地看待自身的身份，就是对一己的宗教传统既不狂妄自大，但又能委身于自身的传统之内；他甚至认为当一个宗教若能在自身的象征内包括这种指向自身的否定性时，这宗教则具备成为一世界宗教的力量。

---

24. Paul Tillich, “Basic Principles of Religious Socialism,” *Political Expectation*, ed. James Luther Adams (Macon, Ga: Mercer University Press, 1981), 62.

［这宗教］愈能从无制约的远象下否定自身，她就愈能通过一认信［形式］或教会来证成面向绝对的宣称，并对宗教社会主义而言则更容易进到教会这象征中，但从无制约而来的“否”不但指向批判某一种认信，它更对抗某一特别的宗教领域。[25]

四、新教原则中的批判意识和构造力量

我们在上一节已注意到宗教社会主义内部的先知式新教原则如何影响蒂利希对教会的理解，在这一节我们会将新教原则放回基督教的传统内考察它的有效性。我们会发觉这种新教原则并非仅是一种消极的批判意识和力量，它更是一种能与罗马公教的圣礼实质相结合的力量和原则，或者更清楚地说，新教原则**本身**就具备一种神圣的“否”和“是”的辩证力量。

批判意识和力量不能根植于虚无之上，就算倔强如启蒙运动的自律文化都需要建基于某种传统之上，在这传统内需要肯定某些的基本信念和价值。所以，当新教原则被理解为一种对形式的否定（form-negating）力量时，它同时亦是建立在一种形式的构造（form-creating）力量中。蒂利希将这种批判的否定和创造性的构造结合称之为“恩典的格式塔”。蒂利希坚称，教会在进行抵抗和批判任何事物无限化的行动时，这种批判力量绝对不能来自人为的权威和传统建制内的力量，它一定是来

25. Paul Tillich, “Basic Principles of Religious Socialism,” *Political Expectation*, ed. James Luther Adams (Macon, Ga: Mercer University Press, 1981), 65.

自那无限的力量；与其说是教会拥有这种力量，不如说是教会"参与在无限中"，[26]以致她才能获取这种无尽的力量。这种参与就是指教会是进入到一种"恩典的格式塔"中。[27]"没有新教的抵抗是可能的，除非她植根于一个承载着恩典的格式塔中。"[28]就蒂利希而言，新教抵抗魔化的原则和罗马公教的恩典圣礼实质是可以联合的，不单是联合的，更应该是相辅相成的。

对十六世纪改教运动中的新教神学家而言，要谈论一种依附具体实物的恩典显然有困难，这种想法让他们容易联想到罗马公教中的圣礼主义（一种人为操作的有限制性和内蕴性结构的恩典观念），而改教家正是要强调一种无制约的恩典及不可见的教会观念。蒂利希指出当新教谈到一种"信仰"是"神圣实在的结构"（divine structure of reality）时，这种观念就是强调恩典的信仰被接纳时不可能只是超越和在人以外的，它同时是内蕴。[29]新教那种超越和批判性的"道的神学"（theology of the Word）毫无疑问是新教原则力量的来源和根基。蒂利希似乎意指巴特式的神学精神，强调神圣之言与人之言的"存有论上的本质性差异"；在这种神学下，人一切的文化创作，甚至是宗教建构都会变得相对化。但蒂利希提醒我们，这种神学的超越性是要附随它的内蕴性才生效的，"道（The Word）被视为**超越**我们而**到**我们那里，但当它被接收时，它就**不仅**是超越的了，它亦是内蕴的，以及创造出一个神圣结构的实在，因此**它创造**

26. Tillich, "The Formative Power of Protestantism," 209.
27. Ibid.
28. Ibid.
29. Ibid., 210.

出作为人格生命和群体的形构性力量（formative power）”。[30] 所以，“上帝的道”不能因为彰显于一人格生命中（道成肉身）而忽视教会的道；所以，这“道”不单是我们之上，亦是在我们群体之中，神圣超越的上帝与世俗物质的东西不相分离。蒂利希认为，重视这种恩典的格式塔一方面能避免教条式的智性主义，另一方面亦可抵拒圣礼主义。教会的其中一个危险就是容易将恩典的真实理解为一种“客观”的真实。但这种格式塔并非一个与其他存有者并存的存有，它反而是一种通过其他形式彰显自身力量的一个超越实在，所以新教与罗马公教的分别是明显的。

> 罗马公教认为有限变质为一神圣形式；在基督内的人性被神性所吞没（所有罗马公教神学的一性论倾向）；教会在历史上的相对性在其神圣特性中被神化；圣礼中的物质本身被恩典所充满（变质说的危险）……新教强调恩典是通过一存活的格式塔来呈现的，这格式塔仍是他自身。神圣是**通过**基督的人性，是**通过**教会在历史中的软弱，是**通过**圣礼中有限的物质来呈现的。神圣通过作为其超越意义的有限实在来呈现……新教严禁恩典通过有限形式呈现转变为恩典等同于有限形式，这种等同……就是魔化的狂妄（demonic *hybris*）。[31]

30. Tillich, “The Formative Power of Protestantism,” 210. 粗体为笔者所加。
31. Ibid., 212. 粗体为笔者所加。

蒂利希采用了一种路德宗的基督论来理解这种"有限可承载无限"(*finitum capax infiniti*)的观点，同时基督两性中的这种"属性相通"(*communicatio idiomatum*)的特质又应该是不相混淆又不相分离的关系。神圣形式并非如罗马公教的圣礼主义般将它混淆于有限形式中，正如基督的人性并不因联合而消失，神圣的恩典是通过一人格的整体生命来呈现的，"有限能承载无限"的基督论程序肯定了圣礼是可能和必需的，不然，神圣就无法有形有体地彰显出来。但有限仍然是有限，有限的物质载体并没有因恩典的临在而变成无限。依此，蒂利希一方面限制了有限存有作无限化的可能，但同时又肯定了无限临在有限中的圣礼式观点。对他而言，这个有形有体的"恩典格式塔"是一个真实的载体，她首要的是指耶稣作为基督，同时又是一群体的生命，所以，"新教教会就是一个恩典的格式塔"。[32]

但新教教会如何实现这个理想呢？新教怎样把自身实现出恩典的格式塔？蒂利希认为，当谈到教会是格式塔时，并非指她变质地成为一个格式塔，而是指她应是一个"通体透明的"(transparent)群体，如此，神圣的恩典才能通过她来彰显力量。蒂利希认为教会要达致这个目标，不能只是消极地批判，"新教对抗自身一定不能停留在单纯的辩证性"；[33] 他的意思是，有些时候反抗自身容易成为一种拥护自身传统的形式，要进行更彻底的反思，或更准确而言，要让教会更像通体透明的群体。蒂

32. Tillich, "The Formative Power of Protestantism," 213.
33. Ibid.

利希认为新教需要受世俗元素挑战，且与之发生紧密的关联。[34]据新教原则而言，“以下的情况是可能的，就是在世俗的世界里恩典不在具体的形式而在透明的形式中运作”。[35]就他而言，教会要活出一种恩典的群体生命，就必须防范教会体制内的妄自尊大，永远都接受自身不是真理的垄断者。因此，恩典除了临在教会内，亦可以临在其他非教会性和宗教性的世俗主义中，这些世俗主义或运动往往成为新教教会的挑战；这亦是蒂利希批判罗马公教严拒与世俗主义产生关系的理由之一，即公教的立场往往会导致教会不断走向魔化的狂妄（demonic *hybris*）。因此，新教应与世俗主义建立更独特的关系，

> 若新教降服于世俗主义，她的恩典格式塔将终止；若新教从世俗主义中抽离，她就终止了新教的特质，就是那种在自身内对抗自身的格式塔。[36]

五、教会作为圣灵在场与新存有的属灵群体

蒂利希在1963年出版的《系统神学》（卷三）的“前言”中清楚表明，整个系统神学的完成仍然是片段式和充满疑问的。[37]但这种遗憾并没有影响蒂利希在卷三中尝试处理更多问题的野心。在“导言”中，他指出对于以往一直面对的批评，希望在“圣灵论”的部分一并处理，并且他认为新教和罗马公

34. Tillich, “The Formative Power of Protestantism,” 214.
35. Ibid., 213.
36. Ibid., 214.
37. Tillich, *Systematic Theology*, vol. 3, preface.

教之间的问题是当时处境的一个“凯洛斯”（*kairos*），后者似乎比新教更能贯彻改革的精神。他更语重心长地指出新教神学需要更认真处理新教传统和罗马公教传统间的关系；而在处理教会论时，蒂利希再次强调新教原则需要与罗马公教的实质相结合。[38] 可见，蒂利希在晚期重新处理教会论的课题时，他以圣灵论的教义切入，对过往他曾阐析过的问题再次作理论性的发挥。

教会由两个元素所构成，她同时是基督与圣灵所建立和创造的群体。新约圣经强调基督作为教会的身体，亦是教会的头；圣灵则赐下各样的属灵恩赐在教会中运行，让教会得以建立和成长。在论到教会和耶稣作为基督的新存有（New Being）之关系时，蒂利希指出耶稣作为基督（Jesus as Christ）需要在一个群体的语境中被接受，教会作为一个属灵的群体正是彰显这种接受的功能。同时，作为灵的上帝的创造性又让教会这个属灵的群体，因着基督事件所带出的冲击而被建立。[39] 属灵群体的建立是彰显在基督身上的新存有之力量和意义，与此同时，基督之为基督亦是因着一个群体彰显出在他身上的新存有。

蒂利希倾向于将圣经中众多描述教会的“隐喻”（metaphor）应用在属灵群体身上，因为圣经对教会的描述正展现出在圣灵在场下，连同基督所救赎的群体当中那种“非含混性的生命”（unambiguous quality of life）。虽然这种生命的非含混性是片

38. Tillich, *Systematic Theology*, vol. 3, 3–6.
39. Ibid., 149.

段而非永恒，但这正是在一种有限制的生命条件下所彰显的神圣生命状态。故此，“教会”（church）不能直接等同于“属灵群体”（Spiritual Community），因为“教会”一词更多涉及宗教上种种含混性的争论，并且它是更多指属灵群体在历史特定形态下的一种实现状态（state of actualization）；在这实现状态中，往往如其他生命的特质一样，夹杂着本质（essence）和实存（existence），以致是含混的。而“属灵群体”却分受新存有所赋予的力量，她本身是非含混的，是圣灵在场下所创造的新存有，[40]并在潜质上有能力克胜在宗教维度中所出现的生命含混性。[41]可见，这种圣灵在场下的属灵群体更多不是指一群可见和特定的群体，她应是一种**内在**于教会的属灵力量和意义，帮助该群体克服在具体实现时所遇到的实存上的困难。这种能力让教会拥有一种自我批判的能力和供应教会群体建构自身的意义。

蒂利希选用保罗神学，指出唯独灵能识别灵（林前 2：11-12），意即属灵群体有如路德所言，是一群“无形的”（invisible）、“隐藏的”（hidden）、“唯独向信心开放的”（open to faith only）群体。[42]属灵群体这种隐藏性好比新存有在基督身上隐藏着一样，唯有用信心的眼睛才能洞悉这就是圣灵的新创造；[43]因此，

---

40. Tillich, *Systematic Theology*, vol. 3, 150.
41. Ibid., 149–150.
42. Ibid., 150. 蒂利希解释路德所谓的“有形与无形教会”时，强调无形教会并非另外一个教会，乃是有形教会的属灵特质，而有形教会却是无形教会一种受扭曲的实现。另参 Tillich, *A History of Christian Thought*, 252。有关蒂利希对改教运动的分析，可参 G. Lindbeck, “An Assessment Reassessed: Paul Tillich on the Reformation,” *The Journal of Religion*, vol. 63, no. 4（1983), 376–393。
43. Tillich, *Systematic Theology*, vol. 3, 150.

它纵然是隐藏着却是真实的；纵然不为世人所见，却是向信心的眼睛开放。蒂利希在使用“属灵群体”时，是借用了新约圣经“基督身体”（Body of Christ）与改教家“无形或属灵教会”（invisible or spiritual Church）的观念。[44] 因此，属灵群体并非意指一种占有特定时空、具有物理性质的群体，而是指**内藏于**具体及物理空间下的群体的一种**内在力量和结构**。[45] 蒂利希指出，当这具体的群体一旦意识到她们的根基是以耶稣作为基督时，她们即是教会；相反，若不存在这种意识时，属灵的群体仍然是以隐藏的力量和结构存在于这些特定的群体中。因此，属灵群体并不是指一种抽离历史的教会群体；正如改教家指出，无形教会正是有形教会之属灵本质（spiritual essence），虽然是隐藏的，不为肉眼所见，但却决定有形教会的本性。属灵群体并非与教会平行并列的另类群体，而是一种存在于诸教会内，通过圣灵所具备的能力及结构，对抗种种在团体生命中出现的疏离。[46]

依此，蒂利希的教会论游走于一种理想主义（idealism）和现实主义（realism）之间，固守于任何一方都未能掌握教会整全的图画。属灵群体绝不是一种教会的理想类型（ideal type），俨如对抗真实教会（real church）的完美理念。蒂利希强烈反对一种观念论的（idealistic）或超自然主义的（supernaturalistic）进路来理解教会。[47] 但与此同时，蒂利希亦认为处于历史中的

44. Ibid., 162.
45. Ibid.
46. Ibid., 163.
47. Ibid., 164.

具体真实的教会，亦非教会的本相。故此，现实主义亦非恰当的进路来理解教会。对他而言，教会与诸生命的维度一样所呈现的性质，是应该以一种“本质–实存”（essence-existence）的进路来掌握：本质（essence）决定着团体生命中的力量和目标（*telos*），但同时这种本质却需要落实在具体实存的生命中，在受着种种实存生命所具备的有限性条件中呈现出来。[48] 所以，教会的群体生命就是处于美善的本质状态和扭曲疏离的实存状态中的混合物。

可见，蒂利希视属灵群体与教会间的关系类似于他早期新教原则与教会的关系。圣灵临在的属灵群体与新教原则同样以一种无形的内在力量渗透于群体当中，赋予群体自身的特质和结构，并且对抗该群体会遇到的含混性或魔化的危险。同时，属灵群体和新教原则作为批判性的功能并不局限于基督教之内而是内藏于其他文化或组织之内。蒂利希似乎在圣灵论的基础上更能充分彰显神圣自由地运行于不同宗教和世俗主义中的观点。我们在下一节会注意到蒂利希的圣灵论式教会论如何展现出早期思想的特质，将基督教教会和其他世俗主义思想放在一种辩证的关系上。

六、潜显之间的属灵群体

正如在其早期思想中，蒂利希认为教会和宗教社会主义应处于一种辩证的关系上，而新教原则可以作为沟通双方的一个

48. 蒂利希指出“本质–实存”的进路是神学思想整个部分的“脊椎”（backbone），他自己的系统神学亦以此为根据，见 Tillich, *Systematic Theology*, vol. 1, 204。

中介原则，使得教会能与其他非基督宗教群体展开一种更开放但又不至于失去自我身份的关系。同样，在晚期的系统神学构想中，这种思想以潜存（latent）和彰显（manifestation）的属灵群体来展开。[49]“属灵群体”与“教会”存在着一种辩证的关系，两者既非等同（non-identical）亦非分隔（not separated）。属灵群体往往以一种潜存的模态存在（latent mode），这种模态既可在教会之内亦可以在教会之外存在。[50] 圣灵的在场一方面既带出启示和救赎，亦创造出一个新造的群体；如此，一旦有圣灵在场，无论他在怎样的一个群体当中，就会产生圣灵所属的群体。这群体却能以潜存和彰显的两种模态存在。我们可以通过两种进路来梳理这种既潜亦显的群体观。

首先，当属灵群体处于未与核心启示（基督事件）相遇之前，就是处于潜存的模态；但一旦与此事件相遇，就会由潜存的模态转到彰显的模态。[51] 其次，潜存的属灵群体可指一群在“建制教会”（organized church）以外，但却以极具吸引力的方法来彰显新存有力量之群体。[52] 就蒂利希而言，她们可以是伊斯兰教的神秘群体运动、敬拜伟大神话中上帝的群体、希腊哲学中的学派，又或是在亚洲及欧洲地区的神秘主义。[53] 这些群体往往对宗教、教会制度及传统毫不关心，甚至采取敌视的态

49. 据蒂利希的自我理解，这种潜显的区分，其实早于1931年的文章《教会与人文群体》（Kirche und humanistische Gesellschaft）表达出来，但当时他并未以圣灵论的视角来掌握这对概念，见 Tillich, *On the Boundary*, 66。
50. Tillich, *Systematic Theology*, vol. 3, 152–155.
51. Ibid., 153.
52. Ibid.
53. Ibid., 154.

度；但对他而言，虽然她们并不从属于任何一间教会或一种教会传统，但这并不意味着她们被排除在属灵群体之外。[54] 故此，蒂利希认为，

> 诸教会（Churches）是以一种彰显的宗教自我表述来代表属灵群体，而其他则以世俗式潜存方式来代表属灵群体。[55]

由于这批以潜存方式存在的属灵群体**同样**是圣灵在场的结果，因此她们亦会对终极关切有某种向往，群体中亦会呈现圣灵在场所彰显的信心和爱。但蒂利希清楚指出，由于在这种群体中缺乏对基督作为新存有这种终极判准的肯认，这群体会因缺乏终极的自我批判能力而有导致世俗化和魔化的危险。[56] 这种对抗和克胜魔化的终极能力与终极判准，就他而言，仍然是在耶稣基督于十架上所呈现的自我否定（self-negation）和自我转化（self-transformation）中彰显的。[57] 因此，蒂利希认为，潜存的属灵群体是"目的性地"（teleologically）关联于处在彰显状态的属灵群体。他们是无意识地被引导到基督里去的。[58]

故此，在蒂利希的理论框架中，属灵群体这种潜与显的面相展示出一幅有机的（organic）和动态的（dynamic）教会观。

---

54. Ibid., 153.
55. Ibid.
56. Ibid., 154.
57. Ibid.
58. Ibid.

属灵群体的“潜”是被置于一种等待成为“显”的状态中，因此之故，基督的新存有永远就成为批判他们的宗教象征。同时，显的属灵群体却在潜的群体的批判之下。[59] 其次，基督教教会与其他宗教及世俗群体就并非截然二分，而是带有某种相依相存的关系；教会是潜存地存在于这些世俗及宗教群体中，甚至她们可能存在着某种比例的关系，即教会距离世俗哲学思潮的群体较远，但距离犹太教则较近。[60]

依此，教会是处于一种悖论的状态。一方面，落实于具体历史中的教会陷于生命的含混中，这种含混性使得教会建制、教义及历史都**不可能**是完全神圣的，而罗马公教往往就把教会的神学身份等同于她的社会学身份，导致教会的神圣直接由其建制及教义的神圣性推导出来，这就是层级性狂妄和自大的根源；另一方面，由于圣灵临在使得属灵群体具备神圣性，故此，教会**又是**神圣的。

依此而言，基督教教会的宣教使命就并非要把一个完全的教外者改变过来，因为这班非基督宗教的群体只是一批潜存状态下的属灵群体，而不是一批需要基督教教会从**外面**拉她们进入教会圈内的群体。教会的功能就是将这些处于潜存状态的群体实现出来。[61] 蒂利希应该会指出“圈内圈外”并非一个恰当的“隐喻”（metaphor）来描述基督教教会与这些非基督教教会群体

59. N. Ferre, “Tillich’s View of the Church,” *The Theology of Paul Tillich*, ed. Charles W. Kegley & Robert W. Bretall (N.Y.: MacMillan Co. 1961), 259.
60. Ibid.
61. Paul Tillich, “Missions and World History,” *The Theology of the Christian Mission*, ed. G. H. Anderson (London: SCM Press, 1961), 285.

的关系。蒂利希这种洞见将会是对抗教会自大狂的有力武器。

七、圣灵在场的大公实质与新教原则

从以上的分析来看，圣灵在场就是属灵群体的内在本质性和动态性的力量，它一方面建构群体的神圣性和内在特质，但同时它又是一种抵抗魔化力量的神圣原则，其功能和角色俨如蒂利希早期所论及的新教原则。究竟圣灵在场和新教原则之间有什么关系呢？蒂利希清楚指出“新教原则是圣灵在场下抵抗宗教的表现（expression）”，[62] 他继续肯定新教原则就好像先知之灵的彰显（manifestation），对抗着所有宗教那种魔化的自升为高和自我无限化的举动；[63] 并且它不受教派范围所支配，能越过新教改教家的教会。但蒂利希认为，新教原则要完成这个使命，还须作为圣灵在场所赋载（embodiment）的罗马公教的实质元素所协作，[64] 而新教原则就成为这种赋载魔化或世俗化的审判标准。[65]

罗马公教实质（Catholic Substance）对蒂利希而言，最重要的是意指一种圣灵在场作为中介的圣礼式观点。[66] 他认为新教所要对抗罗马天主教会的重点，正是针对大公教会主义中的圣礼系统，这种圣礼系统往往倾向客观化和魔化。[67] 蒂利希指

62. Tillich, *Systematic Theology*, vol. 3, 245.
63. Ibid.
64. Ibid.
65. Ibid.
66. Ibid., 122.
67. Paul Tillich, “Nature and Sacrament,” *The Protestant Era*, ed. &tr. James Luther Adams (Chicago: University of Chicago Press, 1948), 94.

出，反抗圣礼的迷信式使用时，新教的改革方向是正确的；但新教往往矫枉过正，把圣礼的重要元素抹杀。他针对的并非个别在教会施行圣礼，而是圣礼的一种普遍概念，也就是一种能经验神圣临在的载体。[68]“圣礼就是某些在独特的途径或情况下，能成为神圣载体的实在。”[69]简而言之，就是在任一事件中，超越的临在于内在之物中，无限的临在于有限中。在圣礼式理解中，自然之物一旦成为神圣之载体时，自然就参与在救赎的过程中，“圣灵使用自然中的力量进入人的灵中”。[70]蒂利希指出自然之物所内蕴的特质必然与圣礼所要彰显的意义有某种关联，例如：水象征着生命之源头，但他坚决认为单凭自然中的内在力量不足以使它成为圣礼，易而言之，基督教并无所谓一种“纯粹的自然圣礼”（purely natural sacrament）观念。蒂利希指出，自然本身是含混的，并需要被置于救赎之内，因此圣礼是把自然带进救恩当中，让自然参与在神圣的能力中，好让它从魔化的力量中释放出来，以致能成为圣礼。故此，所有的圣礼都必然关联基督的新存有，因此之故，基督就是那“最原初的圣礼”（*Ursakrament*）。

蒂利希强调基督新教需要重寻圣礼的元素，但不正确理解圣礼本身亦有危险之处。倘若神圣之物缺乏一种自我否定和批判的精神，则容易陷入一种魔化的危险当中，如此大公实质也就需要在新教原则下作为互补。

---

68. Tillich, *A History of Christian Thought*, 155–156.
69. Tillich, “The Nature of Religious Language,” *Theology of Culture* (N.Y.: Oxford University Press, 1959), 64.
70. Tillich, *Systematic Theology*, vol. 3, 123.

简而言之，新教原则是指反抗任何有限之物作绝对和无限的宣称。[71] 蒂利希这种观念直接继承卡勒的称义论，其中路德宗的称义观亦是新教原则的基本原则。路德的“唯独恩典”（*sola gratia*）让人明白面对上帝的恩典时，所能做出的响应就只是接受；加尔文的“唯独上帝的荣耀”（*soli Deo gloria*）指出上帝彻底地超越，人与上帝的无限鸿沟让一切有限之物都无法成为无限。蒂利希将这些观念应用在教会观上时，就指出教会永远就只能是“不断改革的教会”（*ecclesia semper reformanda*），意即没有任何的教会体制、神圣系统、神圣教义能成为绝对和拥有无可置疑的权威，亦没有任何在人心智中的真理能被视为神圣的真理本身。[72]

可见，蒂利希这种新教原则的彻底性和极端性是有强烈的修正倾向而非建立性，而他自己亦承认，教会不能仅仅建立在一种单纯的批判性原则之上。[73] 新教原则所提出的“否”应该与大公元素所提出的“是”协作：缺乏大公元素中的创造性，新教原则只会陷入虚无的否定当中；缺乏新教原则的批判性，大公实质只会陷入魔化的危险——这亦是蒂利希早期所指的“恩典的格式塔”。大公实质肯认上帝的超越和神圣可以临在于有限的事物中，这打破神圣与世俗的间隔，呈现出神圣内蕴的图像。新教原则却凸显神圣与世俗间的差异，神圣的超越被凸显。这两种教会应具备的特质在蒂利希的思想中成为教会不断

---

71. Tillich, “The Protestant Principle and the Proletarian Situation,” 163.
72. Tillich, “The End of the Protestant Era?”, 226.
73. Paul Tillich, *Religious Situation* (N.Y.: Meridian Books, 1956), 192.

更新和转化的动力。

在他晚期的思想中，蒂利希似乎想通过圣灵临在这种既超越又内蕴的神圣表现来结合新教原则和公教实质。圣灵临在是人和群体以外的一种外力“突入”（break-into）状态，这种超越而外在的神圣力量是批判一切宗教和建制的泉源，但当它表现出来时却以一种基督十架的新教原则来彰显；同时圣灵又是真实地临在于教会群体的生命里，使之成为一个恩典的实在，承载着神圣赦免的恩典和力量；而这种力量和意义的结合正好以内蕴性的罗马公教实质的圣礼观来呈现。其次，教会与其他非基督宗教群体间的关系换之以一种彰显和潜存的状态来把握，从圣灵临在的进路联结两者于一种更紧密的关系上，圣灵彻底自由地游走于建制教会与人文和其他宗教群体中，这似乎比早期新教原则中的先知意识更能恰当地解释它们之间的关系。

第五章
诸宗教神学

一、前　言

在众多关于蒂利希的身份描述中，极少学者会形容他是"诸宗教神学家"。[1] 部分原因可能是蒂利希本人从来没有从事任何关于"比较神学"或"宗教神学"的完整理论，或视自身的神学工程就是一种宗教对话。但我们会发现，"宗教"或"诸宗教"等概念在他一生中有着非常重要的意义。在他早期的学术生涯中，就曾在1919年关于谢林宗教历史的论文中考察过一些非基督宗教的问题；在晚年又与日本佛教学者有亲身的对话交流。不少学者已经注意到，蒂利希在六十年代与日本佛教的接触，不仅对他个人有丰富的获益，更重要的是他的神学体系在某种意义上被对话的结果所动摇。蒂利希对他自己晚年才完成

1. 极少数的例外，见 Robison B. James, *Tillich and World Religions* (Macon, Ga.: Mercer University Press, 2003) 和 John J. Thatamanil, *The Immanent Divine: God, Creation, and the Human Predicament* (Minneapolis, Minn.: Fortress Press, 2006)。

的《系统神学》(卷三)感到不满也不是秘密。赖品超指出，蒂利希与佛教的相遇不仅刺激了他关于宗教对话的兴趣，并且为他制造了他从未预见的神学难题。[2]

蒂利希分别在1951年及1953年于纽约和阿斯科纳(Ascona)会晤铃木大拙(Daisetz Suzuki)；在1957年，蒂利希于哈佛会见久松真一(Hisamatsu Shinichi)；在1960年，他展开了日本之旅。[3] 在结束日本之旅后，[4] 蒂利希在1961年就做出他关于宗教对话问题的班顿演讲(演讲稿于1963年出版)。[5] 在1963年，他出版的《系统神学》(卷三)中，圣灵论与终末论最终被揭示。与他关于基督教与非基督宗教相遇问题的梅切特演讲(Matchette Lecture, 1958)比较，蒂利希早期的新教原则明显因着圣灵论而被加以扩充。[6] 并且，他最后的公开演讲“对系统神学家诸宗教历史的意义”(1963)更是非常重要，其中蒂利希表达出在诸宗教历史的框架中对神学的将来做出反思。虽然他从来没有进一步开展这个所谓的新神学构想，但毫无疑问的是，他晚年完全沉醉于基督教与世界其他宗教和伪宗教的问题中，尤其是佛教。

---

2. Pan-Chiu Lai, *Towards a Trinitarian Theology of Religions*.
3. 就蒂利希与久松真一的对话，与他关于宗教对话的演讲，可参 Paul Tillich, *The Encounter of Religions and Quasi-Religions*, ed. Terence Thomas (Lewiston/Queenston/Lampeter: Edwin Mellen Press, 1970), 75–170。就蒂利希与佛教对话的一般性分析，见 Boss, “Tillich in Dialogue with Japanese Buddhism: A Paradigmatic Illustration of His Approach to Inter-religious Conservation,” 254–272。
4. 关于蒂利希的日本之旅，有关的文献，见 *Paul Tillich-Journey to Japan in 1960,* ed. Tomoaki Fukai (Berlin & New York: Walter de Gruyter, 2013)。
5. 班顿演讲后来出版，见 Paul Tillich, *Christianity and the Encounter of World Religions* (Minneapolis: Fortress Press, 1963)。
6. 演讲的讲题是 “The Protestant Principle and the Encounter of World Religions”, 此资料见 Tillich, *The Encounter of Religions and Quasi-Religions*。

二、诸宗教历史的神学

蒂利希从来都不是一位严格意义上的宗教研究学者，虽然他在美国被称为宗教研究领域“没被公开承认的理论家”（语出乔纳森·Z. 史密斯［Jonathan Z. Smith］）。他早年通过反对超自然主义的排他论和自然主义的包容论，来重建宗教实质与文化形式之间的关系。基于他在边界上的学术精神，蒂利希的神学视野永远是多重、多元和多学科交融的，各领域间的界限会被模糊化。在这章，我们会尝试在蒂利希不同阶段中勾画出宗教的位置和角色，并会发现他一直在通向一种诸宗教神学的路途中，虽然他最终没有把它完成。

蒂利希早年就已经关注宗教的问题。我们会关注他在 1910 年完成的关于谢林的论文，和在 1923 年出版的《诸科学体系》中的“神学作为神律体系（*theonome Systematik*）”。蒂利希对宗教历史的关注始自他早年的谢林论文，罗路（Victor Nuovo）注意到蒂利希早期关于谢林的观点与他自己晚年的观点相似。[7] 谢林一方面拒绝将基督教的绝对性以一种黑格尔绝对精神的辩证方式来把握，同时又否定基于启示来建立基督宗教的超自然独特性。谢林认为“历史本质上就是宗教的历史”，历史的开端就是观念的堕落。[8] 谢林认为整个历史的进程皆在上帝的潜能阶

---

7. V. Nuovo, “Translator’s Introduction,” in Paul Tillich, *The Construction of the History of Religion in Schelling’s Positive Philosophy*, trans. Victor Nuovo (Lewisburg: Bucknell University Press, 1974), 26–32.

8. Paul Tillich, *The Construction of the History of Religion in Schelling’s Positive Philosophy*, trans. Victor Nuovo (Lewisburg: Bucknell University Press, 1974), 77.

次（potency）当中，宗教历史的辩证建构在其中被展开。前历史阶段由第一潜能阶次主持，神话式阶段体现出第一与第二潜能阶次的斗争，最后阶段为第三潜能阶次的临在。宗教历史的三个阶段对应上帝的三个潜能阶次，蒂利希似乎将这三重结构重新表述为晚年最后公开演讲的“具体之灵的宗教”（Religion of the Concrete Spirit）的三个元素（圣礼、先知与神秘）。谢林的上帝三一结构正是在自然与意识的辩证张力中完美体现出来。就蒂利希而言，谢林理解上帝就是那完美的灵，“他就是那灵……是完美的灵，因为他在其三种形式中自由而出，他甚至不限于第三个。”[9] 谢林（和蒂利希）似乎倾向于将圣灵视为整合历史与基督，[10] 及普遍彰显与具体独特性的联合原则。蒂利希指出，对谢林而言，

> ……第三潜能阶次……指约翰所见证的在圣子得荣耀后的圣灵降临……在三一位格中普遍与个别的联合能为三个潜能阶次给出一种神秘的特质……其中，**抽象的普遍性与具体的个体间的反题得以克服**……绝对观念乃是绝对普遍与绝对个体的等同。[11]

值得注意的是，神圣的普遍彰显与独特性的揭示之间的张力也

9. Paul Tillich, *The Construction of the History of Religion in Schelling's Positive Philosophy*, trans. Victor Nuovo (Lewisburg: Bucknell University Press, 1974), 61. 就作为灵的上帝的理解，完全符合蒂利希晚期在《系统神学》（卷一）中讨论的“鲜活的上帝”。
10. “这就是历史的全部内容：基督的工作就是将其自然性的存有舍弃，以致能在灵和真理中重寻自身，这就是历史的内容，因为这正是灵的本质。” Ibid., 111.
11. Ibid., 153. 粗体乃笔者所加。

是蒂利希晚期神学挣扎中的一个主题，而这个关键性问题同时也是他关于诸宗教神学的一个隐藏却重要的考量。

蒂利希在1919至1923年间尝试勾画出神学在一个科学体系中的位置——神学需要被安放在精神科学（*Geisteswissenschaften*，或称为人文科学）及科学（*Wissenschaften*）的整体之内。[12] 按当时蒂利希对精神科学内部的划分，具备三个部分：哲学（旨在厘清研究对象的本质和特性）、精神/文化历史（旨在展示研究对象在历史呈现的类型学）、体系（结合前两部分给予规范性陈述）。[13] 可见，蒂利希早期就是以“哲学-精神历史-体系”这三重框架来理解神学，但这个对神学整体的构想从未得以充分展开。他只在1923年完成了宗教的“哲学”，[14] 以及1925年在马堡大学尝试了宗教的“体系”（即神学），[15] 至于中间部分的精神历史就从来没有在德国时期展开过。在蒂利希原初的构想中，“哲学”这部分是为宗教建构一个形式结构；而“体系”则在具体视野中提供宗教实质的规范性陈述；至于中间部分的文化宗教历史，原意是为嫁接哲学与体系而提供元素的。蒂利希早期认为，文化宗教历史这领域能为神学家在建构形式与规范部分时提供质料内容，并且在普遍-存在论（哲学）与启示宣称（体系）间做出平衡作用。可见，宗教历史在蒂利希早期就已经得到重视。需要注意的是，我们需要区别他早期所指

12. Paul Tillich, *The System of the Sciences: According to Objects and Methods*, trans. Paul Wiebe (Lewisburg: Bucknell University Press, 1981).
13. Tillich, “On the Idea of a Theology of Culture,” *What is Religion?*, 157.
14. Tillich, “The Philosophy of Religion,” *What is Religion?*, 27–121.
15. Tillich, *Dogmatik*: *Marburger Vorlesung von 1925*.

的宗教与晚期的不一样，那些具体和独特的宗教传统仍然不是蒂利希早期关心的焦点。

宗教历史在蒂利希《系统神学》(卷一)中论及神学资源的部分再次被提及。蒂利希为了拒绝所有他律性的启示宣称，以致他强调圣经作者的体验与参与性元素，“他们的参与就是对事件的回应，通过回应，事件则变成启示性事件”。[16] 他之所以认为圣经记载的内容应被视为神学的资源，原因并非这些是宗教历史文献，而是通过历史和词源的注释彰显圣灵的能力。可见，圣经研究或教会历史中的历史批判学所获得的历史资料并非蒂利希的兴趣所在，而是作为一个神学家他能基于终极关切来**自由地**运用这些资料。[17] 对蒂利希而言，没有任何事物在神学思考中应先验地被排除在终极关切之外，系统神学家需要对所有资料怀有批判与终极关切的态度。

蒂利希提出两点系统神学家需要认真看待宗教历史问题的原因：实践上和建构上的原因。神学家和神学思考本身就不可避免地有语境性，他们必定带有文化、宗教及世俗的表达，[18] 这个实践的处境引出如何和为何选取资料的问题，蒂利希认为需要考虑三个重点：(1)“一个神学的宗教历史需要就人类的前宗教与宗教生活的探索和分析所提供的素材加以神学性诠释，它应该阐释宗教表达的动机与类型，以图展示他们如何由宗教关切所引导，以致必然出现在所有宗教内，包括作为宗教的基督

16. Tillich, *Systematic Theology*, vol. 1, 35.
17. Ibid., 38.
18. Ibid.

教。”[19]（2）“一个神学的宗教历史需要指出世界宗教的魔化扭曲和新的趋势，并指出基督教的答案，为那些非基督宗教的继承者接受基督教信息而作好预备。”[20]（3）“一个神学的宗教历史需要在宣教原则的亮光下被引导，此宣教原则是：那位在耶稣基督里的新存有，就是人类宗教中所提出的暗晦不明之问题的答案。”[21]就一个神学家而言，诸宗教历史应在关于宗教本质的存有论表达所提供的类型中被理解，这操作类比于早期蒂利希所指的“哲学”和“精神历史”的部分。同时，宗教历史也是论战性的，它提供关于实存问题与基督教答案之间关联机制所要的素材。最后，在卷一和卷二中，“问题-答案”的关联法机制仍然以基督论作为根基。

可见宗教历史的问题对蒂利希而言不是新的课题，在他早期的神学建构中已经指出宗教历史的位置和功能。但蒂利希晚年在最后的公开演讲中谈到的“诸宗教历史”不同于他早期使用的单数“宗教”；前者更多表达出某些独特个别的宗教传统，后者却是宗教本质形式结构的一个抽象表达。

蒂利希从《系统神学》卷一到卷三的神学建构出现了一种从基督论到圣灵论的转移，这并非一种转向，因为圣灵论尝试重新思考和回应卷一中关于“普遍性-独特性”的基督论所遗留的问题。但蒂利希的意图并非仅仅重开这些问题并将辩解的重担放在圣灵论上；[22]正如卡维里（Veli-MattiKärkkäinen）指出

19. Tillich, *Systematic Theology*, vol. 1, 39.
20. Ibid.
21. Ibid.
22. Tillich, *Systematic Theology*, vol. 3, 5.

的，蒂利希一直将这问题延伸至诸宗教历史的神学上。[23]

蒂利希在卷三非常强调神圣普遍临在一切有限当中，及在最后的公开演讲中，清楚反对排他性的基督中心论，其原因并非基督论的独特性宣称需要被放弃，而是它容易导致一种极度危险的化约论，它会将启示经验的范围和界限收窄至一狭小的区域。[24] 因此，肯定“诸宗教历史”的价值就等于肯定普遍启示经验，虽然这些经验经常以扭曲的方式出现。故此，包括基督教在内，没有任何一个宗教能宣称是绝对、最高和最后的。[25] 依此，蒂利希晚年亦开始怀疑是否在诸宗教历史中只有一个中心存在，[26] 这个中心需要被视为人类历史中神圣普遍在场与具体的历史彰显。蒂利希为了保持普遍性与独特性的张力，他甚至将这个批判推进至会导致普遍性被危害的所有耶稣论（Jesusology）类型。[27] 面对历史诸宗教的合理性，基于启示、救赎与神圣临在乃彼此联结，蒂利希认为唯一的方法就是把这个历史中心普遍化（倘若还有一个所谓的中心）。依此，在蒂利希的体系内，**圣灵的启示经验是普遍临在，并彰显于耶稣基督**

23. 卡维里曾注意到蒂利希的圣灵论与他关于诸宗教历史神学的最后演讲之关系；卡维里把蒂利希的“具体之灵的宗教”中动态性-类型学的宗教神学视为基督论中心论式的，并认为他放弃了圣灵论的取向。见 Veli-Matti Kärkkäinen, *An Introductionto the Theology of Religions* (Downer’s Grove, IL: Inter Varsity Press, 2003), 231。
24. 关于蒂利希在《系统神学》（卷一）中涉及神学圈的独特性与普遍性问题，在本书第一章有详细讨论。
25. Tillich, “The Significance of the History of Religions for the Systematic Theologian,” in *The Future of Religions*, ed. J. C. Brauer, 81.
26. 蒂利希说：“……也许……我要强调……诸宗教历史中有一个核心事件……”，见 Tillich, “The Significance of the History of Religions for the Systematic Theologian,” 81。
27. Ibid.

在历史中具体呈现的新存有。

同时，蒂利希指出，神圣的“普遍性–独特性”临在需要赋予神学批判，所有宗教皆须表达一种先知式批判以图审视宗教历史中神圣的扭曲。在克服宗教的魔化时，自我批判应该同时出现在边界内（先知的攻击）和边界外（世俗思想）。在趋向实现内在目的的过程中，攻击所有宗教的内在魔化倾向时，将具体历史宗教等同终极的做法必须放弃，并应以圣灵论来检视。蒂利希称呼这种终末式的终极目的与普遍临在为“具体之灵的宗教”（The Religion of the Concrete Spirit），其中包括圣礼、先知与神秘的动态性元素。每一个宗教皆在不同程度上包含这三方面。在《系统神学》（卷三），蒂利希指出，圣灵的普遍临在构成了万物的圣礼化，圣灵以属灵在场的方式临在于人格中的信与爱，并呈现为神秘经验；圣灵的格式塔转化了新教原则而带出先知式的自我批判。其次，包括基督教，所有宗教皆陷入宗教的含混性中，并追寻圣灵的自我超越。因此，蒂利希在班顿演讲中，谈到以接纳和拒绝的辩证联合来看待其他非基督宗教的含混性时就已点出，在具体之灵的宗教结构内，所有宗教皆投入到实现终极目的的斗争中。[28]

三、作为最后方案的圣灵论

倘若蒂利希晚年高度集中地处理宗教历史的问题，而在《系统神学》（卷三）的圣灵论又作为他处理众多神学课题的最

---

28. Tillich, “The Significance of the History of Religions for the Systematic Theologian,” in *The Future of Religions*, ed. J. C. Brauer, 90.

终考量，则圣灵论与诸宗教历史神学之间会否有着重要的联系？我们在之前的讨论中，已经清楚可见诸宗教历史的问题对蒂利希而言并非崭新的课题，依此他在晚年跟伊利亚德在芝加哥大学开设诸宗教历史的课程中的最后公开演讲，也并非他首度阐释神学与诸宗教历史的关系。但值得注意的是，经过一连串耶佛对话的真实体验，他在神学和哲学上摆脱了过往的“区域主义”（provincialism）；普遍临在的圣灵论作为最后神学方案的考虑等因素，都为蒂利希就发展一种诸宗教历史的神学提供了外在和内在的有利条件。

蒂利希的神学由基督论转移到圣灵论，神圣的普遍临在成为处理基督教与其他宗教的一个关键性概念；虽然他无意放弃基督论在宗教对话中的角色，但耶稣基督的位置显然需要由圣灵来赋予，圣灵的普遍启示经验与独特地临在基督身上成为一种圣灵基督论的重要命题。值得注意的是，蒂利希在此进一步将耶稣的独特性加以淡化。在《系统神学》（卷一）中，蒂利希就已经宣布耶稣论（Jesusology）的结束，因为耶稣的历史独特性只是最终启示的承载者，而启示的最终性是在**历史上的耶稣将其有限的独特性完全舍弃**。[29] 本真的最终启示具备两个关联的因素：抽象原则与具体原则。[30] 前者是指通体透明的观念——“启示中介通过舍弃自身来克服本身的有限条件”；[31] 后者则是将前者以历史和具体的方式实现出来。依此，对蒂利希而言，耶

29. Tillich, *Systematic Theology*, vol. 1, 132–134.
30. Ibid., 135.
31. Ibid., 133.

稣基督作为最终启示的关键恰恰在于他的一切历史独特性被加以否定。[32]“拿撒勒人耶稣是最终启示的中介，因为他完全舍弃了自身去作为耶稣基督。”[33]蒂利希指出，耶稣与存有根基的上帝之间的永恒联合，以及历史上的耶稣通体透明的中介性，这两点正好与圣灵临在耶稣身上彰显那种圣灵创造的舍身之爱和信仰彼此平衡。[34]这就是从卷一到卷三，蒂利希为何拒绝宣称基督教信仰的对象是“历史上的耶稣”式的耶稣论。

四、耶佛对话

关于蒂利希在美国和日本的耶佛对话的重点，波斯（Marc Boss）的文章已经有非常好的总结。他认为，蒂利希的体系在与佛教相遇之后，所出现的转移“既非方法论的又非教义性的，而是凯洛斯式的（kairological）”。[35]究竟蒂利希有否修改他早期的教义学立场仍然悬而未决，但宗教对话绝对已经在他晚年担当了一个重要的角色。在《系统神学》(卷三）的导言部分，蒂利希指出：

---

32. 蒂利希在《系统神学》(卷一）强调耶稣作为基督并非建基于他的独特性与历史性话语、行动甚至死亡。这一切只不过是神圣临在他身上的结果。蒂利希说：“永远不是其道德、知性或情绪的品质决定了他成为最终启示的载体……乃是上帝临在于他身让他成为基督。”见 Tillich, *Systematic Theology*, vol. 1, 135–136。
33. Ibid., 136.
34. 蒂利希强调历史上的耶稣永远不能成为基督教信仰的基础，他的基督论是完全依赖圣灵临在所呈现的对历史独特性的否定。依此，蒂利希与施莱尔马赫的区别值得注意。“施莱尔马赫的上帝意识具备人类学的特质，‘原型’(*Urbild*）一词当用来描述基督耶稣时并没有一种‘新存有’的决定性意义”，见 Tillich, *Systematic Theology*, vol. 2, 150。对蒂利希而言，施莱尔马赫基督论的困难恰恰在于坚持历史耶稣的本质人性，而非基督身上。
35. Marc Boss, “Tillich in Dialogue with Japanese Buddhism: A Paradigmatic Illustration of His Approach to Inter-religious Conversation,” 270.

> 现今处境的另一个重要特征就是……愈发重要的历史宗教间的交流，部分原因乃是需要有一对抗世俗力量入侵的统一战线，部分原因是不同宗教中心之间的空间距离得以克服。我需要再次论及的是，基督教神学若不能以神学思想与其他宗教进入富有创造力的对话中，将会失去世界历史的机遇而仍然滞留于区域性（provincial）。[36]

在此，值得注意的是，蒂利希惯常强调的“问题-答案”关联方法已经转变为宗教对话的考虑。其他非基督宗教跟基督教同样能提供宗教答案而非仅仅发出问题。当蒂利希移居美国后，他愈发意识到过去基于德国文化所倡导的哲学和神学“区域主义”的限制与自大。[37] 就他而言，保持德国传统而同时在美国文化和神学中开放其他的可能性是一个“两者兼得”（both-and）的选择。他曾指出，“美国能把你从欧洲的及其他的‘区域主义’拯救出来，而不必然使你再度陷入区域性中”，[38] 在与非基督宗教相遇前，在蒂利希心里的仍然是教派内普世基督教神学的可能（即新教与罗马大公传统、欧洲与美国神学），还未想过不同宗教之间的对话的可能。倘若美国的生活在某种程度上将蒂利希从欧洲大陆的智性“区域主义”中拯救出来，他跟佛教

---

36. Tillich, *Systematic Theology*, vol. 3, 6.
37. Tillich, “The Conquest of Intellectual Provincialism: Europe and America,” *Theology of Culture*, ed. Robert C. Kimball (New York: Oxford University Press, 1959), 159–176.
38. Ibid., 160.

的相遇和对话就是将他从宗教“区域主义”中拯救出来。[39] 在这部分，我们尝试将蒂利希的耶佛对话以两个范畴加以总结：存在论-神秘性、伦理-社会性。

蒂利希在班顿演讲中，提出以目的（*telos*）这隐喻作为基督教与佛教对话的焦点，这种“存在的内在目的”可被视为双方相似与相异的基本框架。比较特别的是，蒂利希放弃了以上帝、拯救、历史或人观等概念作为比较项目，而是强调上帝国与涅槃（*nirvana*）的终末象征。事实上，我们需要注意蒂利希缺乏对净土宗的认识，否则，比较基督教与净土宗的终末象征可能会更有果效。回到上帝国与涅槃的问题，虽然前者明显倾向人格化、社群性与政治性，而后者则基本上是存有论的；但这两个象征都表达对于实存的负面态度（注意蒂利希区分本质与实存）。[40] 同时，两者皆最终指向神圣的普遍临在：上帝国是上帝临在一切之中，涅槃是超时间的祝福。[41]

但更重要的是，蒂利希注意到这两个终末象征所代表的存有论-神秘性元素彼此对立——基督教坚持一种参与的存有论（ontology of participation），佛教却强调一种同一性的存有论（ontology of identity）。蒂利希无法赞同佛教关于神秘联合中失去人格中心的观点，也不支持一种所谓“将一己消融在绝对中”的绝对神秘主义。事实上，蒂利希对神秘主义采取一种辩证的

---

39. Paul Tillich, “Christianand Non-Christian Revelation,” in *The Encounter of Religions and Quasi-Religions*, ed. Terence Thomas (Lewiston/Queenston/Lampeter: Edwin Mellen Press, 1990), 60–61.
40. Tillich, *Christianity and the Encounter of World Religions*, 40–41.
41. Ibid., 43.

态度。在他的基督教思想史课程中，他就曾警告不要犯下将具体神秘主义与绝对或抽象的神秘主义等同起来的错误，因为绝对或抽象的神秘主义会把个体消融于神圣的深渊之内。[42] 这种警告其实早已出现于蒂利希关于谢林的论文中，他在论文中企图综合等同原则与分离上帝与人的罪疚意识，指出“神秘主义将获胜，但**并非以神秘主义的形式，并非以即时的等同，而是作为位格联合**（personal communion）来克服矛盾：这就是灵与自由的宗教”。[43] 在晚期的《系统神学》（卷二）中，他仍然提醒我们关于神秘主义的问题“既非独处或联合，而是核心个体自我被消融”。[44] 并且，他提出神秘主义往往会忽略现实的实存与历史处境，并缺乏终末性的批判力度。[45] 虽然，蒂利希非常欣赏基督教的神秘主义传统，并且他个人更向往自然的神秘主义经验，但他始终坚持参与而非等同的存在论。

除了上述对存有论参与和神秘性同一性的对扬，蒂利希再强调双方就位格性（personhood）问题的分歧。不同于佛教把人的自我理解为“无我”（formless self），蒂利希认为，就算在最激进的神秘经验中，基督教“是尝试保持信仰与爱的主体的出神经验：位格与社群”。[46] 他在与佛教禅宗的对话中，关于佛

42. Tillich, *A History of Christian Thought*, 136.
43. Tillich, *Mysticism and Guilt-Consciousness in Schelling's Philosophical Development*, tr. Victor Nuovo (Lewisburg: Bucknell University Press, 1974), 125. 粗体为笔者所加。
44. Tillich, *Systematic Theology*, vol. 2, 72.
45. 见 James R. Horne, “Tillich's Rejection of Absolute Mysticism,” *Journal of Religion* 58 (1978), 130–139; Donald F. Dreisbach, “Tillich's Ambiguous Attitude towards Mysticism,” *Mystisches Erbe in Tillichs philosophischer Theologie*, eds. Gert Hummel & Doris Lax (Münster: LIT Verlag, 2000), 402–414.
46. Tillich, *Systematic Theology*, vol. 3, 143.

教会否在神秘经验中大肆讨论自我消融的问题。蒂利希指出，在基督教的传统中，神圣的位格象征比超位格的象征更有主导性，但在佛教中似乎情况是相反的，超位格象征成为主流方向。我们应该暂时把“佛教认为终极实在是有位格的还是超位格的”这问题先搁在一旁，或将位格与超位格之间的内在关系容让其他学者去探讨。较清楚的是，蒂利希似乎也不是单纯认同基督教中的“我–你”关系（I-Thou relationship），起码在一种彻底怀疑的状态下，他就指出过绝对信仰的对象是“上帝之上的上帝”（God above God）。其中，没有任何具体与独特的内容可被明确陈述。[47] 因为有神论上帝的所有具体形象与观念皆在彻底怀疑中被悬置，在此彻底与极度痛苦的状态下，蒂利希指出两种可能：神秘经验和神–人的位格关系，都会失去力量。“上帝之上的上帝”是越过有神论的上帝和神秘主义的上帝，并缺乏具体与清晰内容，依此，蒂利希并不认为上帝是有位格的，他其实是一切位格的终极根基。

其次，蒂利希指出，佛教关于等同的神秘经验将有助于让我们放弃以科学–技术的框架来看待自然；佛教对一切众生的悲悯之情（compassion）是一种将自身等同于他者受苦的状态。[48] 与基督教关于圣爱（agape）比较，蒂利希提醒我们，佛教的悲情缺乏两种特征，“不被接纳的接纳……与转化个体与社会结构”。[49] 正如赖品超在他一次演讲中提到，蒂利希这种比较是过度简化了，因为他忽略了基督教传统的悲情元素，例如：好撒

47. Tillich, “God above God,” *Paul TillichMain Works/Hauptwerke*, vol. 6, 418.
48. Tillich, *Christianity and the Encounter of World Religions*, 44–45.
49. Ibid., 45.

玛利亚人的比喻和耶稣对于羊没有牧羊人的悲痛之情。同时，佛教也许亦有某种类似基督教的圣爱元素。[50] 虽然，蒂利希没有为圣爱与悲情提供一个全面的比较，但是他的研究方向也是非常有价值的。

基督教圣爱与上帝国的革命性特征将较能为社会带来更新和转化，并推动人类历史。[51] 虽然这些象征仍会存在不少保守的元素在内，但对比佛教强调“并非改变实在而是从实在中拯救出来”而言，[52] 明显西方的不少革命运动皆受基督教的历史观影响。佛教神秘主义则在入世与出世间徘徊不定，很多当代的佛教运动皆倾向入世的态度并提供大量社会变革的论述。然而，就蒂利希而言，日本民主发展与日本宗教的问题仍然是他对日本宗教与文化的深刻批判所在。

50. 参赖品超教授于 2014 年 4 月 8 日在香港中文大学的演讲，题为“Paul Tillich and Inter-religious Dialogue”（未刊稿）。
51. Tillich, *Christianity and the Encounter of World Religions*, 45.
52. Ibid., 46.

第六章
神律体系

一、前　言

蒂利希晚年的神学有否出现一种本质性转变？这个问题一直在被学者研讨。无可置疑，蒂利希在美国完成的三卷《系统神学》（1951–1963）在外观上，与蒂利希在德国早期的构想有非常大的分别。这种分别，他曾经这样解释：

> 我将1924年在马堡关于“系统神学”的讲课作为这体系的开始。现在这进路与以前的时期有着非常大的分别。尤其是一方面美国新教中的哲学批判，以及另一方面宗派的传统主义，抑制了建设性系统神学的兴起。这种情况已经大为改观。[1]

1. Tillich, *Systematic Theology*, vol. 3, 7. 原文："I consider my lectures on 'Systematic Theology' in Marbury, Germany, in 1924 as the beginning of my work on this system. This approach was very different from that of the immediately preceding period, especially for American Protestantism, in which philosophical （转下页）

比较蒂利希在马堡大学的讲课和晚年完成的《系统神学》三卷确实存在较大的差异。除了因为时间关系，使得马堡的教义学遗留了关于圣灵论中的复和论和终末论未有处理外，马堡的教义学在交代了教义学的本质（*wesen*）后，就分别以创造论（*der Schöpfung*）和救赎论（*der Erlösung*）来展开。这种安排与《系统神学》三卷的"理性与启示""存有与上帝"等等的平衡关联模式的处理大相径庭。其次，保克伉俪（Wilhem and Marion Pauck）指出，蒂利希早期的观点是片段式和不成熟的，要到晚年完成的《系统神学》三卷才是他的成熟之作，意指任何早期关于体系性的神学构思都需要通过晚年完成的作品才能被理解。蒂利希这些早期文献，犹如爬山者路上石头的螺丝钉（screws in the rock），经过他多番的详细检查后，整个体系要到晚年才完成。[2] 这些种种原因都造成学界一度轻视蒂利希早期的神学构思。

本章要指出，蒂利希早期的体系性神学理解已经相当丰富而完备，就关于"神学作为科学于人类知识体系中的地位"有非常深入的洞见；虽然，他从未在德国完整地完成他的神学建构性工作，但本章会指出他的理想蓝图基本上是清楚的，尤其见于他的《诸科学体系》(*Das System der Wissenschaften*）一

（接上页）criticism, on the one hand, and denominational traditionalism, on the other hand, inhibited the rise of a constructive systematic theology. This situation has drastically changed."

2. Wilhelm and Marion Pauck, *Paul Tillich: His Life and Thought* (NY: Harper & Row, Publishers, 1976), 65.

书。[3] 并且，虽然碍于种种原因，这个蓝图并没有在美国贯彻执行，但晚年完成的《系统神学》仍然留有不少早期的思想烙印，以致将两者进行交替的阅读，会发现蒂利希就“作为科学的神学”这课题有深刻的理解。

二、蒂利希早期科学体系的构想

蒂利希在 1923 年出版《诸科学体系》一书，该书的目的是要为建立诸科学间的体系性关系尝试做出形式化的建构，意指对人类与各种实在的整体性关系做出考察，最终目的是为奠定知识的形式化统合（formal unity）而努力——知识的统合也就是认知主体与被知实在之间的本质与关系的整体。依此，需要处理各种主客关联的性质，及决定该项性质的对象和方法的原则。所以，此科学性探索不会就各项科学的质料内容（material content）作深细的分析，而单单就其形式规格做出展述。诸科学体系的建构性目的是为要表述人类知识的形式性统合，这项

---

3. 此书基本上从未被汉语学界注意，外国学界对此亦只有零碎的讨论，参 Paul Tillich, *The System of Sciences*, trans. Paul Wiebe (Lewisburg: Bucknell University Press, 1981)。此书是蒂利希首部出版的著作，德语原著出版于 1923 年，根据保克的观点，此书当年并无引起注意和带来影响，部分原因可能是蒂利希自己曾表示，在这部作品中将神学理解为“神律的形而上学”是一种趋向关联法的不充分方法论考量，这种说法有可能让读者认为蒂利希放弃了早期的观点，见 Paul Tillich, “Author’s Preface,” *The Protestant Era* (London: Nisbet & Co.，Ltd., 1951), xlii。此作品的德语版，可参 Paul Tillich, “Das System der Wissenschaften nach Gegenständen und Methoden,” *Paul Tillich Main Works/Hauptwerke*, vol. 1, ed. Gunther Wenz (Berlin: Walter de Gruyter, 1989), 113–264。保克的观点，参 Wilhelm Pauck, *From Luther to Tillich* (San Francisco: Harper & Row, Publishers, 1984), 190。就此书的观点，英译者维贝（Paul Wiebe）曾作出介绍，见 Paul Wiebe, “Tillich and Contemporary Theory of Science,” in *Theonomy and Autonomy: Studies in Paul Tillich’s Engagement with Modern Culture*, ed. John Carey (Macon: Mercer University Press, 1984), 19–34。

工作须通过处理认知主体与实在的存有论关系而成。依此，它不是为要解决知识分工问题而建立，而是在存有论上建立一种融贯统合的实在观。蒂利希指出，这种体系是“知识的鲜活性统合”（living unity of knowledge），意指知识体系自身有某种动态性特征。个别科学的形成有赖于其研究对象和其科学性方法，但并不存在某个对象与某种方法的固定联系。一种对象可适用于数个方法，同时，一种方法也可适用于某几个对象。因此，“对象与方法间的区别是流动的”，诸科学体系的建立需要一个能联系对象和方法的规范性联结。

蒂利希指出要完整地建立科学体系，必然需要考虑精神科学（*Geisteswissenschaften*，或称“人文科学”）；按当时蒂利希的构想，神学和相应的宗教科学皆从属于精神科学。精神科学需要考虑一种“宗教科学”（science of religion），这种宗教科学包含三个相互关联的领域：宗教哲学、宗教的精神历史和宗教的规范性诠释（即神学）。蒂利希在1925年出版题为《宗教哲学》（The Philosophy of Religion）的长文可理解为讨论前两个领域的尝试（其实主要还是讨论第一个领域），之后马堡大学的教义学代表着最后一个领域的讨论。因此，倘若要理解蒂利希早期关于神学如何作为一门科学的理解，就必须回到《诸科学体系》中。简而言之，他尝试系统性地理解人类诸学科间的关系；他认为诸学科所构成的是一融贯的科学整体，并且重要的是展示出精神科学和自然科学的关系；由此，进一步提出“神学”在整体知识领域中占有的位置，以图确立它的科学性。

这种构想也对神学在大学的位置和角色产生深远的影响。

蒂利希在1919年柏林大学的康德学会中讲演的《论一种文化神学的观念》对这问题有初步的陈述。[4]大学的本质应被体现为"知识总和"（*universitas litterarum*），这正是柏林洪堡大学（Humboldt-Universitätzu Berlin）创校时的理想。根据洪堡（Wilhelm von Humboldt）的理念，现代的大学应该是"知识的总和"（*universitas litterarum*），教学与研究同时在大学内进行，而且学术自由；大学完全以知识及学术为最终的目的，而非实务的人才培育。依此，神学要作为一门科学而存在，它必须避免以上帝作为客观存在物来研究，并且不能以维护某种宗派传统的权威性宣称而存在。[5]当时，蒂利希已经指出，现代形态下的神学无法视自身为科学之母，它的贡献只能以文化神学的理解来辩护，就是为知识提供宗教的规范性理解，以至于为整体人类文化的深度提供某种"神律"（theonomy）的描述。[6]

三、《诸科学体系》的结构及其方法学

根据蒂利希的分析，诸科学的体系性分类原则奠基于科学观念自身，其基本分别由认知行动模式所决定。首先，倘若认知行动不考虑其相关联的内容，可被区分为意向行动（act of intention）和意向物（what is intended）；前者是关心"思维"（thought），后者则关心"诸存有"（beings）。[7]其次，蒂利希又

---

4. Tillich, "On the Idea of a Theology of Culture," 155–182. 较新的译本，参见 Victor Nuovo, *Visionary Science* (Detroit: Wayne State University Press, 1987), 17–40。
5. Tillich, "On the Idea of a Theology of Culture," 179.
6. Ibid., 180.
7. Tillich, *The System of Sciences*, 37–38.

引进“精神”（*Geist*）这观念，他认为这正是人的具体存在的思维状态，“精神就是实存的思维”。[8] 依此，在诸科学的构成元素中有三项：思维、诸存有和精神。对应这三项元素的是三类人类知识科学，分别是以探讨思维形式知识的“思维科学”（*Denkwissenschaften*），其目标是以认识思维自身的纯粹形式，并与具体对象分离的学科；其次，是探究具体存有物知识的“存有科学”（*Seinswissenschaften*）和第三种以人类诠释性活动所构成知识为主的“精神科学”（*Geisteswissenschaften*）。[9] 这三种类型的学科分类是针对三类个别对象而产生：“思维科学”以人类思维的形式作为探索对象，如逻辑和数学，这类是纯粹的思维形式学问；“存有科学”则针对具体存在物，是一门以研究“法则”（laws）和整体结构（*Gestalten*）的知识，前者包括探索物理世界法则的物理学，后者包括生物学和社会学，还有的是研究“序列”（series）的历史报道也算在内；最后，“精神科学”包含范围极广的知识学科，它以人的“精神”（*Geist*）为研究对象，内容遍及知识的元素和对象。就蒂利希而言，涉及一种以

---

8. Tillich, *The System of Sciences*, 137.
9. *Geisteswissenschaften* 的汉语翻译是个不容易处理的问题。根据罗伯特·萨勒曼（Robert Scharlemann）理解，蒂利希使用这概念时不同于狄尔泰对于自然科学和人文科学的对立；就狄尔泰而言，自然科学的重点在解释（explanation），而人文科学的重点在理解（understanding），后者特别注重理解历史事件和个别人物。但蒂利希使用 *Geisteswissenschaften* 时，并非把它应用于历史对象上，因为历史已经被蒂利希安放在“存有科学”（*Seinswissenschaften*）内，他强调 *Geisteswissenschaften* 是一种关于“实存思维”（existing thinking）的科学，所以蒂利希似乎强调人并非相对于客体的主体，而是较接近海德格尔的“此在”（*Dasein*），萨勒曼倾向把 *Geisteswissenschaften* 理解为“精神科学”（science of spirit）而非“人文学科”（humanities）。参 Robert Scharlemann, “Tillich on *Geisteswissenschaften*: As Compared with Dilthey and Heidegger,” in *Religion and Reflection: Essays on Paul Tillich’s Theology*, ed. Erdmann Sturm (LIT Verlag: Munster, 2004), 147–148。

“理论”（theory）来掌握世界的知识，包括科学、艺术和形而上学；并一种以“实践”（practice）来塑造世界的知识，包含法律、社群和伦理学。

蒂利希指出，“哲学”是所有精神科学（science of spirit）的首要和基本元素，这种哲学的方法论被称为“后设逻辑学”（metalogical method）。[10] 蒂利希认为哲学是“意义原则的教义”，其方法是处理意义原则的功能和范畴，前者是要表述精神主体与实在所构成的结构，后者是诸意义功能在实现过程中的内容得以实现的形式。简而言之，后设逻辑学要以批判哲学的方法来处理主–客体的认知结构；认知主体及其认知行动关联于实在，此关联是既分离又参与的状态，意义领域亦随之而展开，这种“意义–实在”（meaning-reality）是不断揭示和生成的；其次，精神科学是要揭示意义，意义亦成为精神生命的涵盖性概念；后设逻辑学须处理认知经验丰富的抽象形式化条件，这亦展现出蒂利希与康德式批判哲学的联系。虽然后设逻辑学与批判哲学同样找寻经验的可能性条件，并以此构筑成体系性统合性形式，但蒂利希强调批判哲学所忽略的存有论结构不应该被漠视。意义的功能和范畴的开拓须以某种基础性存有论为根基，认知的意义活动不纯粹是“行动哲学”（act-philosophy），它更是关联于认知存有的关系和结构的“存有哲学”（being-philosophy）。依此，后设逻辑学正是要追问知识自身的认知存有论。

“后设逻辑学”所谓的“后设”乃指把握这种存有论的形上

10. Tillich, *The System of Sciences*, 39–41.

直观（metaphysical intuition）。就蒂利希而言，此直观指向主-客对立结构前的存有论上的无条件觉醒（unconditional awareness），该无条件乃"先于"认知主客体的分离与统合而存在，也是某种能突入每个意义功能的无限和深度（infinite and depth）。依此，在讨论认知的主体性和客体性时，这种无条件的意义在关联中被构成，并成为可能的条件。蒂利希强调，无条件并非被认知和意识的对象，它不是客体，而是意义关联中的力量，"无条件无法被证明，它只能作为支撑意义实现时而被展示出来"。[11] 这种无条件的深度被蒂利希设想为"实质"（import/*Gehalt*），在精神科学中认知主体与对象处于抽离和参与的认知关系，关系构成意义的"形式"（form）和"实质"（import）。蒂利希指出，"实质"与"形式"构成意义的整体，在动态性的开展中，无条件的实质在具体形式中被揭示，这种"意义实现"（meaning-fulfillment）是意义的动态理论。蒂利希强调，意义并非指对实在存在一种对应与否的正确诠释问题，相反，主客体在无条件的参与中，揭示意义并协助各自意义的实现。[12]

人文的精神性诠释活动就是这种寻觅和揭示意义的活动，倘若经验实在论（empirical realism）过分强调对象的客体性而导致主体出现被动状态；又或超越观念论（transcendental idealism）过分夸大主体的能动性而取消客体，则蒂利希强调的是诠释的循环，在创造性的精神活动过程，主体和客体的意义生成都能揭示出双方的意义内容。在意义的给予和摄取

11. Tillich, *The System of Sciences*, 164–165.
12. Ibid., 167–169.

（meaning-giving and meaning-receiving）中统一。最终而言，蒂利希认为精神科学是一种自我诠释性科学（self-interpretive science），它以人的“精神”为构成元素，其特质是表达人的精神性领域中的活动。相对于“思维科学”以“思维”（thought）和“存有科学”以“存有”（beings）为目标，精神科学的对象建基于这两者。当人作为一精神性存有而言，以自由突破有限的条件性，构成精神科学的特质在于研究主体与被研究的对象会进入一种循环诠释和理解过程。蒂利希称这种过程为“参与性的意义再生”。精神科学与其他科学的相异之处，往往在于认知主体与被研究的客体之间并非处于一种抽离的隔阂状态，而是要求双方彼此参与，在彼此参与的理解过程中生产出意义。

由于精神科学是以人的精神性创造为焦点，随着人参与和投入理解活动中，其建构出来的规范性特质与其他科学也大相径庭。在精神科学中，“法则”或“规范”（norm）并非与思维科学的规范存在于一理型的世界，或如存有科学的规范一样存在于真实世界中。规范在精神科学中是连同整个意义的生产过程派生出来的，它并非一种外加的规则来指导意义的建构，相反是在诠释意义内容的过程中衍生出来却又同时指导诠释活动的规范。因此，就蒂利希而言，精神科学本身就是规范性科学，规范并非被给予（given）和被发现的，它是随着个体在历史中的位置而被创造的，依此，“立场／位置”不应在诠释过程中被排除，反而是诠释的重要功能。[13]

---

13. Tillich, *The System of Sciences*, 147–149.

四、在精神科学中的宗教科学和宗教哲学

蒂利希认为，规范在每个精神科学领域的建构中包含三个科学的分支：（1）该领域的哲学（philosophy）部分，这部分的目标在于厘定该领域的本质和特性；（2）该领域的精神／文化历史（spiritual/cultural history）部分，这部分旨在展示该领域在历史实现自身时的类型；（3）该领域的体系（systematics）部分，这部分综合上述两者而构成一规范性科学。依此，蒂利希把宗教这门科学也根据上述这三门科学分支而得出三种在宗教科学中的分支：宗教哲学、宗教的精神历史和宗教的体系（神学）。[14]

"宗教哲学"这门科学似乎再没有在晚期的蒂利希思想中出现，但在早期思想中担当了重要的角色。"宗教哲学"并非那种以哲学方法来探索关于宗教论述及现象的合理性的学科。反之，蒂利希认为这种置放宗教于哲学一般性范畴底下的做法，只会消解宗教的具体性。在《宗教哲学》这篇长文中，蒂利希详细论述了这门科学的角色可能联络哲学和宗教，更具体而言，它可能使宗教启示和哲学得以综合。[15] 根据宗教科学的构想，宗教哲学是作为精神科学中的宗教里的首要范畴，它的目的就是对宗教的意义和功能做出规定。基于这项规定，它避免哲学将宗教放进意义的整体性框架下被掌握，因为哲学是追求意义的普遍性联合，而哲学与宗教冲突就在于宗教拒绝这种收编。宗

14. 这种将精神科学中的宗教科学作出三分法最早见于 Tillich, "On the Idea of a Theology of Culture," 157。
15. Tillich, "The Philosophy of Religion," 30.

教因着对启示的宣称而“拒绝一切普遍化概念陈构”，[16]因为宗教陈述内容是关于绝对及具体的神圣之物，依此，它势将坚持对无条件的宣称，并抗拒哲学的统一意义的制约化。

> 探索的主体是宗教，这立场并不同于哲学，因为宗教所指涉并非普遍和一般性原则，也不同于神学，因为神学必须肯定启示的宣称。宗教哲学的目标正是要综合启示和哲学。[17]

哲学要么就将宗教化约为某种放弃其无条件的追寻，要么放弃这种化约的尝试。但蒂利希指出这两种做法皆不可取。首先，哲学是要把握其对象之真实，而非扭曲对象；其次，哲学若放弃对宗教的理解，则等于无法规定宗教其范围和功能，就等于宗教与各科学间的界限无法划出，这样将造成学科界限的混乱。[18]哲学与宗教间的矛盾需要通过综合（synthesis）而达成。否则，哲学和宗教所代表的精神意义领域将分裂，这正是蒂利希一直坚持人类精神文化不应被割裂的旨趣。

宗教哲学有别于经验性宗教研究，后者为前者提供素材和质料。宗教哲学属于精神科学一员，为经验性的宗教研究所提供的质料提供规范性理解。因此，它本身并非具体研究对象而是探讨应然性领域。所以，宗教哲学并非一种使用某种方法论

---

16. Tillich, “The Philosophy of Religion,” 28.
17. Ibid., 27.
18. Ibid.

进路来研究宗教的学科，例如社会学进路的宗教社会学和心理学进路的宗教心理学。

在上文已经交代了蒂利希处理精神科学的三分法构想——精神科学具备三个环节：哲学、文化史和体系。“哲学”意指陈构某一领域的意义和范畴；“文化史”意指经验科学所提供的质料；“体系”意指具体性的规范性系统，它本身有赖“哲学”就宗教的本质提供哲学化概念，并依赖文化史提供的历史素材进行分析。这三者彼此紧扣，若应用于宗教领域，三者分别对应宗教哲学、宗教文化史和宗教体系规范性理论（神学）。

> 所有真正的精神科学皆意识或无意识地以这三条进路进行。它从人精神的普遍功能出发，通过形式使对象被陈构；之后批判性地展示它们在历史发展的诸方向中的功能实现；继而给予体系性答案。[19]

因此，宗教哲学的重要性是就宗教概念的意义和功能提供概括性论述，尤其是为最后第三阶段的体系性神学提供重要的素材。

根据蒂利希的理解，神学是依赖宗教的本质概念的前提，每种宗教哲学又依赖宗教的规范概念。[20]“神学”是对“宗教”概念具体展现的规范性和体系性研究。由于宗教必然通过历史文化来展现自身，宗教的文化史研究正好成为搭建神学和宗教

19. Tillich, “The Philosophy of Religion,” 32.
20. Ibid., 33–34.

哲学的桥梁。每一种神学学科皆依赖宗教本质概念，每一种宗教哲学学科也依赖一种宗教的规范性研究，两者又同时需要文化史来提供素材。因此，整个理想形态的宗教科学性体系是由三者编织而成。

宗教哲学之方法与人文学科无异。它并非以经验科学之方法来进行研究，意指其方法有别于一般以宗教作为经验之物的宗教研究。因此，其方法论抗拒把宗教放在社会和文化历史中考察其源头和生成发展，并且拒绝从个别现象中进行高度的抽象化化约。前者的自然科学的客观态度忽略了理解永远都在诠释的循环当中进行，而并没有一种主-客对立的认知状态。

五、作为神律体系的神学

早期的蒂利希已经非常清楚表明神学是要作为一种“宗教的具体和规范性科学”来理解。他认为，

> [神学的目标]就是从具体立场开始，并建基于宗教哲学的诸范畴，关联于认信立场的个人观点、普遍的宗教历史与一般性的文化-历史观点，以求搜寻出一种宗教的规范性体系。[21]

蒂利希这篇早年的演说内容奠定了往后神学发展的基本框

21. Tillich, “On the Idea of a Theology of Culture,” 197；另见 Nuovo, *Visionary Science*, 20–21。

架和重要立场。一如他在科学体系中强调的，神学研究对象并非以认知客体的方式来把握，它是一种对具体物的知识论。依此，早年的蒂利希会认为神学本身就是一种宗教的科学（science of religion），这种学科关注经验层面的问题，并提供规范的系统性研究。他认为，神学的目标就是建立一种文化神学，这种神学企划以关联人类文化和神学为方向，神学本身就是——

> 宗教的具体和规范性科学（concrete and normative science of religion）……这包括两层的否定。首先，神学并非对某种从其他对象中抽离出来的独特对象［我们称之为上帝］的一种科学……其次，神学并非对一种启示的独特织体（particular complex of revelation）的表达。[22]

第一种否定已经在康德的第一批判内完成，因此神学再不能对一个超越人的经验知识界域以外的对象有任何的理论知识；第二种否定是拒绝接受一种超自然的权威性启示观念；蒂利希认为，这种超自然的权威性启示观念在十九世纪的历史批判学和种种宗教哲学的挑战中已经受到严峻考验。依此，神学应该担负着一种综合宗教与文化的努力，极力将文化内的有限形式和无限的宗教内容加以综合。因此，神学并非对某种独特而超越的启示做出反思，也无法对一个离开万物而被表述为外在对象的上帝做出反思。就蒂利希而言，神学必然是以文化神学的

22. Nuovo, *Visionary Science*, 20–21.

形态出现的。

文化神学要处理文化与宗教间的关系。蒂利希在此检视了康德、施莱尔马赫和黑格尔的观点，他认为三人分别将宗教归结为实践理性、感受和理性，都是有缺失的。宗教与文化的相遇具有整体性，难以指出文化的某一领域属于宗教，哪些又不属于宗教。蒂利希认为，宗教自身的独特性使它并不从属于某一种心灵结构和功能。虽然施莱尔马赫的观点较为可取，但蒂利希认为宗教根本就是感受、理性和意志的复杂统合而非特有的感受，这种态度就是后来他所强调的一种对终极实在（ultimate Reality）的那种无条件本性（unconditional nature）的体验，亦即终极关切。他认为，在绝对的无（absolute nothing）中经验那种绝对的真实（absolute real），意指在体验一种绝对性时，环绕这绝对的周边部分就只能变成次要和相对的，这种宗教体验是经历一种"是"和"否"的辩证启示。

在《诸科学体系》中，神学再次被理解为一种"神律的意义规范教义"。[23] 蒂利希认为神学的存在在于它是否能拒绝成为一孤立学科，并且与其他自律形态的精神科学体系相联系。一方面，神学必然有其独立研究的对象和方法，致使它能与其他学科相区别而把自身的科学性奠定于其独特性之上。否则，神学就很容易沦为其他学科的附属或分支，甚至可能在人类知识体系中消失，或基于研究对象和方法与其他学科重叠而被吞灭。但另一方面，若过分强调其自身的独特性，即研究方法及其对

23. Tillich, *The System of the Sciences*, 207.

象的特殊性，也容易产生与其他学科相分离的结果，这后果将把神学自绝于一切人类知识科学，并造成神学与其他知识处于对立和抗衡的状态。蒂利希的综合性构想是要避免人类精神文明的支离破碎，在统合的基础上维持各种学科的动态性互动。

积极而言，神学需要确保两方面的目标。一方面，在人类知识体系中需要确立其存在的价值和目标，这种考量导致神学在知识体系中需要寻找其独特性，以致能与其他学科相区别。另一方面，神学又需要考虑与其他学科的积极性关系，这种考量导致神学在知识体系中寻找其相关性，以致能统合于知识体系中。神学的独特性和相关性并非分割的，倘若其独特性没法被建立，将直接影响其在知识体系中的独立位置，依此，神学将被其他学科消融；倘若其相关性无法被建立，也将导致其出现身份危机。这不单无法考虑神学的知识性，更严重的是神学将被排拒于人类综合性知识体系之外。

依此，神学需要通过双重的工程建构来完成上述两个目标。第一，完成神学的外部联结，这项工作直接的结果是建立神学的外部科学性，也就是梳理神学与其他科学的研究对象和方法论关系。第二，完成神学的内部结构，意指整理神学体系内部的分科及其内在联系。正如蒂利希指出，他所关心的问题是："神学在科学（*wissenschaft*）的意义上如何可能成为一种科学（science），它的各种科学如何关联于其他科学，及其方法的独特性。"[24] 在这个回顾式的文献中，他指出：首先，整

24. Tillich, *On the Boundary*, 55.

个科学体系是建基于一种意义的哲学（philosophy of meaning/*Sinnphilosophie*）；其次，神学之所以具备科学性是基于它表现为一种知识的神律特质，并且它以所有人类知识的对象成为其对象。[25]蒂利希清楚指出，认知对象之所以可能，必然是整理出该对象在更广阔的认知语境中被考虑，这语境也就是人类知识的整体结构。依此，蒂利希要陈构出一科学体系并非满足其综合和系统性的野心，而是一方面为人类知识的对象找到安顿之处，并且把各种知识编织成一知识型大厦，而达到知识的联合和统一；另一方面，他想到的是如何将神学安顿在体系当中。神学作为一种知识，它跟其他知识同样受到认知对象和方法所影响。

首先，神学被视为“神律体系”，它并非一种对基督宗教的经验性研究。因此，蒂利希不能完全赞同施莱尔马赫将教义学仅仅作为基督教历代群体宗教经验的客观描述；同时他也指出巴特的启示神学容易沦为一种超自然主义而需要被克服。就他而言，神学就是一种神律的精神科学（theonomous science of spirit），他认为精神科学对于“无条件”（unconditioned）是有所关切的，作为一种精神性的创造性活动，人文科学必然对某种“绝对”有所指向。倘若这种精神性的创造性活动纯然靠赖自身形式来寻找“绝对”，此乃一种自律性（autonomy）的精神科学态度；然而，神律的态度（theonomous attitude）却是一种确认绝对在当下临在的状态，并通过有限的形式来实现。他指出，

25. Ibid., 55–56.

这两种态度并非意味着精神科学被界分和切割成两个相异的论述界域；其实两者皆指向精神科学的最终指涉，就是一种对意义达致满足完成（meaning-fulfilled）的状态，这种实现可通过上述两种态度来完成。依此，自律的和神律的精神科学存在一种怎样的关系？蒂利希认为，神律是指向那“无条件”，并挪用有限形式来掌握“无条件”。两者的关系是辩证性的，单纯的自律态度只是指向空洞的文化形式，单纯的神律态度只是指向内容。精神意识指向意义的个别形式及其联合，即文化；精神意识指向无条件意义，也是意义的实质（import），即宗教。两者并不分割，宗教不能脱离意义形式的综合来指向无条件的意义。文化是精神活动的整体，它承载着无条件意义；蒂利希认为意义、践行的追寻仍然以意义的联合为目标，因此凡是追寻意义的领域都不可能具有隔阂和层级性。

在中世纪，神学以神律和自律并存；直至中世纪后，神学中的神律产生变化而成为他律，自律则变为理性，导致神学变成诸科学中的一员。因此，神学遇到的困难是变得他律式和理性式（heteronomous and rational），意指一方面神学成为世俗一门理性学科（secular-rational science），这驱使神学演变成为一种宗教科学（science of religion）或基督宗教科学（science of Christian religion）。这种所谓的宗教科学并非蒂利希所提出的那种，而是将神学化约为研究宗教群体的经验性科学。虽然，这种理解正确地指出神学对象并非超自然主义的上帝，但神学却会被其他学科所取代而无法具备自身的独立性。另外，神学亦可能成为宗教性的他律学科，这种理解保持着神学的独立性，但却忽略了精神科学中自律精神活动的价值；并且，将上帝视为探索对象，这容易造成知识体系的割裂。所以，神学要试图避开这两种困局，以求回到神律与自律相结合的综合。

六、从早期的科学体系到晚期的系统神学

表面上，蒂利希晚期在美国完成的系统神学并没有如早期般将神学作为科学来理解。但这种陈构形式上的差异，并没有影响两者之间的延续性。首先，神学作为科学和有关的讨论并非完全没有出现在他晚期的体系中。相反，在卷一论及系统神学的本质时就讨论了科学的问题。蒂利希指出科学性的神学无论以经验性的归纳方法或形而上学式的演绎方法，皆需要预设某种的宗教先验性（religious *a prior*）原则。

> 倘若在“科学”过程中，此先验被发现，则这种发现只能因以下情况而可能：就是它从开端时就临在。这是一个宗教哲学家无法逃离的学圈……每种精神性事物的理解（*Geisteswissenschaft*）皆是循环的。[26]

蒂利希在此首次提出神学圈的概念，进入神学圈意指进入神学的活动和思考。但他强调神学预设具体性和独特性，这种对独特性的追求使得神学活动有别于哲学对对象的普遍性追求。所以，宗教哲学易于把基督教以某种宗教来看待，无法处理神学

26. Tillich, *Systematic Theology*, vol.1, 9.

对具体启示的坚持；但神学若要保持与其他学科共同拥有的科学性，它所掌握的所谓科学性就不能是一般意义上的科学（ordinary sense of science），[27] 而是带着强烈宗教意义上的神律的终极关切。因此，恰如他早期所强调的，神学在整个精神科学中的价值并非在众科学以外另设一门，而是在诸科学中寻找和提供终极关切的神律意义。他在晚期同样指出："一个人是神学家是指他承认神学圈的内容成为他的终极关切。"[28]

其次，晚期的蒂利希在一篇讨论神学方法的问题文章中，[29] 再次就认知方法和对象间的问题做出展述。这亦是他早期的关切：在建立诸科学体系时特别关注认知对象和方法间的关系。他非常反对方法先行的观点，他认为方法应该由研究对象来决定；由于研究对象的复杂性，方法论也应该是开放的。倘若排他地运用单一方法，结果往往会化约和耗损了对研究对象的认识。蒂利希认为决定认知活动如何运作有三个要素：思维自身结构、认知对象自身结构，以及两者结构间的关系。其中，认知活动最重要，且最终无法离开"相遇"（encounter）；他认为这种与认知对象的相遇是"前反思理论性的"。就神学而言，认知活动之所以是神学性的，是由于认知者与对象进入一种"宗教性"相遇，也就是终极关切。[30]

依此，他又提出早期架构中的"宗教哲学应先行，神学则

27. Ibid., 9–10.
28. Ibid., 10.
29. Paul Tillich, "The Problem of Theological Method," in *Paul Tillich: Theologian of the Boundaries*, ed. Mark Kline Taylor (London: Collins Publishers, 1987), 126–140.
30. Ibid., 128.

随后”的理解。[31] 蒂利希指出，宗教哲学试图以抽离的身份来描述这种相遇，神学却带有“实存地”参与；但哲学自身又并非纯然抽离，对于实在和意义总是带有某种投入的实存性。因此，蒂利希一方面反对神学的绝对主义，以为可以完全漠视宗教哲学的作用和地位；另一方面他又反对相对主义，以为神学应该被消融于宗教哲学之内。[32]

蒂利希提及神学是“实存”和“对终极关切的方法论诠释”，后者所指的是它必须关联于经验的整体。意指神学对象是特定的，一切连于终极关切的皆是研究对象，同时也是普遍的，并没有任何对象被排拒在对象范围以外。当蒂利希提到神学活动必然在具体真实的宗教传统内进行时，他是指“神学圈”的概念，并指出神学因此是“实存的”；“信仰”在蒂利希的理解中并非指神学人的个人信念，更不关乎他信念的强弱，而是积极活跃参与在基督教传统当中。蒂利希非常强调基督教神学是教会的本质性功能，离开教会就没有基督教神学，因此它是实存的。他后期著作里所强调的实存性，正是早期作品中的神学具体性，及他所强调的“立场”：神学的目标是从一个具体立场，基于宗教哲学的范畴建立起一套宗教的规范性体系。[33]

继而，就神学与其他科学的关系而言，蒂利希在晚期明显放弃了早期在一个知识体系中处理这问题的尝试，而倾向把这

---

31. Paul Tillich, “The Problem of Theological Method,” in *Paul Tillich: Theologian of the Boundaries*, ed. Mark Kline Taylor (London: Collins Publishers, 1987), 129.
32. Ibid.
33. Tillich, “On the Idea of a Theology of Culture,” 157–158.

个重要的讨论，放置在神学和哲学的关系中去理解。[34] 他认为，神学一旦被认为是一门独特的知识，有特别的研究对象和方法时，它就需要回答神学如何关联于其他学科的问题。究竟神学与其他科学有何关系？它与哲学又有何关系？就蒂利希而言，前者已经由神学的两个形式判准来回答，[35] 简而言之，神学与其他诸科学的分别是：神学只以终极关切之物为对象，除此之外，一切皆无涉于神学活动，而这些知识的结果也无关乎神学。但是，蒂利希又指出，神学完全关联于其他诸科学，关键在于对“哲学”的理解。

神学和哲学皆关注存有论问题。就蒂利希而言，哲学就是对整体存有的智性探索，存有论问题是最根本和基础性的。并且任何哲学探索都无法摆脱存有论前设，意指任何哲学的追问都必然追问到存有的结构、范畴和概念。依此，当与整体存有相遇时，就是与存有的结构相遇。哲学是追问存有的结构，神学是追问在存有结构中终极地关怀我们之物；神学对象并非诸对象中的一物，但那终极之物必然通过存有整体结构与之触碰。依此，这种追问也是批判性的（critical），这种康德意义上的对相遇对象之认知可能条件做出规定，也就是让认知经验成为可能的一般性结构，对这种结构的追问就是存有论的追问。[36] 但神学和哲学并不因为同样追问存有论问题而变得失去独特性。哲学活动的认知态度是客观和抽离的，相反，神学永远是具有

34. Tillich, *Systematic Theology*, vol. 1, 18.
35. Ibid., 12–14.
36. Ibid., 18–21.

实存性和处于神学圈内的。其次，哲学活动永远在相同的“逻各斯”（*logos*）运作下完成，在主体理性和客体理性的同一律原则下达致联合，而神学认知活动是借成肉身的“逻各斯”。并且，神学永远在探索整体存有，是连于信仰的主要象征。最后，蒂利希在晚期得出神学与哲学既非冲突也非综合的结论，[37] 其主要原因是两者皆没有共同的平台使之冲突或综合。正如他早期的构想，神学的存在并非与其他精神科学相平衡而存在的学科，它是就当中的意义构成提供规范性和具有宗教立场的观点。所以，神学与哲学的联系，正如与其他学科的联系，是一种神律式的意义贯注，而非与之平衡而行的状态。

此外，就整个神学规划，早期的规划是“宗教哲学–宗教的文化史–神学”，三者相互联结和互相影响。晚期的体系性神学在形式上明显没有再坚持这种三分法。在神学的组织上，蒂利希似乎倾向“护教学–教义学–伦理学”的结构。[38] 但很明显的是，护教学与伦理学也没有分开特别处理，而是结合在教义学当中。据他的理解，教义学本身就是一种护教学，并且也是一种神学的伦理学。但值得注意的是，当他讨论神学的方法和结构时，[39] 他似乎又再次探讨他早期的科学体系。神学的广泛源头来自宗教文化历史（history of religion and culture），此学科提供语言素材给神学思考，更特别的是蒂利希认为，

---

37. Tillich, *Systematic Theology*, vol. 1, 26.
38. Ibid., 32. 这种三分法与蒂利希早期的 1913 年系统神学手稿十分相似，该手稿见 Paul Tillich, “Systematische Theologie (1913/14),” in *Paul Tillich Main Works/Hauptwerke*, vol. 6, ed. Gert Hummel, 63–82。
39. Tillich, *Systematic Theology*, vol. 1, 34–40.

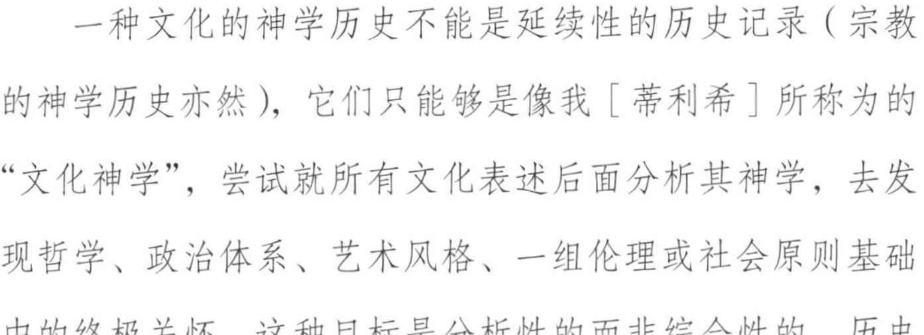

> 一种文化的神学历史不能是延续性的历史记录（宗教的神学历史亦然），它们只能够是像我［蒂利希］所称为的“文化神学”，尝试就所有文化表述后面分析其神学，去发现哲学、政治体系、艺术风格、一组伦理或社会原则基础中的终极关怀。这种目标是分析性的而非综合性的，历史性而非体系性的。这些都是为系统神学家的工作作准备。[40]

接着他强调，神学分析需要联结于现代思潮、艺术、科学、社会运动的历史（精神生活的历史）而进行。[41] 可见，晚期的蒂利希并没有完全抛弃早期的构想。文化神学应被理解为“规范性和具体性神学建构的预备工作”，它找寻文化的宗教意义，指出终极关切所在。而体系性神学工作则是以具体的基督教传统立场来为这种文化神学提供规范性内容。依此，蒂利希早期所谓的宗教哲学和宗教的精神史已被他晚期的文化神学工程所取代。

七、总　结

神学作为科学的讨论之重要性不仅关乎神学在人类知识体系中的位置，它更涉及神学的自我理解和定位，以及它与其他科学间的关系。上述问题的答案直接与神学在大学中的合法性和认授性有关。随着现代精神的挑战，中世纪的神学作为科学之母的理想已经不能逆转；近代及当代神学的种种努力皆在不

40. Tillich, *Systematic Theology*, vol. 1, 39.
41. Ibid., 40.

同程度上回答上述的问题。但似乎在这些讨论中，蒂利希的贡献未受重视。[42]

蒂利希认为神学作为神律的规范性科学，这一观点很值得注意。他拒绝将神学作为一独立学科而存在，避免神学与其他科学相冲突的处境出现；但同时肯定神学有其独特存在的价值，这价值不在于完全采纳其他现代性科学的方法论，也不在于坚守一种维护传统权威的启示学说。可见，蒂利希的观点与现今以文化研究或宗教研究取代神学的潮流相抗衡，同时亦对自划界限的神学自足性论述提出抗议。神学在神律的理解下，让其他科学得到自律性的实现，抗衡任何他律的压迫，让一切人类知识中的终极关切被获取。

---

42. 例如，潘能伯格（Wolfhart Pannenberg）的重要作品《科学理论与神学》（*Wissenschaftstheorie und Theologie*）对蒂利希的《诸科学体系》只字不提，参 Pannenberg, *Theology and the Philosophy of Science*, tr. Francis McDonagh (Philadelphia: the Westminster Press, 1976)。

第七章
文化神学

本章尝试联结蒂利希的上帝观和创造论，并以三一论和圣灵论为核心来分析一种文化神学。首先，笔者会指出蒂利希那种以上帝作为存有根基的理解，最终须以一种三一论神学来理解，这种三一上帝观又会以圣灵论来表达上帝生生不息的内涵。最后，作为万物存在根基的三一上帝，其本身的创造性力量不仅仅提供一种既超越又内蕴于世界的创造论；蒂利希更从这点推展出一种圣灵论式文化神学。

一、作为存有自身和根基的上帝

蒂利希清楚地指出上帝是作为存有自身（being-itself）的上帝。[1] “存有自身”是上帝的属性而非上帝自身。因此，“存有自身”并非上帝，相反，上帝是存有自身。[2] 在蒂利希的理解中，

1. Tillich, *Systematic Theology*, vol. 1, 235.
2. 罗伯特·萨勒曼指出，蒂利希使用“存有自身”一词时，是应用谢林的 *das Seiende selbst* 而非海德格尔的 *das Sein selbst*。在谢林的哲学中，（转下页）

上帝并非一存有物（a being），甚至并非最高最完美的存有物，他是所有存有物的存有根基（ground of being）。[3] 所有有限的存有都参与在存有自身当中，而上帝作为存有自身则成为存有物的能力（power of being）而使之存在。

在蒂利希以上帝作为存有自身的理解中，上帝本身是既内蕴又超越。上帝是超越的，因为作为存有自身的上帝在绝对意义上并非任何一存有物，“作为存有的能力，上帝超越所有存有物和诸存有物的总和”；[4] 因此，上帝作为存有自身超越有限与无限。所以，蒂利希的“上帝之上的上帝”（*Gott über Gott*）正是指出上帝的超越性。“上帝之上的上帝”并非指存在着一个超级上帝（Super-God），而是我们不能从存有物中推演上帝，“因为上帝并非诸事物中的一件，他超越世界上的诸事件并所有主体”。[5] 另一方面，上帝又是内蕴的。所有有限的存有皆在其无限中，上帝是作为这些有限存有的根基和能力。总而言之，存有自身（上帝）与诸存有之间的超越与内蕴关系构成了上帝作为存有自身的两重特性：

> 我们称之为创造性时，指的是“每一事物都参与了无限的存有之力量”这一事实；我们称之为深渊性时，指的

（接上页）因为上帝就是存有自身的那一位上帝，因此存有自身是作为上帝的属性而被理解，见 R. P. Scharlemann, “Tillich on Schelling and the Principle of Identity,” *The Journal of Religion*, vol. 56, no. 1 (Jan.1976), 105–112。

3. Tillich, *Systematic Theology*, vol. 1, 235.
4. Ibid., 237.
5. Paul Tillich, “The God above God,” in *Paul Tillich Main Works/Hauptwerke*, vol. 6, ed. Gert Hummel, 420.

> 是“每一事物都以一种有限的方式参与存有的力量，以致一切存有都被其创造性基础无限地超越”这一事实。[6]

其实，蒂利希的上帝观正是努力要在一种超自然和自然的上帝观中找寻一条出路，他既不认同一种早期巴特式的“上帝与世界仅仅二元对立”，同时又反对一种“上帝的本质完全等同于世界”的斯宾诺莎式一元论。蒂利希认为，上帝“在”（in）世界和“超越”（above）世界都是误导性的说法，两者都不能正确地理解上帝与世界的关系；上帝是诸存有的创造性根基，他比他们更接近他们自身，由此说上帝既非与诸存有并排地存在，亦非在他们之上而存在；上帝的自我超越（self-transcendence of God）正好表明上帝无限地超越世界但亦为世界的根基。[7] 同时，有限的自由（finite freedom）亦赋予造物与上帝建立一种既离又合的关系——一方面造物与上帝保持实质性的联合（substantial unity），另一方面前者又与后者有着相对的独立性。[8] 当然这只是起步，蒂利希的上帝观并不以存有自身和存有根基为终点，相反，我们需要探讨他的三一论，因为上帝作为鲜活的上帝是以三一论来理解的。

二、作为鲜活的上帝的三一论理解

蒂利希的上帝观并非静态的，上帝作为存有自身并非意指上帝是一种存在于理型世界的柏拉图式理念，相反，他是鲜活

---

6. Tillich, *Systematic Theology*, vol. 1, 237.
7. Tillich, *Systematic Theology*, vol. 2, 7.
8. Ibid., 8.

的上帝。其次，他使用“上帝”一词时，他的用法十分广泛。若我们只停留在上帝作为存有自身，则只会片面地理解他的上帝观。[9] 所以，我们需要探讨“鲜活的上帝”观。

基督教的上帝是鲜活的，意指我们可以使用“鲜活”（living）此象征来言说上帝。“鲜活”其实是指一个进程，一个由潜存存有成为真实存有的进程（process of potential being becomes actual being）。因此，鲜活的上帝同样指上帝是在一种生生不息的状态中，但蒂利希同时抗拒一种将上帝视为“未济”（not yet）的状态，他认为，

> 若我们说上帝是存有自身（being-itself），即同时包括静止（rest）与生成（becoming），静态与动态因素……当论及“生成”时，上帝则破坏动态与形式间的平衡，并使上帝从属于一进程之内，这进程具有一种命途的特性，或者说是完全对未来开放并具有一种绝对偶然的特性。在这两种情况下，上帝的神圣性都被破坏。[10]

可见，蒂利希对将上帝仅仅视作一进程的神学理解是表示保留的，原因显然是进程的上帝观会将上帝完全放置在生命进程的运动下，上帝的无限性将被有限的进程所吞没。他明言存有论元素的两极特性（polar character），即个体化和参与、动

9. David H. Kelsey, *The Fabric of Paul Tillich's Theology* (New Haven & London: Yale University Press, 1967), 155.

10. Tillich, *Systematic Theology*, vol. 1, 247.

态和形式、自由和命限，皆根源于神圣生命，而神圣生命并非从属于这种两极性（polarity）中。[11] 由于生命是一进程，故此任何只有分离而没有联合，或只有联合而没有分离的阶段都会使生命停滞不前。[12] 因此，当蒂利希使用"鲜活"这象征时，他指出作为鲜活的上帝必须注意到：拒绝接受上帝作为存有的纯粹同一（pure identity），这避免将上帝视作一完全静态的存有物。故此，在上帝的存有中，分离（separation）与重合（reunion）构成的永恒进程将成为上帝的鲜活性。

倘若所有的生命进程都包含分离和重合，甚至上帝本身都不例外的话，蒂利希认为三一论的诠释框架是最理想的象征，能以此来理解上帝这种生命的鲜活性。他承认三一论象征是对人实存境况最完整的答案，[13] 并且基督教的启示亦是建基于对神圣生命与其自我彰显的一种三一论理解。[14] 他的三一论特色在于其辩证的特质，这种特质正好与生命的进程互相呼应。

> 它［辩证法］预设实在自身是通过"是"与"否"，正面、负面、正面而发展的，这种辩证法尝试反映实在的进程，它是生命哲学的逻辑表达，因为生命亦是通过自我肯定，从自身离开与回归自身而发展的。[15]

11. Tillich, *Systematic Theology*, vol. 1, 243. 有关蒂利希神学与进程神学的关系，可参 Edgar A. Towne, *Two Types of New Theism* (Berlin and N.Y.: Peter Lang, 1997)。
12. Tillich, *Systematic Theology*, vol. 1, 242.
13. Tillich, *Systematic Theology*, vol. 3, 285.
14. Tillich, *Systematic Theology*, vol. 1, 157.
15. Ibid., 234.

因此，上帝本身亦经历这种三一阶段的发展：自我肯定，自我舍弃与自我重合。而三一论正是以辩证的框架去理解上帝生命中这种内在的运动进程。首先，蒂利希指出，三一原则的第一项原则是上帝神格（Godhead）的基础，它是构成上帝之为上帝的原则；此原则表示出神圣生命的深渊性，并将上帝的深层奥秘加以保存。[16] 其次，第二项原则是“逻各斯”（logos），

> “逻各斯”打开了神圣的基础，打开了它的无限性和它的黑暗，它使其“完满”变成了可以区分的、确定的、有限的。“逻各斯”被称为神性深度的镜子，上帝自我客体化（self-objectification）的原则。[17]

上帝自我客体化就是指上帝本身从自身中分离自身，这项原则正好体现了生命进程中的分离。而第三项原则是灵（Spirit），它把前两项原则实现起来，并结合力量与意义，并使它们成为创造性。

> 第三项原则从某方面来说就是整体（上帝就是灵），它是一项特殊的原则（上帝拥有灵正如他拥有道）……他（灵）把现实性赋予了在神圣基础上是潜存的、在神圣之道中“被说出”的东西。借着圣灵，神圣的完满性作为某种确定的东西被安置在神圣生命中，同时它也被重新统一在

---

16. Ibid., 156, 250.
17. Ibid., 251.

神圣基础之中。[18]

在第三项原则中，蒂利希指出一项重要的意义："有限者被作为有限者安置在生命的过程之内，但是它又与无限者被重新统一在同一过程之内。"[19]

由于圣灵将有限与无限互相联合起来，以致上帝作为无限者与所有有限的存有都得以统一起来，但这种统一的意思是有限者得以参与在无限之内，故此，两者仍然可以区分开来，但他们并非隔绝。[20]蒂利希指出上述的分析是作为一种三一论原则（trinitarian principle）而出现，这并不能等同于基督教的三一论教义（Christian doctrine of the Trinity）。前者是作为后者的预备和前设，而后者的讨论是需要就基督论的讨论而得出的。"三一论原则是基督教三一论教义的必要而非充分条件。"[21]

三、三一论结构作为人对终极和具体的综合

人的宗教关切具备两重结构：一是要求一种具体性（concreteness）——在人心灵的深处需要对一些具体的东西有所接触（encounter），亦即位格性接触（personal encounter）——唯有一种"我-你"（I-Thou）的关系中，人的宗教关切才得以满足；二是要求一种终极性（ultimacy）——这种关切中一定需要带有某种终极对象和终极内涵，使得关切的终极性超越有

18. Tillich, *Systematic Theology*, vol. 1, 251.
19. Ibid.
20. Ibid.
21. Pan-Chiu Lai, *Towards a Trinitarian Theology of Religions*, 152.

限、具体和初步的关切保持下去。这两重宗教关切（具体的和终极的）又指向蒂利希上帝观的两重特征：上帝作为存有自身（Being-itself）和上帝作为有情意和位格的上帝（personal God）。前者（存有自身）对应人宗教维度中的终极性要求，而后者（位格性上帝）则对应人宗教维度中的具体性要求。问题是蒂利希如何在理论上结合上帝作为存有自身和具有位格性。

蒂利希在《系统神学》（卷一）中清楚指出：

> 位格性上帝（Personal God）并非指上帝是一个有位格的人物（God is a person）。其意思是上帝是所有位格之存有的根基（ground of everything personal），并且他在其自身中承载着位格性的存有论力量（ontological power of personality）。他并非一位格之物，但他不会比位格性更少（not less than personality）。[22]

蒂利希的意思似乎是当我们言说上帝为一位格性上帝时，是指向上帝作为位格存有（personal beings）的根基和能力；故此，他似乎倾向将“存有自身”作为某种支持位格性上帝的终极基础。在《系统神学》（卷一）出版的同一年（1951），蒂利希在一次演说中表示了这种立场：

> 作为一存有（a being）的上帝是被作为存有自身（Being itself）的上帝所超越，此存有自身是所有存有的根

22. Tillich, *Systematic Theology*, vol. 1, 245.

> 基和深渊。并且作为一位格（a person）的上帝是被作为位格自身（Personal itself）的上帝所超越，此位格自身是所有存有的根基和深渊……存有（being）和位格（person）并非互相矛盾的观念。存有包括位格的存有，它并不否定后者。存有的根基就是位格存有的根基，而非否定他。存有的存有论问题并没有制造冲突，反而为位格性上帝的圣经概念提供了理论上的必要基础。[23]

由此可见，蒂利希并没有将上帝作为存有自身和上帝作为位格性上帝放在同一个存有论层次来考虑，易而言之，他的存有论优先于神-人间的位格接触（divine-human encounter），但同时他又没有抹杀位格性上帝和人之间接触的重要性，他甚至于将这种有情意的接触赋予一种存有论的优先性（ontological priority）。因此，当士度勤（Wessel Stoken）认为可以以一种"互补性的悖论"（paradox of complementarity）概念来将"存有自身"和"位格性上帝"放在同一水平上相互支持时，就好像电子的粒波二象性一样，实际上这是误解了蒂利希的意思。[24] 但似乎蒂利希的解释仍然未能使人满意。因为上帝作为存有自身的终极概念明显是非位格的（impersonal），[25] 而神-人接触是

23. Paul Tillich, *Biblical Religion and the Search for Ultimate Reality* (Chicago: University of Chicago Press, 1955), 82–83. 这是1951年在维多利亚大学的演讲。德语版的蒂利希全集将题目改为"Biblische Religion und die Frage nach dem Sein"似乎比英语书名更能反映蒂利希所要处理关于存有（Being）和位格（Person）之间的理论问题。

24. Wessel Stoken, "The Paradox of Complementarity in Tillich's Doctrine of God," in *The Theological Paradox/Das theologische Paradox*, ed. Gert Humme (Berlin: Walter de Gruyter, 1995), 118–119.

25. 当然，非位格性不等于反位格性。

具体的位格性，两者怎样可以在理论上结合呢？[26] 蒂利希似乎倾向以终极关切的终极性和具体性需求去结合两者。

人的终极关切之具体性是驱使追寻一种多神论结构（polytheistic structures），而人的终极关切中的终极性则引导追寻一种一神论结构（monotheistic structure）。故此平衡两者的需要就引导出并指向一种三一论结构（trinitarian structures）。[27] 正如上文所言，这种三一论结构又是鲜活的上帝的构成要素。在鲜活的上帝中，三一论的辩证原则是体现上帝鲜活性的表现。而蒂利希认为，人对终极和具体的渴求可以在这种三一式一神论中找到综合。[28] 因为在第一原则（圣父阶段）中，上帝是作为存有的根基，这表现出一种终极性和超越性，但具体性和位格性却没有被凸显；而在第二原则（圣子阶段）中，上帝是以神–人的形态出现，蒂利希认为"在这里那位绝对超越和不可言传的上帝变成具体和临在于时空下的那位"。[29] 这位具体出现在时空下的上帝，从终极走向具体，从非位格走向位格。基于生命进程的分离和重合的运作，圣子阶段是以"分离"的形态出现，圣子所表现的是有限（finitude）和非存有（non-being），这种对具体有限世界的认同是将无限和有限打通的第一步。基于上帝生命进程的第二阶段，这种完全隔离的状态得以说是对他者的他性（otherness of other）的肯定，因为在上帝的生命中

---

26. Hans Schwarz, "Open Questions Concerning a Personal God in Paul Tillich's Systematic Theology," *God and Being / Gott und Sein*, ed. Gert Hummel (Berlin: Walter de Gruyter, 1989), 188–189.
27. Tillich, *Systematic Theology*, vol. 1, 221.
28. Ibid., 228.
29. Ibid., 229.

容许及包含这种有限和他性存在。[30]

> 上帝是无限，因为他具备有限（非存有元素属于有限性）于其自身，并与其无限性联合起来。[31]

可见，在蒂利希的神学中，三一上帝作为鲜活的上帝，其内涵十分丰富——不单将上帝理解为一鲜活的上帝，甚至超越和内蕴，无限与有限，终极和具体的对立都包含在上帝的进程生命中。而这种鲜活自由的上帝观在蒂利希的神学中与圣灵论有着密切的关系。

四、蒂利希的圣灵论

（一）圣灵论式上帝观

蒂利希将上帝理解为存有自身（being-itself）、存有的根基（ground of being）及存有的力量（power of being）。[32] 上帝并非一种静态的存有，他是万物得以存活的可能，上帝作为存有的能力是指众生得以存在的力量，这种力量成为万物对抗被摧毁的无限力量。作为一种众生存在力量的根基，上帝必然需要超越有限的存在，但同时，上帝倘若没有内住众生之中，他亦不能与万物克胜摧毁存有的力量，所以，他必然内住在万物之中。

---

30. Tillich, *Systematic Theology*, vol. 3, 284.
31. Tillich, *Systematic Theology*, vol. 1, 252.
32. Ibid., 235–236.

上帝这种超越性和内蕴性，在蒂利希的理解中可以在上帝作为“鲜活”和“灵”的象征中全然彰显。上帝的鲜活性是一个三一的辩证进程，三一进程包含着分离和重合的阶段，[33] 但蒂利希认为“作为鲜活的上帝是上帝在自身里的完成而成为灵”。[34] 可见，对他而言，要理解上帝的鲜活性要在灵的维度下阐析——上帝本身就是灵，[35] 因此，就蒂利希而言，圣灵论并非单单探讨圣灵作为三一上帝第三位格的教义，而是整个有关上帝的讨论都需要在上帝作为灵的圣灵论中展开。圣灵论就是上帝论，而并非相反。

其实，早在 1910 年蒂利希讨论谢林的宗教历史的博士论文中，已经指出上帝作为完美的灵（perfect spirit）不局限于三一上帝中的第三位格；上帝作为灵是自由的，这种自由甚至超越自身作为灵的存有。[36] 蒂利希一直重视上帝这种无条件性和无限制的自由，这种自由在作为灵的上帝身上获得充分的发挥和彰显；同时，正因为上帝这种自由而使得上帝是主（Lord）。上帝的主权不单对造物而言，更在他自身的存有中。故此，这种对上帝自由与主权的高度重视与卡尔·巴特可谓相互辉映。[37]

---

33. Tillich, *Systematic Theology*, vol. 1, 242–243. 另参拙文陈家富：《圆离之间：论牟宗三与田立克的上帝观》，载于《道风：基督教文化评论》第 16 期（2002 年春），229–248。
34. Tillich, *Systematic Theology*, vol. 1, 249.
35. Ibid.
36. Paul Tillich, *The Construction of the History of Religion in Schelling's Positive Philosophy*, tr. Victor Nuovo (Lewisburg: Bucknell University Press, 1974), 61.
37. Ibid., 66–70. 德国观念论中有关上帝作为灵（*Geist*）的观点，对巴特就上帝的主权和自由的理解有深刻的影响，详参 R. P. Scharlemann, “Schelling's Impact on Protestant theology,” *Inscriptions and Reflections: Essays in Philosophical Theology* (Charlottesville: University Press of Virginia, 1989), 92–108。

因此，就蒂利希而言，三一论的基督教教义之所以可能，是建基于基督论的陈述；倘若没有基督的道成肉身，我们将无法谈论三一上帝。但他更清楚指出，三一的原则和基督教的三一论教义是有区别的，前者是后者之所以可能的条件。[38] 上帝的生命就是一种作为灵的生命，这种生命是以一种三一原则的形态出现，而三一原则就是指上帝鲜活的辩证进程。上帝作为灵的生命亦是万物生命中的灵。蒂利希强调灵乃生命中的内在目标（*telos*），[39] 万物向着灵的层次进发；灵乃是存有的力量，通过此力量，一切意义的活动才可能，而灵同时亦是意义，它指引众生获得力量来存活。可见，力量和意义得以在灵中结合，而作为灵的上帝就成为这种结合的终极根基。

因此，我们若从灵的维度来理解存有自身，即从圣灵论的视域来诠释上帝论，上帝的生命则是一无穷无尽却又无限丰盛的生命。"上帝的生命就是作为灵的生命"，[40] 一方面，上帝内在的生命不断展现出分离和重合，上帝的灵从自身中"走出"，以"道"言说，一切都参与在上帝的生命中。在这种离合的进程中万物又得以与神圣生命互相参与和交碰，致使整个神圣生命的动态进程不单是上帝内部的生命而已，而整个受造界也牵涉其中，原本一个本应是生命内部的展现，但现在已经涉及外在的生命。所以，对蒂利希而言，上帝的三一生命绝非一种神圣的自我沟通（divine self-communication）而已；外在于上帝的众生亦同时在神圣的生命中开展其生命。虽然他没有使用经世

38. Tillich, *Systematic Theology*, vol. 1, 250.
39. Ibid., 249.
40. Ibid., 250.

三一（economic Trinity）和内蕴三一（immanent Trinity）的用语，但两者互相紧扣的情形在蒂利希的理解中获得充分的掌握。通过灵，神圣的充沛被设置在神圣生命中而成为确定，同时，它与神圣的根基联合。有限之物在神圣生命的进程中被设置为有限，但却在同一进程中与无限结合。有限与无限相区别但不分离。神圣生命是无限的奥秘，但并非无限的空寂；他是所有丰盛的根基，并且他本身就是丰盛。[41]

这种丰盛的神圣生命是以“爱”来理解的。蒂利希认为生命中的离合进程是由于爱使然，爱使分离的得以重合。爱作为一个存有论观念，[42]首要是指上帝作为存有自身是爱，上帝的本体就是爱。当我们论及上帝是灵时，是强调上帝在三中的一，这亦正是蒂利希谈及一神论（monotheism）时，其中的“一”实际上是一种“全体的一”（*das all-Eininge*），而并非孤立的一。[43]因此，上帝中的“一”必然是以爱来理解，圣灵是上帝的“一”，这种“一”是三的一，而三所强调的生命进程又是以爱来理解的离合。可见，神圣生命的全幅展现是在爱当中的彰显。蒂利希就圣灵与爱的互相诠释显然深受黑格尔影响，在黑格尔的早期思想中，爱成为存有互相联结的力量，它使一切分离、矛盾之存有皆得以复合和重整。[44]对黑格尔而言，上帝和世界的差异亦在这种生命的离合中被打破。作为绝对的灵

41. Tillich, *Systematic Theology*, vol. 1, 251.
42. Ibid., 279；另参 Tillich, *Love, Power and Justice*, 24–25。
43. Tillich, *The Construction of the History of Religion in Schelling's Positive Philosophy*, 62.
44. Hegel, “Love,” *Early Theological Writings*, tr. T. M. Knox (Philadelphia: University of Pennsylvania Press, 1971), 302–308.

（absolute spirit）的上帝在世界的全部生命进程中显现自身，万物（尤其是人的心灵）皆成为神圣生命的自我彰显。[45] 作为灵的上帝和有灵的人在本质（essential nature）上不再分隔，上帝成为承载万物的载体，万物亦在上帝的生命进程之中与上帝一同进展。所以，在蒂利希的理解中，黑格尔将上帝生命的深处视为万物的生命，而万物又在灵的三一进程中，因着爱的力量而使一切生命得着复和及再生；由于上帝作为灵是一种爱的生生不息的展现，万物亦因此而在一种动态的进程中。[46]

（二）圣灵论的创造教义

上帝自身的生命本身就是创造性的。对蒂利希而言，离开上帝作为神圣的生命而去讨论“创造究竟是上帝偶然性的行动抑或是必然的行动”是没有意义的。自由（freedom）和命定（destiny）的两极存有论元素是包含在上帝自身之内但却被上帝所超越的，因此，没有什么东西对上帝而言是偶然或必然的。正如上文所述，整个创造都在上帝的生命中，上帝是万有的根基和得以存在的力量。但蒂利希却指出，万物虽然参与在上帝的生命进程中，但万物并非因此等同上帝的生命，这是蒂利希与黑格尔的分别。上帝作为灵的生命之所以是丰盛的生命，并非仅仅由于万物参与其中，万物本身的他性（otherness）是使得生命与生命的交碰得以丰富的原因。就蒂利希而言，世界和

45. Tillich, *A History of Christian Thought*, 417.
46. 对黑格尔的三一理解，尤其是三一在其整个哲学系统中的地位，可参 Cyril O'Regan, *The Heterodox Hegel* (Albany: State University of New York Press, 1994)。

上帝处于一种“即合即离”的关系：“合”当然是指上帝作为灵与万物一同在生命辩证的开展中，“离”就是指万物在实现其生命的目标时离开了存有的根基；而上帝作为灵的生命则是万有与上帝分离后的创造性力量，蒂利希称这种创造为持续性的创造（sustaining creation），意思是创造本身是有其目标（*telos*）的，这种目标是内在于众生的结构中而非外在添加的，所以，蒂利希喜欢用目标而非目的（purpose）。[47] 万物作为被造物是要把目标实践出来，这种自我的实现（self-realization）正是创造的完成；但同时，被造物这种实现生命内在目标却又在某种意义上使自身与上帝分开。人与其余的实在不单在神圣生命的进程“之内”（inside），亦在其“之外”（outside）。人是建基于此，但他并非保持在这根基之内；人为着“站出来”（stand upon）而离开这根基，去实现他的本质，为要成为有限自由（finite freedom）。[48] 整个实在在上帝生生不息的生命之内，而又在他的生命之外。需要注意的是，蒂利希的这种悖论式理解并非指有一处时空是在上帝的生命之外，因为上帝基本上就是存有自身，他就是整个实在。继而从某种意义而言，没有东西在上帝生命“之外”。

可见，这里所指的并非一种有内外之分的空间意象，而是一种质素的问题。“之外”其实是指包括人的整个实在是离开了“本质”（essence）的状态而进到一种“实存”（existence）的处境。所以，蒂利希认为创造（creation）与堕落（fall）是同

47. Tillich, *Systematic Theology*, vol.1, 263.
48. Ibid., 255.

时发生的，创造的完成就是堕落的开始。因为人行使自由去实现自身的潜质，而将整个实在一同带离本质而成为实存，在实存中经历疏离和“非存有”(non-being)的威胁。而蒂利希所讲的持续性的创造，就是使不断面对“非存有”威胁的世界和人，能持续地有一种仍然存在的力量。作为灵的上帝在不断地创造，意思是他本身就是创造，[49] 这并非一种从无到有的创造，这是使万物得以存在的创造，他在每种存在的“在”当中创造，灵的上帝作为存有力量使万有在离开存有根基后仍能“在”。“对上帝持续性创造的信仰就是对实在可作为存有和行动基础结构的延续性信仰。”[50] 对蒂利希而言，实在(reality)之所以是“有”(being)而非“无”(non-being)，乃是上帝的灵将万物在不断流变的进程中使他们仍保持某种恒久的结构，这种持久性元素不单使整个实在是“在”，更将实在的终末维度安置下来。万有本身并非一种静态的存有，它们更是动态和发展性的存有，这种发展性的存有亦将在历史的维度中展开，所以实在的“有”(being)更是“成为”(becoming)，而上帝的灵使万物得以持续存在，他亦必定在历史的开展中成为指导性力量。

（三）一个多重维度中开展的实在远象

蒂利希将上帝理解为“存有自身”时，往往被误解为只强调上帝的内蕴性而忽视他的超越性。其实，他的上帝观正要打破这种内蕴和超越的对立。“上帝既超越又内蕴”这说法

---

49. Tillich, *Systematic Theology*, vol. 1, 262.
50. Ibid.

在他看来，虽然正确但却没有解决根本问题，[51]这个根本问题就是如何恰当地谈论上帝和世界的关系，而他的观点只有在圣灵论的亮光下才能显得通透。正如前文所述，上帝既超越又内蕴，但这只是一种方便的说法而已。超越与内蕴的这种空间性意象（spatial imagery）无法恰当地理解蒂利希的上帝观。他指出，超越性所代表的“之上”（above）和内蕴性所代表的“之内”（in）都受着上下两层空间性的思想象限所限制而无法恰当解释上帝与世界的恰当关系。[52]当我们谈论上帝超越众生时，是将上帝与其他存有物的存有论差异加以区分；但上帝假若被设想成一位高于众生的最高存有（the highest being），空间性的思想象限所凸显的困难就会出现。蒂利希反对这种上帝观时，他并非反对这种超自然的上帝观所强调的神-人差异，而是这种观点假设了一种**生命整合中的二元论**，[53]这种二元论强行将原本整个实在的生生不息而又相互交涉的动态及有机整合的状态截然断裂。因此，蒂利希之所以认为这种思想上帝无限性的做法，只不过是将有限性作无限的延展，[54]其原因之一当然是认为这种做法仍然不能摆脱康德对自然神学的批判；但更重要的是，它将时间、空间、本质及因果律做了截然的二分，俨然有一层超时间、超空间，超本质及超因果律的上层领域存在并驾驭着下层的领域。[55]同时，当我们论及上帝内在于世界时，又将上

51. Tillich, *Systematic Theology*, vol. 1, 262.
52. Tillich, *Systematic Theology*, vol. 2, 8.
53. 其实，蒂利希多次强调无限与有限、绝对与相对、无条件与被制约之间的强烈差异。
54. Tillich, *Systematic Theology*, vol. 2, 6.
55. Ibid., 我们在这里可以明白，蒂利希批判自然神学企图由有限推出无限，而这种自然神学理论完全是康德式的。

帝等同于世界，以致漠视有限与无限的差别。蒂利希在反对这种上帝观的论述时，他也并非反对这种自然的上帝观所强调的上帝与世界的相即关系，而是这种观点**忽视了生命多重整合中的差异性**。上帝确实是在自然之内，但他是自然中生发的力量（*natura naturans*）而并非自然的总体。[56] 因此，为了越过内蕴和超越的困局，蒂利希提出“自我超越”（self-transcendence）这观点，虽然这概念未在《系统神学》中得到详尽和充分的阐述，但他却强调这种上帝观是整部系统神学的基础。[57]

有限的有限性指向无限的无限性，它之所以越过自身是为着要在一个新维度中返回自身。[58] 虽然，蒂利希的解释似乎过分简单和含糊，但他已经指出一个重要之处，就是要重新对整个实在作一个新的理解，这种新的实在观隐含着多重维度之间的交互相接和彼此参与。有限的存有并没有因为有限而被拘禁在有限的维度，无限的存有亦没有因为无限而空悬于无限的维度，但这种相互的交接和参与并没有使得有限被无限化和无限被有限化。要对这种充满动态和创造性的实在观有充分的认识，需在蒂利希的《系统神学》（卷三）第四部分有关生命的整合构成中被理解。

生命是多重维度的整合（life is the multi-dimensional unity）。[59] “维度”（dimension）被蒂利希挪用为描述众生实在的代模（model），代模的转换隐含着对整个实在远象的再思。蒂利希认

56. Tillich, *Systematic Theology*, vol. 2, 6.
57. Ibid., 8.
58. Ibid.
59. Tillich, *Systematic Theology*, vol. 3, 12.

为“层级”（level）这代模并不足以描述整个实在的纵面双向运动，而更有将实在定构为一种阶层（hierarchy）的危险。[60] 实在一旦被视为多层的阶梯，相互的交往就只会由上层的操控和下层的反抗所主宰；[61] 而在维度中，存有的诸界域不可互相干涉；深度不会干涉宽度，因为所有维度皆在同一点中相遇；它们穿过但不骚扰对方；在维度之间没有冲突，所以，“维度”这隐喻代替“层级”这隐喻是代表与实在的一种相碰。在实在中生命的整合被视为越过其冲突，这些冲突不会被否定，只是它们不会是由于层级的阶梯所产生的；他们只是所有生命进程含混性的后果而已，并且它们（含混性）被克胜而不会使一方摧毁另一方。[62]

当然，蒂利希在这里所建构的远象是非常丰富和具有动态性的，多重维度包括了无机的物质界域、有机的生物界域、心灵的精神界域与历史进程，以及神圣的生命；简而言之，就是指整个自然、人的个体和社群、由人所开展的人文世界和神圣世界；这个并非严格意义上的划分，因为是多重的整合，所以是互相重叠的。人的心灵（human spirit）又开展了生命精神的自我整合的道德和社群领域、生命精神的自我创造的文化领域，以及生命精神的自我超越的宗教领域；所以，生命是一个丰富的象征，当中不但包含大地的众生，更展现出人类的道德、文化及宗教生命的不同形态。可见，蒂利希企图将人类心灵的各

60. Tillich, *Systematic Theology*, vol. 3, 13.
61. Ibid.
62. Ibid., 15.

种活动（道德、文化及宗教）与各种物质和生命的形态作一种有机的整合。不同的维度有独立的发展，但它们又交涉在一起；在某一维度中，其他维度又以不同的状态存在。[63] 因此，在这种生命的多层维度的相互交接和紧扣的动态实在中，单单谈“之上”和“之内”就显得十分单薄和不足。

作为灵的上帝永远不是一个孤立的个体，要谈圣灵，就一定要紧扣圣灵的“在”来阐析，这亦正是蒂利希认为圣灵论就是指“属灵在场”（Spiritual Presence）的原因。这种临在是“上帝临在于群体与个体中，抓着他们，光照他们和转化他们”。[64] 由于生命的多重维度的复杂性，它包含了诸生命形态的可能，故此，上帝的灵的“在”必然是在诸生命中；[65] 这种“在”并非单单一种寓居其中的生命，相反是一种在诸生命形态中出现的含混性的克胜而达到本真性之生命的过程。[66] 可见，上帝的灵作为存有自身就永远不是与众生一同“在”的存有（Being）而已，他更是与众生克服实存所带来的诸种疏离的力量，故此，圣灵更是动态的存有（Becoming），它亦是一种启示和救赎。[67] 在蒂利希的理解中，圣灵的临在所彰显的力量和意义当然要在万物的生命深处产生，所以，他经常谈论圣灵的“在其之内”

63. 蒂利希这种观点与佛教华严宗的“一即一切，一切即一”有相似性。
64. Paul Tillich, *The Eternal Now* (NY: Charles Scribner's Sons, 1956), 84.
65. Tillich, *Systematic Theology*, vol. 3, 107–108.
66. 蒂利希较常用“非含混性的生命”（unambiguous life）这术语来指称圣灵在场下诸生命的维度得着从含混转化为非含混的阶段。而这亦是一种诸生命经由“本质”（essence）转到“实存”（existence）而后回到“本质化”（essentialization）的过程。笔者使用“本真性的生命”来形容“非含混性的生命”是考虑到生命被圣灵转化后回归到原初的本质，这本质带有一种原本和真实的内容。参 Tillich, *Systematic Theology*, vol. 3, 400, 410, 421。
67. Tillich, *Systematic Theology*, vol. 3, 108.

（in），在众生之内，在人的灵之内。但蒂利希清楚指出没有恰当理解圣灵的主权和独立性（自由），我们就无法明白圣灵如何由外而内，实情是我们是被上帝的灵抓住而非我们抓住上帝的灵，[68] 是灵进入我们中而非我们凭己力进入圣灵当中；其次，圣灵的内住（in）是要引导人的灵的外往（out），[69] 因此，上帝的灵与众生的关系是经由灵的进入，在内部的克胜和救治，再重新返回自身当中。由于生命多重维度的透入，各众生的界域不会因圣灵的进入而被摧毁，但却因为圣灵临在所带来的力量和意义而做出自我的超越。

五、人文维度的开展与救治：圣灵在场

"生命"（Life）在蒂利希思想中有极广阔和深刻的意义，是众生（beings）由潜存性（potentiality）到实现性（actuality），亦即实践自身的种种潜存的力量和意义。[70] 而生命中的丰盛与各维度的聚合就在灵（spirit）的维度中出现。[71] 对蒂利希而言，人是诸存有的完成（fulfillment），意思是一切生命的诸维度皆在人的存有中被彰显和实现——无机的（inorganic）、有机的（organic）、心理的（psychological）、心灵的（spiritual）等维度都在人的关注中出现。[72] 人真正成为人，或人作为人的完成和被揭示，是在自身中经历到成为一灵（spirit）的存

---

68. Tillich, *Systematic Theology*, vol. 3, 112.
69. Ibid.
70. Tillich, *Systematic Theology*, vol. 2, 39.
71. Tillich, *Systematic Theology*, vol. 3, 21.
72. Ibid., 17–24.

有。所以，人是一个整体，一个包含各维度的整合，因此，任何对人作二元论的理解都是错误的。人因着灵以致能超越环境（environment）而建构世界（world）。在《系统神学》（卷一）中，蒂利希强调人的自我（self）与世界（world）的关联是最基本的存有论结构（basic ontological structure）。[73] 世界是一个有结构性的整体（structured whole），[74] 人与世界不断互相转化和塑造，以致不断产生多重的意义世界。

在《系统神学》（卷三）中，蒂利希将这些意义世界的开展说得更清楚，基于存有论元素中的三对组合：个体与参与、动力与形式、自由与命定，在人作为灵中又有三种相对应的生命开展：

第一种是生命的自我统合（self-integration of life），这是对应个体与参与而言，[75] 这种生命形态是指生命核心（centeredness）的实现，也就是个体一己的生命实现，一旦以灵的维度出现，就是道德世界的开展。"作为人实现自身本质性的核心践行（act）就是道德践行"，[76] 在道德的行为中，一己的生命在群体中成就，由于与他者的相碰，自我的核心个体又得以参与在他者的核心当中，而形成个体与参与的不断往返。"人格生命（personal life）只有在人与人的交往中兴起而别无他途"，[77] 因此，由人格生命实现自身所开展的意义世界就彰显为

73. Tillich, *Systematic Theology*, vol. 1, 168–171.
74. Ibid., 170.
75. Tillich, *Systematic Theology*, vol. 3, 32.
76. Ibid., 38.
77. Ibid., 40.

一道德性的人文世界。

第二种是生命的自我创造（self-creation of life），这是对应动力与形式而言，[78] 这种生命的形态着重新形式的开展，是生命的旧形式在生成的原则（principle of growth）下创造出新的形态；[79] 在灵的维度下，人不断开展新的文化活动和方式。蒂利希指出，在文化生命的开创中，人通过理论（*theoria*）和实践（*praxis*）去塑造新的文化形态，前者是一种内摄性（receptive）行为，将与人交碰的意义世界收取于自身之中，理论通过概念的智性活动和形象的审美活动来创建文化世界；[80] 后者是一种外塑性（reactive）行为，用以建立人格与群体性的文化领域，并且带有某种工具与目的性的方式。

第三种是生命的自我超越（self-transcendence of life），这是对应自由与命定来说，[81] 是指生命自我超越有限的生命，寻索一种指向无限与终极的垂直超拔，在人的灵的维度中，是一种宗教维度的开展。

基于蒂利希认为，生命是一种多重维度的整合，以至当中出现的统合（道德）、创造（文化）与超越（宗教）亦是互为表里的，人文维度的出现亦由此而开展出一幅颇为动态的图像。蒂利希在早期思想中已提出宗教与文化之间的复杂关系，“宗教是文化的本质，文化是宗教的形式”。在《系统神学》（卷三）中，他将它加以解释，道德在人与他人相碰中而得以成就人格

78. Ibid., 32.
79. Ibid., 50–51.
80. Ibid., 57–65.
81. Ibid., 32.

生命，本质地相连于文化与宗教。文化替道德提供内容——人格与社群的具体理型和伦理智慧的变化规律。宗教为道德提供道德律令的无条件性，就是终极的道德目的、在爱中分离的联合和恩典的驱动力量。文化，在理论与实践中意义世界的创造，是本质地相连于道德和宗教的。文化创造性在其所有功能中的有效性乃建基于人与人的相碰……没有道德律令的力量，任何从逻辑、审美、人格以及社群形式的要求皆不能被感受到。文化中的宗教元素是一个本真创造的无穷尽的深邃，我们可称之为文化得以生存的本质或根基，是文化自身所欠缺但又要指向的终极元素。宗教，或在灵中的生命自我超越，本质地相连于道德和文化，没有在灵中的生命自我超越是无须在无条件律令中对自我道德建立的；而自我超越将不能获取其形式，除非在文化行为创造的意义世界中。[82]

蒂利希展示出人的文化各维度中的互相指涉，而这些维度开展之所以可能是由于人的心灵维度，这维度有着一种宗教的深度。对蒂利希来说，这种深度是有限心灵与无限根基的一种本质性关系，人文维度得以开展可说是有限与无限在神圣行动中的重新结合。所以，蒂利希曾说，恩典是文化的基础。[83]没有圣灵在场的新存有那种重新联结的力量，人文世界亦会因着自我解构的力量而被瓦解；圣灵在场救治、更新我们的存在和各维度的生命。可见，圣灵不单促使文化向着更完美的目标进发，他更是它的根基，就好像上帝作为存有的根基一样。在圣

82. Ibid., 95.
83. Ibid., 159.

灵临在下的人文世界是一个神律的文化（theonomous culture）。

蒂利希想指出，文化生命所追寻和建构的意义世界是以无条件的意义和要求为基础的，圣灵临在所显示的文化依赖于意义世界中的终极和无限元素。所以，人文世界的各种向度都相互建构着一种宗教本质（religious substance），这本质是文化得以建构和进展的力量和意义；而同时宗教本质离开了文化的维度又不能开展，例如没有语言的运作，神圣的生命就无法表达。简单来说，文化生命如同其他生命一样经历着本质与实存并在的含混，以致无时无刻不受着生命中疏离和解构力量的摧毁，圣灵的临在则使文化生命得以复和。

第八章
辩证神学

一、前　言

二十世纪初，德语神学世界中出现过一场“辩证神学”运动，这场神学运动在神学史上占据着重要地位，它对欧洲十八、十九世纪以来的“自由派神学”给予最严厉的攻击，并为近代新教神学的发展奠定根本性的基础。据黑格尔的辩证法逻辑而言，“辩证”意指两种对立之对象，正题与反题间经过矛盾的对立后综合和提升到另一合题中。这种类似的观点被二十世纪初的一批神学家所挪用，他们基本上反对自由派神学所隐含的那种神学人类学，企图通过分析人的宗教体验来理解上帝本身，同时对于他们所认为的那种科学化的宗教历史法采取批判的态度。辩证神学宣告上帝与人、上帝与世界有着一种辩证上的矛盾，其中存在极大鸿沟，这鸿沟无法通过人的宗教性或历史批判学来跨越，只能从上帝那边出发。“不再是我们抓住上帝，而是我们被上帝抓住。”

巴特的早期神学可谓这种辩证神学的里程碑，但同期蒂利希又就辩证神学的问题与巴特展开过一场重要的神学讨论。本章无意要全面比较巴特与蒂利希的神学，只想就当时双方的讨论带出的问题，来思考辩证神学的两种理解，并就此基础上认识他们神学上分歧的关键。本章会先陈述蒂利希对巴特辩证神学的不满，然后回到他们两人在 1923 年的神学讨论上，指出他们当时彼此的理解和不同的立场；最后，就两人的神学分歧做出一种分析：巴特的辩证神学是一种高举上帝在基督里得胜的辩证法，他没有跟随他在马堡大学的老师威廉·哈曼（Wilhelm Herrmann）那种平衡的对立关系；但蒂利希较倾向一种平衡的做法，同时保存了德国观念论的“是”和“否”的辩证张力。这种差异亦反映出两人背后的神学理念上的分道扬镳。

二、超自然而非辩证的神学：蒂利希论巴特

在蒂利希移居美国不久的 1935 年，他就当年和巴特在《神学报》(*Theologische Blätter*）上的讨论再次做出一次综合性评论；在题为“‘辩证’神学有何错误?”的文章中，他首先指出巴特神学当年对抗自由派神学是必须并且应该的；自由派神学“以自我成长的人格代替罪人，以自我发展的宗教人耶稣代替基督，以人性自我发展的宗教意识代替在圣经中上帝的道”。[1] 因此，蒂利希认为，当年巴特神学的重要性正在于强调上帝那种

1. Paul Tillich, “What is Wrong with ‘Dialectic’ Theology?”, in *Paul Tillich: Theologian of the Boundaries*, ed. Mark K. Taylor (London: Collins, 1987), 106.

不受人的存在和行动所操控的主权，而这种神学的强调不仅应在巴特的神学中，也同时属于“圣经、教会和一般的神学”。[2] 显然，蒂利希并无因为自身神学路线上的分歧而片面地批判巴特的神学，反而能指出巴特神学在当时处境的重要性。

在巴特的早期神学中，他提出耶稣基督正是神-人间的那种“悖论”(paradox)。蒂利希也同样赞成基督教神学应建立在这个基督论的悖论上，他明言基督教神学的根基正在于“道成肉身”这个基督论陈述，所以，巴特与蒂利希在这点上是一致的。可惜，巴特似乎并无贯彻这种以辩证方式来处理“悖论”的进路，反而在蒂利希眼中，巴特以一种超自然主义的方式来表述基督论的悖论。[3] 依蒂利希的观点，巴特当时在神学上提出“不可能的可能性”(impossible possibility)，[4] 正想表达人要认识上帝是不可能的。就巴特这种神学的立场来看，

2. Ibid., 108.
3. Ibid., 109.
4. 巴特在《〈罗马书〉释义》(*The Epistle to the Roman/Der Römerbrief*) 中，指出上帝该从辩证的途径去认识，他的“是”(*Ja*) 与“否”(*Nein*) 相互依存。就我们来说，我们难以判断哪个是上帝的“是”，哪个是上帝的“否”。这个陈述的基本原则意图指出上帝和世界是有距离的，这是一种存有论上的距离，上帝和世界之间并无任何连续，上帝并非我们世界事物的总和，上帝超越这一切，亦即是说上帝并非内蕴于世界中。依此，上帝的超越是带来对人类一切文化和宗教的**审判**和**诘难**，“福音并非诸多真理中的一种，它是反抗**所有真理**而筑起的问号”，见 Karl Barth, *The Epistle to the Roman*, tr. E.C. Hoskyns (Oxford: OUP, 1993), 35 (粗体为笔者所加)。他的“否”正是要指出人类一切进行神圣言说的尝试都只是一种“不可能”。就此而言，巴特强调上帝的不可测透性 (incomprehensibility of God)，上帝是人类理性无法用命题把握的，于人的理性而言，上帝是不可知的。上帝是纯然的否定 (pure negation)，越过人类一切的概念把握，人类的语言、体系和构想皆不足以把握上帝自身，甚至于一切以人类概念所呈现的上帝观念都只会是一种有限者对无限者的投射，而以有限为无限基本就是一种偶像崇拜的举动。

> **每种类型的自然或文化神学都随同宗教哲学而被定罪，因为他们都尝试一方面从自然那边，或从哲学、科学、艺术和历史的另一面发现上帝的一种直接的知识（immediate knowledge of God）**。文化与历史皆是人孤立所处之域，表达出人的关怀所在，即受制于人，而非受制于神学判准。自然只能以人的方法而非神学的方法来诠释。人与上帝相交的可能性是彻底分离的，因人是罪人，而自然的无罪之可能性是一种抽象，就对我们而言绝对没有意义。[5]

关键在于，巴特所论及的启示的基督论是以一种超自然的方式介入，他对历史批判学和"历史上的耶稣"基本不感兴趣，他只关心那个启示中的基督。基督在历史中却不属于历史。[6] 依此，整个"不可能的可能性"悖论性论述（paradoxical discourse）其实是人的不可能性和上帝的可能性。据蒂利希而言，神学活动永远只能理解为一种真实，一种人的不可能性（human impossibility）和神圣的可能性（divine possibility）之真实。依此，超自然的进路就为坚守这个真实的神圣性而阻止任何人为的干预，而辩证之途就坚持神圣的可能性不能以人的可能性来理解，反而质问神圣的可能性就是人的可能性，"为着

---

5. Paul Tillich, "What is Wrong with 'Dialectic' Theology?", 106. 粗体为笔者所加。
6. 巴特这样说："在历史里，耶稣作为基督只能被理解为问题或神话。作为基督，他将父的世界带来，但处于这个具体世界的我们却对这另一处世界一无所知，并且亦无能而知。但从死里复活却是一种转化……复活就是启示……在复活中圣灵的新世界碰触肉体的旧世界，但这种碰触就好像切线碰触圆形一样，即根本没有碰过它。"见 Karl Barth, *The Epistle to the Roman*, tr. E. C. Hoskyns (Oxford: Oxford University Press, 1993), 30。

人真能探问上帝，人一定已经体验那位作为可能性问题之目标的上帝”。[7]依此，这种人的可能性又不仅是单纯是人的可能性，因为上帝的内蕴性已存在于人的可能性提问当中。需要注意的是，蒂利希并非采取了一种将神学人类学化的自由派神学立场；他清楚指出，自由派神学的问题在于认为这种神圣的可能性仅能从历史中提炼出来，而超自然主义神学却反倒认为神圣的可能性是从历史以外突入的。[8]

其次，蒂利希指出巴特在强调神-人之间的“存有论上的无限差异”时，不能忽略神-人间的神学活动总是一种“初始性的试错知识”(preliminary erring knowledge)；在这基础上，人类文化总在上帝启示的视角中处于一种“是”和“否”的辩证当中。蒂利希认为宗教混合主义和宗教历史相对主义都是危险的，自由派神学把宗教历史等同于启示历史也是不可能的，但倘若巴特使两者以一种超自然主义方式相互排斥也实为过分。[9]

> 辩证的诠释能在宗教历史中找到答案、错误和问题，这些都引向终极的答案，没有这些，终极答案将仍然属于未被质问、非智性和异类的。[10]

蒂利希强调文化永远不是启示，人类文化创造总是处于一种含混的状态，“既非单纯视上帝为遥远的真实，又非单纯视

7. Tillich, “What is Wrong with ‘Dialectic’ Theology?”, 110.
8. Ibid., 110.
9. Ibid.
10. Ibid., 111.

自身为人类神圣的自我荣耀，而是对上帝充满着犯错和提问的知识”。[11] 依此，全面否定人类文化在神学活动中的角色和重要性是极端的。蒂利希认为，当巴特指出神学的辩证性中的一方——神圣的可能性——唯有依赖上帝来担负，这是对启示一种过分天真和片面的理解（尽管这种理解在当时有适切性），因为神圣的可能性不能离开人的可能性来理解，启示永远是一种“为人”（for us）的启示，“启示甚至将不能是神圣的**可能性**——启示就是向人的启示——倘若这启示无法通过作为人的现象的文化诸形式手段来接收”。[12] 巴特的那种理解只会导致启示成为“在文化中的一个破坏性异物的本质，在人类领域中一个毁灭性的非人对象，并无能于塑造和引导人类历史”。[13]

最后，就超越和内蕴的问题，蒂利希非常赞成巴特所强调的，神学本身并非一种人类学，蒂利希认为神学本身是要回答人类学所提出的问题。因此，神学的起点需要在人实存的提问中，人类关于上帝的提问皆是一种对自身有限性所带来的种种焦虑所引出的问题；人处于这种实存状态的提问，其实已经对自身的有限性有所体会，这种体会就某个意义而言又是一种对无限的体会和认识。人在其有限自身中提出一种越过自身的超越性行为，超越性行为乃是向超越者所提出的问题。“超越性行为并不意指我们拥有超越。”（This transcendentalizing act does not signify that we possess the transcendental.）[14] 上帝真理的内蕴性临

11. Tillich, “What is Wrong with ‘Dialectic’ Theology?”, 111.
12. Ibid., 112.
13. Ibid.
14. Ibid.

在人的心灵深处（*in interiori anima habitat veritas*），[15] 以致人从生命的深处中提出超越性指向的提问，这完全不能被理解为一种费尔巴哈式的投射理论或神学人类学化的举动，反而是辩证的进路，引导人的内在深处寻找超越性的痕迹。

三、1923 年的辩证神学之争

从以上的分析中，我们会发现蒂利希在欣赏和肯定巴特当时的辩证神学的有效性时同样作出了严厉批评，这种批评出于一个站在同一战线上的神学伙伴，所以，当强调巴特和蒂利希在神学上的分歧时，我们要注意其实在分歧中双方有着不少在方向上的一致。倘若辩证神学的辩证特质是当时一批二十世纪初德语神学家的共同方向，厘清这种辩证的元素将有助搞清楚蒂利希与巴特在这问题上的分歧。依此，我们需要回到双方在 1923 年间的神学发展和对话。

（一）辩证神学有多辩证？批判性的抑积极性的悖论

对早期巴特而言，他要抗衡整个以自由派神学为代表的十九世纪的神学方法。在自由派神学的理解下，上帝无法成为理论理性（theoretical reason）的认知对象，因为在康德哲学中，人的经验知识只局限于感知世界（sensible world），越过此经验领域，没有任何对象能被直观（can be intuited），因此对上帝的客观知识是不可能的。因为“上帝”已经是一个远离我们

15. Ibid.，参考 Paul Tillich, “The Two Types of Philosophy of Religion,” in *Theology of Culture*, ed. Robert C. Kimball (New York: Oxford University Press, 1959), 10–29。

知识象限外的超越存有，所以，有关上帝的知识只能是“主观性”的。“主观性”并非意指个人的爱好，而是指一种存有的实存模态，这种模态是由宗教经验所引导的。“虔诚的自我肯定性本质就是：存有的意识绝对依赖……与上帝关系中的存有。”[16]由此，有关上帝知识的研究也就成为研究人类宗教经验与存有实存模态。这种被巴特视为一种**人类学转向**的神学研究正是把基督教神学引入歧路的构想，再加上这班自由派神学教授的主战立场促使巴特坚决与自由派神学划清界限。[17]因此，巴特需要重寻神学的方法，他认为自由派神学忽视了上帝的“他性”（Otherness）。上帝是“全然他者”（Wholly Other），他并非我们世界和心灵里的认知对象。巴特认为整个自由派神学都走错了路，后者以为神圣知识的主体是人的宗教意识，相反，他坚持神学知识的主体永远是上帝自身。“上帝在天上，而你却在地上”正是1922年《〈罗马书〉释义》（第二版）的核心主题。[18]在《〈罗马书〉释义》中，巴特不单强调上帝与人的“无限本质上的区别”，他还以辩证的思想去处理上帝和人的关系。“那个与我们相遇的‘否’正是上帝的‘否’。我们所欠缺的正是能帮助我们的，那驱禁我们的正是新家乡，那否定所有世上真理

---

16. Friedrich Schleiermacher, *The Christian Faith*, tr. H.R. Mackintosh (Philadelphia: Fortress Press, 1976), 8.

17. 巴特的神学老师们签署了一份宣言，这份宣言象征着他们认同于威廉二世（Kaiser Wilhelm II）的战争政策。巴特当时完全不能理解这班神学教授的立场，但有一点巴特是坚信不移的，就是这班教授所提出的自由派神学再没有任何前途了。巴特说：“我之前所以为可信赖的整个释经、伦理、教义学与宣道的世界，并连同所有德国神学家的其他著作从根基上受到震撼”，见 E. Busch, *Karl Barth: His Life from Letters and Autobiographical Texts*, Tr. J. Bowden (Grand Rapids, Michigan: Eerdmans, 1976), 81。

18. Barth, *The Epistle to the Roman*, 10.

的亦正是那根基。因为准确来说上帝的‘否’是完整的，它亦是上帝的‘是’。”[19]

蒂利希作为当时德国辩证神学群体中的“地下成员”（subterranean members），对以巴特为首的这种神学构想有充分的理解，故于1923年（就是《〈罗马书〉释义》[第二版]出版后一年）应《神学报》之邀，对巴特带动当时的这场神学运动做出回应。当时，蒂利希就以《批判与积极的悖论》一文来对整个辩证的神学构思进行批判。[20] 他首先肯定巴特为首的辩证神学作为响应十九世纪以降新教神学路线的价值——当时辩证神学正确地指出，所有对神圣无限作非悖论的（unparadoxical）、客观的（objective）和非中介的（immediate）理解都是有问题的，它们的危险是会将有限与无限的界限混淆和含糊了，企图以人言代替上帝之言，漠视两者的距离。

但蒂利希马上指出，巴特的问题是没有认清这种神学批判力度的“否”的前提，是需要神圣的“是”作为补充的，也就是“批判性悖论的神学，是要交给悖论而不仅是辩证，依此，它就能成为积极性悖论的神学”。[21] 蒂利希的意思就是巴特式辩证神学只单方面强调神圣的“否”，却没有想到真正的辩证神学是需要在神圣的审判之前提上肯定上帝的恩典，“否定之所

19. 参考 Robert Jenson, *God After God: The God of the Past and the God of Future: Seen in the Work of Karl Barth* (New York: Bobbis-Merrill Co., 1969), 3。

20. Paul Tillich, “Kritisches und Positives Paradox: Eine Auseinandersetzung mit Karl Barth und Friedrich Gogarten,” *Theologische Blätter* II（1923), 263–269. 英译文本见 Paul Tillich, “Critical and Positive Paradox: A Discussion with Karl Barth and Gogarten,” in *The Beginnings of Dialectic Theology*, vol. I, ed. James M. Robinson (Richmond: John Knox Press, 1968), 133–141。以下引文皆引自该英译文本。

21. Ibid., 141.

以能彰显，仅由于以肯定来理解，而非否定本身”。[22] 依此，蒂利希认为辩证神学若要达到真正的“辩证性”有两条战线：第一条是批判一种只有恩典没有审判、无限与有限缺乏一种悖论的联合（paradoxical unity）的观念论（idealism）；另一条是批判一种视有限的罪性为自然的过程却没有恩典联合的实在论（realism）。[23] 明显地，蒂利希是采取一种中间路线——在神学上，一方面指出带有观念论倾向的自由派神学忽视了人的消极性和漠视了上帝的超越性带来的否定性；另一方面，巴特式的神学亦有一种实在论倾向，忽略了神圣的恩典（是）和审判（否）可以有一种悖论式的联合。

蒂利希从“上帝与自然”“上帝与人的灵”和“上帝与历史”这三重关系来阐释这种悖论式联合。首先，基督是创造的中介，创造和救赎都是来自**同一位**基督。蒂利希认为上帝由始至终只有**一个**神圣行动，这个恩典行动带来创造和救赎；创造最终是要指向救赎的，而救赎又以创造为前提。依此，自然并非因为堕落而离开了上帝的创造性恩典，反而通过信仰能洞识上帝在自然中的创造与拯救的行动。[24] 其次，蒂利希指出以人的灵（human spirit）所建构的人类文化同样存在于上帝的启示恩典和审判的悖论式联合中。巴特式的批判性悖论不仅没有正视在人类文化中可能有上帝的启示在其中，更甚的是，他没有认清这种辩证神学同样是一种带有浓厚历史和文化色彩的神

22. Paul Tillich, “Critical and Positive Paradox: A Discussion with Karl Barth and Gogarten,” in *The Beginnings of Dialectic Theology*, vol. I, ed. James M. Robinson (Richmond: John Knox Press, 1968), 136.

23. Ibid.

24. Ibid.

学构想！[25] 依此，若如巴特所言，人类文化自身是完全堕落的话，巴特式辩证神学亦应是堕落的产物！[26] 由此，蒂利希正面地确认人之言并非一种本质上的败坏之物。从创造的维度而言，人言是美善的，人言只是受到罪带来堕落的影响而与上帝为敌。所以，人言其实在一种含混的状态中，一方面有魔性、罪性，另一方面却又有上帝与启示于其中。这正是蒂利希思想中的一种悖论式联合。[27] 最后，蒂利希认同上帝与人碰面是在历史场域中，这种启示的发生并非历史理性所能完全包含的，但却不能视之为不真实！他认为，巴特倾向用救恩历史吞没了世俗历史，因此，基督的启示就只能以一种“超自然的”（supernatural）进路来理解。[28] 其实，基督的彰显是有形有体地出现于具体的历史场域当中，辩证神学提出一种批判历史的批判性悖论，但忽略了这种宣称实质上是需要扎根于历史当中！这正是蒂利希所谓批判性中的“积极性根源”（positive root）。[29]

故此，蒂利希的批评是一种从辩证神学**内部而非外部**做出的检视。要真正实践辩证神学所应许的目标，不能仅有一种消

25. Ibid., 137.
26. Ibid.
27. Ibid.
28. Ibid., 139。对巴特较公平的评价是，巴特在哥廷根大学教授开始突破这种基督论的构想，从《〈罗马书〉释义》中提到一种“非历史性的”（ahistorical）启示，到后来巴特就尝试通过道成肉身论在哥廷根的教义学中解决这种在历史中（in history）又不属于历史（of history）的基督论。详参拙文陈家富：《从辩证到类比：一个对卡尔·巴特神学知识论的探讨》，载于邓绍光、赖品超编：《巴特与汉语神学》，香港：汉语基督教文化研究所，2000 年，第 101–122 页。
29. Tillich, “Critical and Positive Paradox: A Discussion with Karl Barth and Gogarten,” 139.

极性的批判性悖论；要达到上帝与世界的辩证关系论述，需要确定辩证性中的积极性位置，这个是巴特**早期**强调神–人绝对差异的神学所缺乏的。所以，就蒂利希而言，巴特式辩证神学根本没有辩证性，在其中只有一种超自然主义。[30]

（二）积极性悖论的“悖论性”：基督神学还是文化哲学?

巴特于同年就蒂利希的观点做出反驳，他在《积极性悖论的“悖论性”》(*Von der Paradoxie des, positiven Paradoxes*）一文中，[31] 就辩证神学的积极性悖论（positive paradox）做出肯定，明确指出蒂利希误解了他的意思，并且就蒂利希提出的论点做出攻击；当中，逐渐凸显双方神学理念的差异，并显示出似乎双方是站在不同的问题意识来检视问题，从而两者神学理念间的差距愈来愈大。

巴特在整篇文章中一直坚持一个核心论点：基督就是那“积极性悖论”(positive paradox)。依此，巴特认为辩证神学并无蒂利希指责的丧失了辩证性的积极性而只有否定性；相反，巴特认为蒂利希指出那三重的所谓“悖论式联合”，正是一种非悖论性的构想；[32] 因为巴特认为蒂利希表明的上帝与世界（自

---

30. Tillich, “What is Wrong with ‘Dialectic’ Theology?,” 116.

31. Karl Barth, “Von der Paradoxie des, positiven Paradoxes”, *Theologische Blätter* II (1923), 287–296. 英译文本见 Karl Barth, “The Paradoxical Nature of the ‘Positive Paradox’: Answers and Questions to Paul Tillich,” in *The Beginnings of Dialectic Theology*, vol. I, ed. James M. Robinson (Richmond: John Knox Press, 1968), 142–154。以下引文皆引自该英译文本。

32. Karl Barth, “The Paradoxical Nature of the ‘Positive Paradox’: Answers and Questions to Paul Tillich,” in *The Beginnings of Dialectic Theology*, vol. I, ed. James M. Robinson (Richmond: John Knox Press, 1968), 149.

然、灵与历史）的关系是一种静态的本然存有论状态（essential ontological status），其根本就是一种自足（self-sufficiency），无须外在恩典或审判介入的状态！依此，巴特认为蒂利希的观点倾向一种廉价的普救论（universalism）。[33] 归根究底，巴特认为双方是站在相异的起始点出发，他认为蒂利希是要挽救德国于战后的文化和宗教，故此应把他视之为一位**文化哲学家**（philosopher of culture）而非**神学家**，这样蒂利希的观点才可以被理解。[34] 有趣的是，巴特认为他所描述的上帝是路德与克尔凯郭尔的上帝，而蒂利希的上帝是施莱尔马赫和黑格尔的上帝。[35] 他的意思就是，如果蒂利希真正认识积极性悖论的悖论性，他就不会强调上帝与世界之间的直接性和延续性。

耶稣基督作为积极性悖论，本身就是一种**神圣的**悖论（*divine* paradox）。[36] 巴特要强调的是上帝的自由行动，让神–人能建立有情意的关系，所以一切都并非本然的，乃是上帝给予的、独特的、能与人沟通的礼物，上帝所启示之主体与有关的知识皆从上帝而来！因此，就巴特而言，蒂利希无法体会上帝自身的主体自由和爱，这种神圣的自由和爱是“无法被察知的”（imperceptible）、“非客观性的”（non-objective）。[37] 依此，历史的经验性陈述无法完全把握这种神圣的悖论。神圣的救恩历史从上而来，突入人类历史中；基督于人类历史中的启示却不受

33. Ibid., 150.
34. Ibid., 142–144.
35. Ibid., 149.
36. Ibid., 150.
37. Ibid., 151.

历史理性所禁止，这才是奥秘。

（三）超自然主义神学抑辩证神学？蒂利希的回应

蒂利希在这段论辩的最后回应中，[38]一方面指出他自己的关切所在，同时进一步指出他与巴特的分歧所在。

首先，蒂利希表明他当时关心的文化危机是宗教与文化的对立，当基督宗教只是不断重复圣经、教会或传统的宗教语言时，宗教内容根本无法在智性世界中被理解，也无法让现代人明白其意义。要重建宗教与文化间的断裂状态是神学家与文化哲学家的共同使命。因此，神学不应故步自封于文化之外，神学理念应更多与文化进行对话，因为蒂利希确认"逻各斯"（*Logos*）不仅成肉身于一种积极性的悖论中，同时亦彰显自身于各文化创造中。蒂利希认为他的观点并非普救论或相对主义，而是根据一种早期教父推崇的逻各斯基督论（*Logos* Christology）发展出来的。这点是蒂利希基督论的重点，"逻各斯"遍在于一切人类文化当中，这种"道种"（*spermatikos logos*）的观念是早期教会护教士积极与希腊文化对话的武器，和蒂利希关联神学的重要神学基础。

其次，对于他与巴特间的分歧，他指出两点：巴特式辩证神学的危险，就是不自知地滑入一种"非辩证"的超自然主义中；并且在巴特所强调的加尔文的改革宗神学（Reformed

---

38. Paul Tillich, "Antwort," *Theologische Blätter* II（1923), 296–299. 英译文本见 Paul Tillich, "Answer to Karl Barth," in *The Beginnings of Dialectic Theology*, vol. I, ed. James M. Robinson (Richmond: John Knox Press, 1968), 155–158。以下引文皆引自该英译文本。

Theology）氛围中，会过分强调一种神圣与世俗二分法。[39] 蒂利希认为，巴特式辩证神学是一种超自然主义神学，就神-人间的“不可能的可能性”这实在（reality）而言，蒂利希认为可以以两种进路来理解，一种是超自然主义，另一种是辩证法。前者强调保护神圣的可能性，不容许人的可能性渗入其中，这正是巴特式辩证神学的强处，但却又是他的问题所在：将自身神学孤立于一切人类文化语言之外，否认神圣的纯然可能性可以借人的可能性来理解；但辩证思考却指出神圣可能性的**问题**正是人的可能性。[40] 由于神圣的答案并无永恒地存在于人当中，所以，人才需要问神圣问题，但同时人之所以能问有关神圣的问题，正是因为人与神圣有某种联系；因此，其实人的可能性亦非纯然一种人的可能性而已，而是有神圣可能性参与其中的可能性。[41] 因此，就蒂利希而言，人的语言、历史和文化并非一种真空的状态等待上帝的启示从外部突入，上帝的启示并非一种**异物**（alien）进入历史，并非一种天外之音，并非一种**纯粹的他者**，反而是内蕴于历史文化中以致从内部突破而出（break out within it），而非从外部突入（break into）。[42] 所以，可以这样总结蒂利希的立场：“肯定的是，上帝在天上，人在地上；但人之所以能建构这种讲法，仅由于天堂和地上经常相碰于一起，不仅一次，而是在历史进程中……错误性的知识并非

---

39. Paul Tillich, “Answer to Karl Barth,” in *The Beginnings of Dialectic Theology*, vol. I, ed. James M. Robinson (Richmond: John Knox Press, 1968), 158.
40. Tillich, “What is Wrong with ‘Dialectic’ Theology?”, 110.
41. Ibid.
42. Ibid.

完全的无知，特别是当它开始怀疑它的准确性并追问真正的知识时。”[43]

四、巴特与蒂利希辩证神学的辩证特质

（一）巴特辩证神学的非平衡特质[44]

巴特早期的辩证神学深受他马堡大学的老师威廉·赫尔曼的辩证思想影响。据柴勒梅德的分析，巴特在撰写《〈罗马书〉释义》(第一版)前，完全是一个自由派神学的追随者，他当时跟随哈曼的辩证神学路线，极力保持辩证思想中两端的平衡状态。巴特指出：“宗教完全需要活现于张力中，就是在反题所呈现的奥秘中，这反题出现在两个观念中。任何人若要通过将其中一个思想置于另一个之下来消解这种张力，他将倒空和损害上帝的宗教概念。”[45]哈曼认为，基督教中的正反题呈现出一种路德宗传统的内在辩证张力，福音和律法、上帝的绝对存有和有情意的位格存有、审判和拯救、超越和内蕴等等对立观念都需要被达致和维持在一种平衡的张力当中，巴特跟随哈曼，认为辩证的张力无须被消解和扬弃，以图达致某种统一。

然而，1914 年第一次世界大战爆发，导致巴特对自由派神学很是失望，标志着他重新思考过去的神学重点。这种思考与

---

43. Tillich, “What is Wrong with ‘Dialectic’ Theology?”, 111.
44. 以下对巴特的分析，笔者深受柴勒梅德（Christophe Chalamet）影响，参考 Christophe Chalamet, *Dialectical Theologians: Wilhelm Herrmann, Karl Barth and Rudolf Bultmann* (Zurich: TVZ, 2005)。
45. 转引自 ibid., 77。

其说是一种跟自由派神学的“决裂”（break），倒不如说是一种神学上的“重置”（reorientation）。[46] 事实上，巴特无法再将神学的基础建立在“体验”上；自由派神学中的宗教经验也无法为巴特的辩证神学所重视，巴特扬弃了哈曼视辩证的张力出现在人的宗教经验中的观点，他于1911–1921年间，尝试将神学主题放在上帝身上而非人的宗教体验上。对巴特而言，神学的方法再也不能独立于神学的主题（*sachlich*）来运作，而是需要为上帝在耶稣基督里的客观启示作见证；倘若上帝再次成为神学的主题，上帝的故事就是上帝在基督耶稣里的得胜和超然。依此，整个辩证神学的方法就做出调整，巴特认为，

> 在基督里，你需要学习以一种三维的方式思考，以对应其运动，而非以二维的方式思考。[47]

在《〈罗马书〉释义》（第一版）中，巴特就放弃了哈曼那种保持辩证张力和平衡的思想。据柴勒梅德的分析，以往辩证的二维思维方式已被巴特所舍弃，巴特认为上帝在耶稣基督里的得胜是把上帝的“是”和“否”加以扬弃（*aufhebung*），以致在一个更高的层次上做出综合，替代了哈曼过往那种互惠式辩证法（reciprocity dialectic）。[48] 易而言之，巴特的辩证法多少是被上帝更高的“是”所取消了，这个更高的“是”与正题的

46. Ibid., 89.
47. 转引自 ibid., 110。
48. Christophe Chalamet, *Dialectical Theologians: Wilhelm Herrmann, Karl Barth and Rudolf Bultmann* (Zurich: TVZ, 2005), 110–111.

“是”和反题的“否”形成一种三维的辩证神学，如下图：

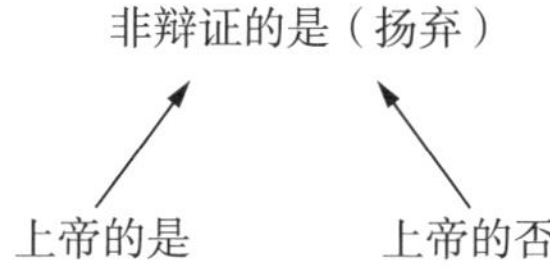

巴特强调在上帝和上帝国里没有张力，辩证的冲突全在此岸世界。巴特在《〈罗马书〉释义》(第二版）中再次试行修改这种观念。

表面看来，巴特在《〈罗马书〉释义》(第二版）又重新回到过去哈曼那种平衡的辩证观点，在辩证中再没有“扬弃”和更高的统合的出现，上帝的恩典和审判、上帝的彰显和隐藏、上帝的判断和拯救等辩证特质都在一系列对立中出现。[49]“我们已经知道上帝中的这种双重性（duality）的意思，我们知道它并无包含平衡点（equilibrium），而是对拒绝的一种永恒拣选的得胜、爱对恨的得胜、生命对死亡的得胜，但这种得胜每时每刻在我们当中隐藏，我们无法逃离这种双重性。”[50]重要的是，巴特认为上帝对人的那种彻底的“否”其实**已经隐藏**在上帝的“是”中，这涉及三维辩证的下层结构问题；在下层当中，启示的恩典**正是在**启示的审判中彰显。更高的非辩证的“是”关乎上帝自身生命中的非辩证性（undialectical life in God Himself），当中没有下层的张力存在，没有需要找平衡点，是永恒克胜罪恶之处。在上帝自身生命中永远没有“双重性”，是一种双重的联合（dual unity）。

49. Ibid., 131.
50. Ibid., 132.

（二）神学诠释学中的信仰维度与辩证特质

巴特于1921年末出版《〈罗马书〉释义》(第二版)，回应了部分关于他的质疑，其中包括他对历史批判学的态度。巴特从来**没有**否定和忽略神圣之言是在具体的历史场景中发生的事实，但他会指出历史批判学的科学方法无法让人得见神圣之言之奥秘，意即巴特没有企图越过历史的范围而直接面对基督；相反，他认为与基督相遇是要**通过**历史的场景，但历史场景无法充分展示基督！当时很多圣经学者认为巴特完全漠视“历史中的保罗”的具体历史面貌，是一种忽视历史批判学成果的做法；故此，巴特被批评为一位“灵意者”(*Pneumatiker*)，企图越过历史文化语言来进行一种灵意式诠释，所以整本《〈罗马书〉释义》充分展露了主观主义和宗教狂热。其实，巴特完全尊重历史批判学在圣经研究上的作用和价值，他的想法是如何可能在一个启示事件中诠释出它的**历史意义**和**启示意涵**。巴特的**神学**诠释学分两个阶段进行。[51]

首先，巴特认为历史批判学能达到的目标是制定文本内的**历史**意义，即将研究对象化约为历史现象作理解和把握，但这还不算是完全理解文本的意涵，只是一种“初步”的工作。历史批判学对“历史上的保罗”有兴趣，但对巴特而言，历史上的保罗对自身没有兴趣，反而他是对在他以外，超越于他，又

51. 以下对巴特的分析，参 Bruce McCormack, “Historical Criticism and Dogmatic Interest in Karl Barth’s Theological Exegesis of the New Testament,” *Biblical Hermeneutics in Historical Perspective*, eds. Mark S. Burrows & Paul Rorem (Grand Rapids, Michigan: William B. Eerdmans Publishing Co., 1991), 321–338。就巴特于辩证神学时期的诠释学讨论，可参 Richard E. Burnett, *Karl Barth’s Theological Exegesis: The Hermeneutical Principles of the Römerbrief Period* (Grand Rapids, Michigan: William B. Eerdmans Publishing Co., 2004)。

跟他发生神圣相遇的那位有兴趣！[52]因此，巴特认为倘若我们要问保罗的写作动机或语言意义，这一切都完全被超越他以外的那位所包含了。因此，历史批判学的重要性是要将自身的可应用范围划界，明白自身的有限性时才能充分发挥它本身的功效（这有点像康德对人类理性的观点）。[53]

第二步就是**通过**文本**进入**到神圣的奥秘当中。巴特认为诠释者应该如当年作为见证者的保罗一样，与那位曾与保罗相遇的那位相遇。巴特在这里并非要跨越莱辛历史真理与理性真理间的鸿沟，企图达到比作者更好地理解作者的诠释学企划；他认为，他与保罗一样被那神圣之言所抓住，以致能体验保罗所体验的。但问题就出现了，这不正是巴特一直强调那种人之言与上帝之言有不可共量的特性吗？若然，人的不可能性如何又能达致表述上帝之言的可能性？因此，关键是一个**信仰的**问题。人无法渗进神圣的殿堂，唯有上帝之言进入人类的语言中，让人能**通过**人之言来**倾听**上帝之言。[54]巴特的意思是，基督的突入人间历史是在历史中发生但不属历史，那就意味着通过历史和独特文化可以理解这种基督事件，但基督事件的意涵超过历史批判所能把握的。

（三）蒂利希的辩证神学：新教原则的辩证精神

正如蒂利希所言，他的神学是尝试克服自由派神学和

---

52. Bruce McCormack, "Historical Criticism and Dogmatic Interest in Karl Barth's Theological Exegesis of the New Testament," 326.
53. Ibid., 327.
54. Ibid., 329–330.

巴特神学之间的对立，[55] 这种被他称为“新辩证神学”（neo-dialectical）的观点是以“新教原则”（Protestant principle）作为核心。蒂利希认为在新教原则的批判性力量中，能绝对认同巴特式的辩证神学所强调基督事件的核心性，并且以基督耶稣的启示作为一切批判的判准根基；同时在新教原则所彰显的先知批判中，又强力批判所有人为的意识形态和偶像崇拜的魔化举动。依此，人类文化和宗教史的历程来揭示的种种扭曲现象都应该以神-人间无限距离来批判，像巴特一样揭示出这些人的可能性中的问题。最终，新教原则坚持上帝主动的复和悖论性行动才能解决神-人间疏离和万物隔绝的状态。[56]

但同时，新教原则又是一种指向基督教的内部批判性力量，依此，蒂利希对于自由派神学中所使用的圣经批判学和历史宗教研究方法表示赞成；然而，因不可能将基督教与其他人文社会的方法论抽离，蒂利希没法赞同存在一种超自然的基督教，因为基督教本身应该与其他组织一样置于历史当中；更重要的是，新教原则在彻底高举一种强烈的审判和批判精神的同时，并无试图站于一种二元论的立场上，这种二元论可以是恩典和自然、超自然与自然、信仰与历史、启示与宗教，以否定其中一方来肯定另一方。从这点来看，蒂利希的辩证精神是竭力平衡辩证力量中的“是”和“否”，不容许其中一方对另一方做出超越和扬弃。[57]

55. Tillich, “Author’s Introduction,” xxvi.
56. Ibid., xxviii.
57. Ibid., xxvii.

新教原则并非仅是一种消极的批判意识和力量，它更是一种能与罗马公教的圣礼实质相结合的力量和原则，新教原则**本身**就具备一种神圣的“否”和“是”的辩证力量。当新教原则被理解为一种对形式的否定（form-negating）力量时，它同时亦建立在一种形式的构造（form-creating）力量中。蒂利希将这种批判的否定和创造性的构作结合称之为“恩典的格式塔”（*gestalt* of grace）。[58] “没有新教的抵抗是可能的，除非她植根于一个承载着恩典的格式塔中。”[59] 就蒂利希而言，新教抵抗魔化的原则和罗马大公教会的恩典的圣礼实质可以联合，甚至不单可以联合，更应该是相辅相成的。

蒂利希指出“信仰”就是强调恩典被接纳时不可能仅仅是超越和在人以外的，它同时是内蕴的。[60] 新教那种超越和批判性的“道的神学”（theology of the Word）毫无疑问是新教原则力量的来源和根基。蒂利希似乎意指巴特式的神学精神，强调上帝之言与人之言“存有论上的本质性差异”；在这种神学下，人一切的文化创作，甚至是宗教建构都会变得相对化。但蒂利希提醒我们，这种神学的超越性要附随着它的内蕴性才能生效，

> 道（The Word）被视为**超越**我们而**到**我们那里，但当它被接收时，它就**不再仅仅**是超越的了，它亦是内蕴的，且创造出一个神圣结构的真实，因此**它创造出作为人格生**

58. Tillich, “The Formative Power of Protestantism,” 206.
59. Ibid.
60. Ibid., 210.

命和群体的型构性力量（formative power）。[61]

（四）辩证的辩证神学

在蒂利希与巴特的这场辩论的同一年，蒂利希的长文《宗教哲学》出版，[62] 这篇文章不仅可以作为他与巴特辩论观点中的一个详细的注脚，并且可以作为了解他早期文化神学的基本框架。蒂利希在这篇文章中讨论了宗教、宗教哲学和神学间的关系，他努力去论证宗教并非诸多人类文化领域中的一种，俨如与其他学科和人类活动中并列其中；他认为宗教乃是一种存在于诸文化形式和人类心灵结构中并指向“无条件的”（Unconditioned）。依此，蒂利希一直要建立一种企图越过并内蕴所有文化形式的宗教概念，并不断努力以此来批判把宗教魔化和边缘化的一切思想，同时这种超越的宗教内蕴于文化的深处而构成文化的基本内涵。前者是一种不受任何文化和宗教形式所限制的本真宗教（authentic religion）之力量所在，此力量在实存形式上所遭受的扭曲和堕落以致需要受到批判和检查。由此观之，在蒂利希思想的内部，他能够欣赏早期巴特那种强调上帝之道的批判性神学，其实并不意外。因为巴特早期的辩证神学也企图避免上帝之言与人之言的混淆，将本真信仰和宗教与人的文化形式相杂，导致神学的偏离。但蒂利希并无制定任何一种宗教形式来作为这种批判性的标准，而是试图以一种不断超越的宗教内涵来表达这种宗教的终极关切。

---

61. Tillich, “The Formative Power of Protestantism,” 210. 粗体为笔者所加。
62. Tillich, “Philosophy of Religion,” 27–121.

蒂利希吸取了德国古典哲学的辩证思维，努力尝试找寻一种综合的形式（synthesis form）。宗教与文化两者处于一种紧密的关系中，各自走向极端，都分别会朝向排他的他律和自行立法的自律形式发展；但唯有向着一种综合的神律形式发展才能让宗教和文化都各按其地位存在，因为神律正好是自律和他律的综合体。但蒂利希坚持神律的综合形式一旦落实于具体的时空和实存语境，又会出现扭曲和被破坏的情况。故此，他很强调辩证形式中，“是”和“否”的平衡对等关系。上帝的恩典和审判永远皆处于一种动态性过程，并无就更高形式的“合”来耗损辩证双方的力量。依他的观点，辩证不断进行，并无一种僵化的辩证法；纵使存在一种综合，这综合本身永远都是暂时的（provisional）——本真的会被疏离影响、美好良善的会被实存的状态影响。因此，蒂利希认为，真正的辩证神学的辩证力量和特质必然需要满足两个条件：此力量不受任何一种宗教形式所局限，此力量永远包含上帝的是和否、拯救和审判，以致辩证才不会成为一种僵化的同一性（dead identity）。

依此，蒂利希所追求的辩证神学在方向上可说是黑格尔式的，意即在整体文化神学的构想上是以某种更高的综合来结合所有矛盾。但在具体运作上，他却努力不让“正”和“反”双方通过扬弃和否定来提升自身，因为他坚称上帝的“正”和上帝的“反”都是真理的部分，应保持在一种平衡的张力状态中。所以，辩证的方向是趋向黑格尔式的绝对综合，但这种综合是经过一进程而达致的，并在进程中保持两极的平衡。

五、总 结

本章无意要综合巴特和蒂利希的观点，而是为了表明双方在辩证神学中的概念差异丰富了辩证神学内部的特质。这种就辩证的不同理解不仅反映出他们两人对自由派神学**诊断上的差异**，亦同时标志着双方所给予之**药方的分歧**。可以肯定的是，双方展示了两种神学取向上相异的态度和立场，但辩证神学却通过双方的陈述，彰显出一种极具批判性和极度谦卑的神学风格。

第九章
凯洛斯

一、前　言

蒂利希因纳粹的原因离开德国后，在美国早年出版的文集的序言中，表达出他在德国时的思考无不与历史问题相关。

> 对我思想和生命而言最重要的，莫过于把这些观念应用到对历史的诠释上。历史之所以成为我神学和哲学的核心问题，是因为我在第一次大战后回国所发现的历史真实：一个混乱的德国和欧洲；资产阶级胜利的年代和十九世纪生命方式的终结；路德宗教会与无产阶级的分裂；传统基督教的超越信息与革命运动的内蕴盼望间的鸿沟。[1]

在第一次与第二次世界大战之间的德国处境成为激发蒂利希神学思考的重要历史场景，正如当代德语神学家舒维堡

1. Tillich, "Author's Introduction," ix-xxix.

（Christopher Schwöbel）所指出，对当时在二十世纪初冒起的德国辩证神学家而言，终末论一开始就并非教义学中无关痛痒的最后一章，而是从一开始就决定了整个神学的工程。[2] 终末论作为一种探讨历史终局的教义，在这批神学家眼中成为思考历史文化的重要手段；他们需要一种能为当下时间意识产生具体神学力量的指导性原则，这原则要肩负起上帝神性介入历史的可能，需要批判一切神话历史中的话语，需要提供一种参与塑造转化历史行动的神圣动力。本章将探讨蒂利希早期如何以一种基督论范式来思考上述的问题，以图整理出一种基督论式的历史神学。

二、历史意识与行动

什么是具备历史意识的历史行动？蒂利希指出并非一切在物理时空下的行动皆属于历史行动，意指并非在物理时空内的行动就能顺理成章地转化历史。这涉及历史意识的问题，历史意识就是指如何看待历史的结构与本质，也就是以何种范畴来把握真实；唯有准确把握历史意识，才能产生针对历史进程的改变力量。蒂利希指出两种对历史诠释的进路：自然的（非历史的）和历史的。前者从自然入手，并否定历史的原初性和独立特质，“自然”是指包括自然及在某种意义上一个高层次超越自然的超自然；后者承认历史是一原初的真实，它不能从自然或超自然派生出来，相反它尝试把自然与超自然收进自身的发

2. Christopher Schwöbel, “Last Things First? The Century of Eschatology in Restrospect,” in *The Future as God’s Gift: Exploration in Christian Eschatology*, eds. D. Fergusson & Marcel Sacort (Edinburgh: T & T Clark, 2000), 222.

展中。这两种类别展示出完全不同的结构。[3] 以自然的方式理解历史，就是一种以空间诠释时间的框架；以历史的方式理解历史，就是以时间的方式诠释空间的框架。

历史一旦被空间主导，时间则被视为循环或无止境地重复自身，思考历史救赎则不可能，只能指出一种个体从时间与历史中拯救出来，而非通过时间和历史的社群中进行拯救；相反，历史一旦被时间主导，历史的运动则具有方向性，有着特定的起始和终结，并迈向一终极的完成；救赎则是群体性的，在历史中并通过历史的救赎，因此历史本质上是“救赎历史”（history of salvation），并且历史有一呈现历史意义的转折点或中心，目的是为要克胜历史进程中自我摧毁的力量，并创造出崭新之物，这物不能被自然的循环运动所摧毁。[4] 蒂利希刻意对比这两种相异的历史诠释，旨在指出唯有历史的历史诠释才能认真看待历史进程，并以历史意识介入真实当中。

在蒂利希的早期论文《凯洛斯》（Kairos, 1922）中，他指出两种原因导致历史意识的瓦解：永恒的超越性历史观和尘世的内在性自然观。前者被认为植根于永恒而对历史漠不关心，历史只不过成为永恒观照的一瞬间，没有运动没有进程，以致造成虚幻的历史真实；后者完全被历史的内在力量运动所包纳，只能在历史时间的象限中查验历史，以致造成缺乏历史的超越指涉。[5] 显然，蒂利希在此开始为讨论他的观点而铺路，指出基

3. Paul Tillich, “The Historical and Nonhistorical Interpretation of History: A Comparison,” in *The Protestant Era*, ix–xxix.
4. Ibid.
5. Paul Tillich, “Kairos,” in *The Protestant Era*, 33.

督教传统中关于超越的历史观与强调历史革命的世俗主义之间的割裂，最后导致两者在历史的思考上同时失焦。在面对转化德国历史的无力感时，蒂利希企图重新诠释基督教为一种独特的历史意识，这种意识要能在历史中转化历史，而不被历史的象限所笼罩。

三、绝对与相对的历史意识

蒂利希的历史哲学是通过他的类型学来展示的，他大体上区分了绝对性和相对性的历史观。就前者而言，又分为革命类型和保守类型。绝对性的革命类型是指，凡是绝对性历史哲学皆认同善恶正邪的张力，此张力的绝对对抗性不容消解。革命类型强调历史最终时间的紧迫性，并以极大的“否”来取消一切的过去，并以极大的“是”指向将来；绝对性的保守类型是以教会建构为基础，表达历史的最终决定性时刻已经来临，教会以新的存有来表达这种胜利。这两种绝对性的历史哲学皆认为历史内部的某些独特事件为绝对，无论是教会或被预期的将来皆被视为绝对。前者往往可视为历史的绝对，并以上帝之名来为教会争战，但要注意的是历史的意义和时机并非局限于过去或某一体制中，普遍性的理解正好针对上述类型。同时，世俗性的革命历史观往往以乌托邦形式（绝对的将来）出现，此类型往往以保守教会类型为敌人并针对之。可惜，此类型虽然肯定了某种无限的临在，并批判宗教领域，但亦往往过度否定历史的过去，以绝对化将来。这两种历史哲学皆肯定某一历史真实为绝对。蒂利希指出最后一种绝对性属于巴特式神学，其辩证神学从危机教义出发，以上帝国无制约的力量审判人间历史，这种历史观否定了人间历史的意义，无限与有限间的张力也随之消失，有趣的是，蒂利希认为这种超自然主义的历史观由于无视人类历史变得抽象而失去有效性。

与绝对性哲学观相对的是相对性的历史哲学。相对性的历史哲学取消了历史进程中的绝对性张力，任何的历史事件的意义和价值都变得相对，由于并无单一历史事件内含绝对意义，普遍性与同质的历史观顿时变得更真实。相对性的古典类型历史观指出每一历史时刻皆是上帝神性的临在，稳定性特质是此类型的重要特征，任何历史上的不稳定元素皆为历史的自我摧毁性元素；相对性的进步类型是指历史进展会由于终点的延滞而变得倾向渐进性，这种渐进性发展往往通过理性的计算而变得进入一种计算型发展性形态。此类型虽然强调改变和转化，但由于终极理想往往变得延迟而慢慢由进步而变得保守。最后一种是辩证性的相对类型，分别以十二世纪菲奥雷的约阿希姆（Joachim of Floris）的圣三一历史观这一神学形态为代表；并且黑格尔的逻辑辩证历史观作为哲学形态；最后是马克思的经济决定论所凸显的社会学形态。就蒂利希而言，这类型综合了古典与进步类型于一身：一方面，所有历史阶段皆得到正面的评价，因此他们各自本身并非仅仅是过度，而是自身就有永恒意义；此意义不仅关联于绝对，并且与其他水平横向的历史阶段彼此联络；另一方面，革命的特性亦存在于这类型中，因为无论是时机以一种实时临在的方式来理解，或以一种未来最后阶段的方式来理解，都同样可以带引出革命的批判性元素。但蒂利希认为，这种辩证性的历史哲学存在着一种两难：辩证的发展为什么最后必须以某一阶段作为完成？再者，若贯彻此发展，将落入一无尽的重复当中。

总括而言，无论是绝对或相对形态历史哲学，皆预设了某种“凯洛斯”观念，也就是历史的意义所在：就绝对性的形态而言，它要求这一种历史意识中的绝对张力；就相对性形态而言，它要求一种普遍性历史思考。就这两点而言，蒂利希认为绝对性张力需要得到保持，否则绝对形态的历史观就容易绝对化某一历史时刻，而把它视为绝对，并相对化了其他的历史阶段；相对性历史观在此起着一种平衡的作用，抵制绝对化的企图。故此，要综合绝对化和相对化的历史观，就必须肯定一个悖论——“凯洛斯”内容的恰当理解。“在凯洛斯中发生的应是绝对的，但也不应是绝对的，而是应处于绝对的审判之下。”可见，蒂利希在综合绝对与相对历史意识时，并非采取一种辩证的方式而是以悖论性的陈构来展现这种“凯洛斯”的结构，这是一种既让绝对在场又让它隐藏的历史时刻。在稍后的时间，蒂利希彻底将这种历史意识的悖论性建基于基督论上。

四、“凯洛斯”的历史神学

蒂利希指出就一种独特而普遍的意义而言，“凯洛斯”可指基督教信仰中耶稣基督的显现；但蒂利希似乎更关心的是“凯洛斯”亦可指到历史进程中转化历史的关键性转折点，此点有如神圣永恒的介入，以致审判和转化时间；因此，凯洛斯的历史神学永远与基督论密切相关，但同时，它又不局限于基督事件，而是有一种更具普遍性的关怀。显然，蒂利希在此面对一种基督论原则的独特性与普遍性的张力。

“凯洛斯”的历史意识综合了绝对与相对性历史思考。就蒂利希提出的几种历史哲学类型而言，“凯洛斯”的历史神学指出，历史的任何一点皆能成为“凯洛斯”，这也是有限向无限的敞开，无限临在和介入；但同时，历史中的“凯洛斯”又不能宣称自身就是这个无限。依此，凯洛斯神学综合了绝对性和相对性类型的历史哲学：历史的相对性时刻并不因为相对性而自绝于无限，反而它会成为无限的载体；同时，相对于绝对不会因为神性临在而将界限融合，无限与有限仍存在不能消除的张力。因此，凯洛斯的历史神学要继续为保持永恒与时间的绝对张力而铺路，拒绝任何尘世历史点的神圣化行动，并同时赋予历史时间能承担神圣时刻的可能，为推进历史进程而肯定历史的意义，这是对历史做出肯定与否定的神学原则。

更重要的是，蒂利希这种历史神学的理解并不与上面各种历史哲学相对立，而是采取一种批判性继承的进路。但有一点值得注意，蒂利希的观点无疑是比较接近辩证性类型：第一，凯洛斯神学的辩证特质是要贯彻到底的，历史进程中的任何一阶段都无法宣称为最后的和绝对的，因此，“凯洛斯”中的辩证是动态性的和不停止的；第二，历史逻辑中的不存在必然性，意指历史逻辑并不是也不应该受制于任何既定的规律和法则，否则任何历史行动的意义也势必归于虚无。“凯洛斯”的辩证神学强调历史载体（人或群体）的自由和决定、意义的更新、神性的自由行动（恩典和审判），这一切都指明历史进程并不是一种封闭的容器，反而是不断向无限敞开的过程。

在《凯洛斯》中，历史神学的历史意识与神律彼此关联。要完成凯洛斯的历史意识，有限必须被无限所克胜，并成为无限的载体。[6]可见，蒂利希在此带着浓厚的早期文化神学的基本纲领（宗教是文化的本质，文化是宗教的形式）来思考历史课题，并将之以神律的格局来理解。在凯洛斯的历史神学中，永恒是时间的本质，时间是永恒的形式！凯洛斯的历史意识具备神律的特质是指每一刻的时间都向无限敞开，无限临在并指导历史进程，它是时间意义的最终指涉。蒂利希在这篇早期文章中，使自律的历史与神律的永恒保持一种“形式-本质”的关系：自律的历史本身并不必然否定神律的神圣时间，相反，它是历史内在的动态性力量；神律的永恒也不以销毁和对抗自律历史来寻找根据。“凯洛斯就其独特的意义而言（对我们现今的处境尤为重要）是指在世俗并虚空的自律文化土壤上一种新的神律的来临。”[7]蒂利希清楚地表达出他对神律降临的渴求，并结合自身文化神学的远象，对当时的德国历史做出了一个最精辟的历史神学陈述。

> 历史从神律而来并走向神律，即有限向无限敞开而不宣称自身为无限。神律在历史诠释中结合绝对与相对元素，并要求所有相对元素成为绝对的载体，没有任何相对能成为绝对自身。[8]

6. Tillich, “Kairos,” 45.
7. Ibid., 47.
8. Ibid.

当时蒂利希确实对历史的决定性时刻怀有积极与乐观的态度。更重要的是，凯洛斯的历史神学积极鼓动改变历史的意识及行动，视历史的参与者成为永恒在场的载体，并在历史进程中不断以“是”和“否”的辩证来肯定和否定历史的结构。

五、两次历史神学的交锋

倘若 1922 年的《凯洛斯》是蒂利希历史神学的奠基性文本，那他与卡尔·巴特在 1923 年就总体辩证神学的公开论战则是考验这种历史神学的重要战场。这场论战涉及多个至关重要的现代神学课题，其中也间接涉及巴特与蒂利希就永恒与时间的关系争论。蒂利希早在《凯洛斯》中就已碰触巴特早期（特别是《〈罗马书〉释义》[第二版]）的历史观点：

> 没有有限的真实能宣称一个绝对位置，所有有限皆以“是”和“否”的方式被无限所审判。这是一种在历史持续中的恒久性危机……凯洛斯经常是被给予的，但在历史内却缺乏一个至关重要的时刻……历史本身失却其绝对意义，以致失去那种就历史做出革命性诠释的巨大力量。从这个绝对性视点而言，历史变得无关痛痒。[9]

早期巴特的观点被蒂利希视为一种绝对的冷漠类型：绝对

9. Tillich, “Kairos,” 38.

性是由于历史成为一处绝对张力彰显的场所，上帝的“是”与“否”成为批判历史运作的辩证性力量；但这种凯洛斯是以一种超自然的方式来理解，意指巴特以一种否定的态度来掌握历史时间，肯定上帝超越历史的存有和启示。

蒂利希当时在《批判与积极的悖论》一文中，[10] 批评巴特辩证神学的历史观是相对化历史场景中的意义，终止上帝国与历史间的延续性，也就是绝对化上帝国垂直介入历史的时刻。巴特为了用最强大的力度否定人之言和历史理性的神性可能，他以相应的力度拉开永恒与时间的距离。蒂利希指出虽然巴特的辩证神学正确地反对所有对神圣无限作非悖论（unparadoxical）、客观（objective）和非中介（immediate）的理解，但巴特的问题是没有认清这种神学批判力度的“否”的前提，是需要神圣的“是”作为补充的，也就是“批判性悖论的神学，是要交给悖论而不仅是辩证，依此，它就能成为积极性悖论的神学”。[11] 蒂利希的意思就是巴特式辩证神学只单方面强调神圣的“否”，却没有意识到真正的辩证神学需要在神圣的审判前提上肯定上帝的恩典，“否定之所以能彰显，仅由于以肯定来理解，而非否定本身”。[12] 依此，蒂利希认为辩证神学若要达到真正的“辩证性”有两条战线：（1）批判一种只有恩典没有审判、无限与有限缺乏一种悖论性联合（paradoxical unity）

10. Tillich, “Kritisches und Positives Paradox: Eine Auseinandersetzung mit Karl Barth und Friedrich Gogarten,” 263–269; Tillich, “Critical and Positive Paradox: A Discussion with Karl Barth and Gogarten,” 133–141.

11. Ibid., 141.

12. Ibid., 136.

的观念论（idealism）；（2）批判一种视有限罪性为自然过程却没有恩典联合的实在论（realism）。[13] 蒂利希强调在神学上，观念论式的自由派神学忽视了人的消极性和漠视了上帝的超越性带来的否定性；但另一方面，巴特式的神学亦有一种实在论的倾向，忽略了神圣的恩典（是）和审判（否）可以有一种悖论式联合（paradoxical unity）。简而言之，巴特的历史神学为了抵制历史理性对神性永恒的操控，以最大的“否”来中断历史的自律结构，因而他的凯洛斯是绝对性张力的否定性呈现。蒂利希指出，这种历史会被消融于神圣时间之内，有限无法向无限敞开而成为载体，神圣的积极性元素被取消，历史将失去本身进展性的动力。

倘若上述的历史神学交锋是面对自由派神学并战后德国历史进程的神学争辩，那么蒂利希在 1934 年与希尔斯（Emanuel Hirsch）的历史神学交锋，则是面对纳粹神学与第二次世界大战的历史神学争辩。希尔斯站在国家社会主义的历史进程中指出凯洛斯内在于德国民族的历史高峰，并成为神圣临在历史的决定性时刻，表达出永恒与时间的相即关系，为德意志历史进程提供一种历史参与的神学。蒂利希在 1934 年（赴美后一年）发表了一封给希尔斯的公开信，[14] 信中最重要的观点是蒂利希强烈批判希尔斯盗取并扭曲了宗教社会主义的凯洛斯观念来为国

---

13. Tillich, “Kritisches und Positives Paradox: Eine Auseinandersetzung mit Karl Barth und Friedrich Gogarten,” 263–269; Tillich, “Critical and Positive Paradox: A Discussion with Karl Barth and Gogarten,” 136.
14. Paul Tillich, “Open Letter to Emanuel Hirsh,” in *The Thought of Paul Tillich*, eds. James Luther Adams, Wilhelm Pauck and Roger Circulim Shim (San Francisco: Harper & Row, 1985), 353–388.

家社会主义护航，并为纳粹提供了一种基督教神学的理据；更重要的是，通过这个批判，我们可以发现蒂利希为凯洛斯神学观点做出一种重要的补充，以致把凯洛斯的意义从一种早期倾向神律神学的关切，过渡到中期一种充满先知式批判精神的历史观。倘若，早期的观点更多认为“历史承载永恒”的观念将引导出“神律”这一观念，神律联结着有限和无限，有限向无限开显而不能变成无限，因此历史的时刻将成为无限的载体，在这时刻，神圣彰显并表达出神圣的参与，那么这种凯洛斯历史神学的危险正体现在希尔斯的观点中。用蒂利希的概念而言，“凯洛斯”观念之所以对历史和神学构成危险仍是希尔斯将“凯洛斯”作一种保守的圣礼式诠释，这将导致把神圣临在与某国某族的历史时刻相等同。依此，有限的政治将被视为神圣的象征，这将带来灾难性的后果。依蒂利希而言，希尔斯过分强调“凯洛斯”的相对性而忽略了超越的绝对性，漠视了该观念中的先知性和终末论的批判精神。可见，蒂利希中期仍然将这种批判性浓度加剧的“凯洛斯”赋予一种基督论式的新教原则（Protestant principle），来克胜历史有限性的魔化力量。

从上述两次的历史神学交锋中，我们可见蒂利希凯洛斯神学的两条战线：（1）批判巴特的超自然历史诠释，将神圣启示与历史作否定的辩证诠释，导致历史被排除在永恒之外；（2）批判希尔斯的圣礼式历史诠释，将时间视为永恒的载体，通过把历史神圣化来为历史作承担，导致历史与神圣的界限被取消。这两重的批判同时亦是两重的肯定，凯洛斯的历史神学须承担一种辩证的原则：既于历史的场所中体现神圣的在场，同时神圣的在场又批判这种历史的场所。简而言之，历史的意识需要具备一种神圣的介入，来为改变和转化历史而提供肯定；但同时需要激进地否定任何努力的魔化，视每一刻都是永恒。我们会清楚察见，蒂利希从早期到中期皆以一种基督论原则来贯彻上述的历史神学理念。

六、基督论与历史神学

在《历史诠释与基督的观念》(1930)一文中，蒂利希将历史与基督视为两个相关的概念；他认为对历史本质的分析将无可避免地引导出基督论的问题，而基督论又必然引导出有关历史诠释的问题。[15] 蒂利希在此倾向以一种问题和答案的关联方法去理解历史和基督论之间的关系，先就历史诠释的问题加以探讨和展开，后指出基督论的答案。[16] 他并不关注古典基督论探讨的“两性如何联合于一个位格”，他认为这方面的探讨只是一种预备性研究；真正核心的问题是如何处理历史实在的问题，亦即如何理解和克胜历史中的那些否定性威胁。

> 发展基督论是指那个具体的一点，其中绝对在历史中出现，并为历史提供意义和目的；同时这亦是历史哲学的核心问题。[17]

---

15. Paul Tillich, “The Interpretation of History and the Idea of Christ,” in *The Interpretation of History*, trans. N. A. Rosetski and Elsa L. Talmay (New York: Charles Scribner’s Sons, 1936), 242.
16. Ibid., 243.
17. Ibid.

对当时的蒂利希而言，历史问题的解答并非如后期《系统神学》（卷三）中所指出的，要在上帝国的象征中处理；他当时所理解的上帝国是一种历史的超越成全，这种成全指向一种终末和绝对的意涵，[18]而非历史问题的答案。蒂利希认为历史诠释的问题有关历史意义和目的，解决的答案所指向的并非历史的含混性或无意义的一种将来的终极和超越，而是需要一种当下具体把握历史的意义，因此，基于上帝国这种超越和终末的理解而改以基督论作为历史的答案。[19]

历史内部的诠释问题是关于历史意义和目的的问题，蒂利希强调历史在时间和空间内的物理起点和终点是不能解决自身问题的；历史意义是由"历史中心"（the center of history）所决定和呈现的，这个中心决定历史意义进程中的起点与终点。

> 历史中心是给予历史意义的原则（meaning-giving principle of history）可被察看之处；历史得以被建构是因着它的中心被建立这事实，或因着一个中心通过创造历史而证明自身是一个中心。[20]

只有当历史被视为救赎历史时才具有绝对的意义。蒂利希

18. Paul Tillich, "The Interpretation of History and the Idea of Christ," in *The Interpretation of History*, trans. N.A. Rosetski and Elsa L. Talmay (New York: Charles Scribner's Sons, 1936), 280.
19. 我们会发现蒂利希在《系统神学》（卷三）中也对这种上帝国的理解作出一种较大的修改，就是同时兼备超越与内蕴性的诠释。
20. Paul Tillich, "The Interpretation of History and the Idea of Christ," 250.

强调神圣存有的道成肉身，进入时间之内启示其绝对和无限性，以致基督所带来的救恩突入而临在历史之中。救恩将历史内部的魔化势力作决定性和最终的克胜，这种克胜并非在过去或将来的历史时段中获得，而是在永恒中寻求。[21] 但永恒又并非指一种无时间性的延续，因着道成肉身把历史与永恒接上，所以在历史内部寻索其问题的答案是可能的。[22] 虽然道成肉身事件是一件历史事件，但它并非全然属于过去；过去也临在于现在，因为被道成肉身这历史事件抓住并接受它的人的历史意识中，道成肉身是涵盖着丰富的意义而存在的。[23] 依此，蒂利希强调基督对应人类历史实存问题的答案，而基督论的问题也就被理解为基督成为人类历史中心的问题。

重新回到基督论与凯洛斯的问题上。倘若蒂利希需要寻找一条基督教原则来奠基一种凯洛斯的历史神学，则需要满足一种绝对性与相对性历史哲学的综合要求，即寻找这目标——有限向无限敞开而不宣称自身为无限，神律在历史诠释中结合绝对与相对元素，并要求所有相对元素成为绝对的载体，没有任何相对能成为绝对自身——似乎基督事件是一个比较理想的原则。从道成肉身的角度而言，历史上的耶稣成为承载绝对的道的载体，依此绝对与相对得到辩证的综合。其次“历史上的耶稣”的历史有限性是向超越而无限的上帝敞开，而在十架上否定一切神圣化的行动，以最激进的方式来摧毁无限化的企图。

---

21. Paul Tillich, “The Demonic: A Contribution to the Interpretation of History,” in *The Interpretation of History*, trans. N. A. Rosetski and Elsa L. Talmay, 122.
22. Tillich, “The Interpretation of History and the Idea of Christ,” 256–257.
23. Ibid., 257.

因此，早期的蒂利希试图以这种基督论式凯洛斯神学来开展历史思考。这套神学有一种两面性：一方面，它保持着一种神圣无限突入和审判历史时空的可能，中断历史的延续性和神圣化企图。此举最为明显的是蒂利希不满希尔斯将凯洛斯圣礼化的操作，而指出后者忽略了凯洛斯基督论中的批判性力量；另一方面，它又永远让历史的每个时刻成为神圣时刻而准备，让相对的能彰显绝对。此举最明显的是蒂利希针对巴特断然将尘世历史与神圣时间割离的做法。基督论的焦点再不是神性与人性连于一位格的形而上学问题，它毋宁变成让永恒与时间之间的辩证关系更能被思考。

七、总　结

上述讨论基本上是以蒂利希早期的历史神学为焦点，在这部分尝试指出他的历史神学所隐含的两个重要问题。这两个问题同时也是蒂利希在发展他的神学时所面对的：（1）历史神学的侧重点转移问题；（2）基督论的独特性与普遍性问题。

首先，蒂利希早期的历史神学无疑是带有较浓厚的理想主义色彩。他在1922年出版《凯洛斯》，表达了当时德国知识分子对第一次大战后百废待兴的普遍期盼，并急于寻找并试图把重建德国文化的历史任务重置于基督教神学中；当时他的神律式历史思考正好表达出神圣与世俗间的相即关系，这种神圣临在历史的积极信心确实驱动着蒂利希的历史意识，正如他所说的：“我们深信，今天的一个凯洛斯——一个划时代的历史时刻——这清晰可见！”依此，蒂利希的早期历史神学无疑有一种较偏向理想的表达。当然他的理想主义并非一种一面倒的乌托邦式想象，在结合神律与自律的历史意识时，仍试图保留辩证的特质，但其精神内核偏向积极与肯定。这种较理想主义式的神律历史观在遭受二次世界大战和纳粹的挑战时，很快就转移了它的定向，从一种内蕴性较强的神律历史神学转移到以批判性主导的激进历史神学。蒂利希明显在历史的课题上，因着面对更严峻的敌人（极权主义、反犹、资本主义及科技问题），其历史神学更侧重以上帝国的临在来审判历史；当然他的批判性仍然不是早期巴特式的，内蕴的历史力量与批判性的超越审判从来就不冲突。最后，当蒂利希晚年在美国完成他神学体系的圣灵论与终末论时，整个历史神学重新结合圣灵论（而非基督论）来展述一种最彻底的神圣临在历史观；凯洛斯被诠释为个体与群体经验神圣临在的属灵特质，是某种宗教体验的时刻——在“永恒临在”（eternal present）下体现爱、公义和盼望。这种晚年的侧重点无疑和他与佛教相遇的宗教对话体验有重要关联。

其次，与蒂利希晚年将神学基础转移到圣灵论相关的另一个问题，就是凯洛斯的独特性与普遍性。蒂利希早年将凯洛斯神学联系基督论，并视基督事件为决定历史意义的历史中心，这种说法无疑是将基督论式的凯洛斯神学放在一种独特考量之下，甚至它有着某种排他性的倾向。意指历史中只有一个历史中心来决定历史的意义。但值得指出的是，真只有一个凯洛斯吗？难道在人类历史中就没有其他时刻具备“有限承载无限，向无限敞开”的真实吗？这个问题直指蒂利希思想中的核心之处，这亦是他晚年面对佛教后需要重新思考的神学问题：一个或多个“凯洛斯”（*Kairos* or *Kairoi*）呢？倘若，蒂利希晚年将整个神学奠基在圣灵论上，似乎他只能接受多个历史中心的结论，或至少一个历史中心的立场会受到严重的挑战。倘若如此，基督论的位置在他的历史神学中就会由一个“主导性和规范性的角色”转变为“辅助性和描述性的角色”。圣灵论式凯洛斯神学一方面延续蒂利希早期的神律历史神学的内蕴性，以圣礼式普遍临在诠释永恒临在时间，并且指出先知式的圣灵论重新肩负早期历史神学的批判性角色，将属灵群体的意义进一步扩展而包纳其他非基督教群体，最终体现“属灵群体普遍存在于历史中”的观点。

可见，蒂利希的历史神学发展会按照不同具体处境而有侧重点的转移，但这并非意指他改变了一些最根本的神学立场。在《系统神学》（卷三）的最后部分，他仍然以“历史与上帝国”作为结束。可见，由始至终，历史确实是蒂利希一生没有忘怀的神学主题，他以最多的时间和最大的精力来思考它，为基督教的历史神学添上了可贵的一笔。

第十章
历史

一、历史的特质

（一）对实在的历史与自然的理解

蒂利希认为历史进程与自然进程有着本质上的分别。一般而言，历史的发展是因着人的参与和自由而可能，而自然发展只不过是自然内部必然性的结果。在《历史诠释与基督的观念》一文中，蒂利希展示出以自然与历史这两个相异的范畴来理解实在的差异。他指出自然所展示的生命形态以循环（circle）为特质，生命的内在动力一方面表现于追寻生成和发展，但另一方面却又受着自然发展的必然性所限制。[1] 虽然自然生命的进程是生生不息的动态性发展，但蒂利希强调循环模式使自然经

1. Tillich, “The Interpretation of History and the Idea of Christ,” 243–244；另参 Tillich, “Christologie und Geschichtsdeutung,” in *Paul TillichMain Works/Hauptwerke*, vol. 6, ed. Gert Hummel, 190–191。

常寻求一种在静与动之间的平衡点。[2] 他似乎想指出这种相对稳定的循环形态与历史进程格格不入。蒂利希曾在《历史的历史性与非历史性诠释》(1939）一文中详细解释几种欠缺一种历史性思维的文化特色。对中国哲学的“道”而言，道的永恒性在历史的范围之外，而不受历史进程影响。蒂利希认为中国的圣王及典籍的作者往往成为将来模仿的对象，故此是一种过去主导着将来的形态；[3] 对印度哲学而言，一切生命形态，包括神祇、人、动物，以及终极的真实和意义皆由梵天（Brahman）派生而来，这些真实皆在修炼者的眼中视为透明。蒂利希指出梵天教义中的拯救观是渴求将人与一切众生从时间和历史中拯救出来，而并非通过时间和在历史之内拯救，故此最终时间并没有自身的终极意义。[4] 在希腊的古代思想中，“自然”指一个理性的范畴，意指一切生成（growth）的存有而受本质上必然性（essential necessity）所辖制，当中缺乏人为（artificiality）与任意的思想和行动（arbitrary thinking and acting)，所以经验上的实在参与在一种结构上的必然性中，而自然的完美特质表现于一种循环的运动（circular motion）之内；“存有”(Being）则是不动和永恒的，并没有更高的完美性可追求，亦没有生成与消亡。因此，历史并没有完美点（point of perfection）可追求，因为它并非一种循环运动，没有更完美的将来可被期望。蒂利希指出在亚里士多德（Aristotle）的理解中，希腊思想以

2. Tillich, “The Interpretation of History and the Idea of Christ,” 244.
3. Paul Tillich, “Historical and Nonhistorical Interpretations of History,” in *The Protestant Era*, ed. James Luther Adams, 17.
4. Ibid.

空间范畴作为中心，而非时间范畴的中心；时间是无终的，只是无限地重复着自身。斯多亚主义（Stoicism）的世界纪元学说（doctrine of world age）更强调世界是在燃烧和重生的往复中，故此亦是一种持续的循环。而后，新柏拉图主义（Neo-Platonism）注重个人灵魂的超脱，而忽视人际社会政治的横向层面改进，可说是以垂直的向度取代了横向发展的向度。蒂利希指出新柏拉图主义在后期的发展中更形成一种“神秘的超自然主义”（mystical supra-naturalism），将自然彻底摒弃于神–人关系之外。[5] 蒂利希在总结这些以非历史性诠释历史的特质中有三点值得注意：

> （1）这些文化皆以空间主导着时间，时间被视为无限地重复和在自身中循环，故此，历史性思维无法在空间占主导的形态中开出，以空间为主导的是以自然作为最高的诠释范畴。
>
> （2）一切生成和变化的自然范畴皆被视为没有终极意义和价值，时间性的世界观从属于永恒向度之下。拯救是把人从时间和历史中释放出来，时间与历史并不能构成一个拯救的载体。
>
> （3）历史只是不断自我摧毁的进程，最终在人类历史的终点上引致无可逃避的消亡。[6]

---

5. Paul Tillich, “Historical and Nonhistorical Interpretations of History,” in *The Protestant Era*, ed. James Luther Adams, 18–19.
6. Ibid., 20.

从这些表述中得知，蒂利希似乎有意将历史进程的思考形态与自然发展的形态作鲜明的对比。在以自然为诠释进路中，空间主导时间的发展形态，后者只是前者的一个向度而已，空间将时间封闭于自身之内，而无法超越自身。[7] 相反，以历史切入来理解存有时，上述这种循环形态的时空观将受到影响。蒂利希强调时间一旦以历史视角切入空间时，就会建构无法逆转的线性时间发展，这种发展并没有削弱反而加增了诸存有的力量。[8] 蒂利希认为有两点值得注意：（1）这种历史思考具备方向性的目标，从发生（happening）到指向的目标（goal），这种方向性引导着众生实现一种实现的发展而非循环的往返；[9]（2）因着目标被确立和被引导，历史思考指向一种崭新性（newness）。[10] 故此，时间只有一个方向，并且是在同一的方向上。蒂利希指出历史进程一旦进入自然发展当中时，自然中的内在张力就成为打破纯然存在的循环张力，自然亦因此离开了平衡的状态。在此，蒂利希倾向把历史与自然分开。

> 当只有一个方向、只一次而没有重复地生产事物时，时间从空间中撕裂开来，历史从自然中撕裂开来，但因着这分离，时间的内在意义得以完成。[11]

---

7. Tillich, “The Interpretation of History and the Idea of Christ,” 244.
8. Ibid., 245.
9. Ibid.
10. Ibid.
11. Ibid., 246.

（二）历史向度与固有历史的区分

在上一节，我们已考察了蒂利希在早期如何表述历史思维与自然发展的区别，他认为两者基本上从属不同的范畴和层次；而在蒂利希后期的发展中，他将历史的意义厘清得更清楚，以免读者混淆人类历史发展与自然历史发展的差异。

在《系统神学》(卷三）中，蒂利希强调历史向度是生命多重向度中最富包容性的一个向度，原本应该在精神向度的部分中讨论，因为唯有在精神向度中实现其潜存性时，历史向度才能开展，并以一种横向的方向性预期地发展。[12] 因此，蒂利希认为历史的恰当和原初意义就应该是指人类的历史（human history)，因为唯有人的精神向度才能开展历史意识，这正是“固有历史”(history proper）的意思。[13] 但蒂利希并无否定万物同样具备历史发展的进程，自然世界的生成及老死皆展现出一历史性的发展形态，因此“自然史”(*Naturgeschichte*）一词正是指在自然中一切生命生成的历史向度（historical dimension)。[14] 重要的是，蒂利希指出历史作为向度与固有历史有四点差异。

首先，在精神向度下开展的历史具备“意向”(intention）和“目的”(purpose)；蒂利希认为人类的目的性参与对历史发展具决定性，虽然它并非一种历史发展得以可能的充分条件，但一定是必要条件，意即虽然历史发展还须具备其他外缘性因

12. Tillich, *Systematic Theology*, vol. III, 297.
13. Ibid.
14. Ibid.

素，但一旦缺乏人类精神向度的目的性投入，则无法有历史的发展可言，“一个欠缺以目的为意向的进程是没有历史的”。[15]言下之意，蒂利希想表示自然的进程完全没有人的精神向度的展现，至少在精神向度中，无机和有机界域中只能以潜存性存在，故此自然的历史发展只是一种生物、化学和物理性的自然法则所驱动，整个进程皆缺乏目的的参与。

其次，固有历史所表现的特征是人在历史进程中设定某些特定与非特定的意向和目的，重点在于人能以其有限自由超越所处的自然及历史环境。[16]这种自我超越充分将存有论元素中的自由与命定的两极性表现出来，人的自由受制于过去历史的因素，但同时却从这些因素中创造新的历史进程。蒂利希的意思是人的自由介入使得历史能开展某些新的局面。[17]

再者，继承上一点有关自由的介入，固有历史的特质表现于一种“崭新”的可能。[18]蒂利希认为每个历史场景都是新的出现，都是独特的（unique）和完全无法比拟的（totality incomparable）。[19]他强调“崭新”对自然动态发展而言不是陌生的，从宏观和微观宇宙的角度观之，无机世界每时每刻皆有新的结集，有机世界随着进化的过程产生新品种。[20]这一切表明，自然的历史向度完全有产生新生命形态的可能。但蒂利希强调固有历史和历史向度的“崭新性”是有本质上的差异的，

15. Ibid., 303.
16. Ibid.
17. Ibid.
18. Ibid.
19. Ibid.
20. Ibid.

分别在于两者相连的价值或意义的问题。蒂利希指出人类精神向度中开展的文化领域和历史领域内涵盖人格与社群的共同体，这些共同体追求真理、公义、神圣等宏观及绝对意义；倘若这些价值是绝对的，则在人类固有历史中新事物的出现必然是指在这些群体中实现的崭新性价值。[21]

最后，固有历史中的历史事件具有某种意义的独特性（significant uniqueness），这种独特性的意义展现为它们代表人类本质上的潜存性（essential potentialities），并且他们展示出这些潜存性以一种独特的途径来实现，还有历史事件是指向历史终结时的最终目的。[22]

总括而言，固有历史与历史向度的分别在于自由与终极意义的参与和呈现。在自由的问题上，蒂利希认为无论是微观或宏观自然都无法发现自由和目的的例子，就算在有机世界中的高等动物亦无法超越自身的一切生物法则和定律，它们受缚于自然的需要和象限。自然所表现的是有限的必然性（finite necessity），人所表现的是有限的自由（finite freedom）。[23] 自由的意涵正是突破必然性的法则，目的和意向皆无法在自然中寻获。有关终极的意义问题则比较复杂，其中涉及“生命各向度的存有是否具备终极意义”的问题，以及“是哪一种意义上的终极意义”的难题。蒂利希没有否定自然界无时无刻皆有新的生命品种和形态产生，这些存有在某个生物意义上是独特的，

---

21. Tillich, *Systematic Theology*, vol. III, 303.
22. Ibid.
23. Tillich, *Systematic Theology*, vol. II, 31.

但这种自然的独特性是否具有终极意义呢？蒂利希的答案是否定的，原因是对蒂利希而言，只有作为人的精神性向度才具有体会和经验终极意义的能力。[24] 蒂利希没有正式回答“万物是否内在地和本然地具备终极意义”这一问题，但他指出即使自然界被指称为终极意义的载体，这种意义还是要由人赋予；易而言之，自然无法依赖自身而具有终极意义。[25] 所以，就一种模拟的方法而言，自然界确实具有历史的发展意义，并且万物皆有内在目标（*telos*）等待实现，这种实现必然是以历史的向度作为实现的场所，故此一切众生皆有历史向度。但自然的“自发性”(spontaneity）不能等同于人的“自由”(freedom)，唯有人类精神向度中所开展的历史才是历史的本意。[26]

二、历史载体

与前一节探讨历史向度与固有历史相关的，是有关历史载体（bearer of history）的问题。我们已经清楚表述过，蒂利希认为一切生命向度皆具有历史发展的向度，但固有历史（history proper）之所以可能，是建基于自由的目的性介入与终极意义的体现。蒂利希指出，这两者在自然的历史向度中皆有所欠缺，故在严格意义上自然发展的历史进程并非人类精神向度下所开展的历史进程。可见，就后一种意义而言，历史并没有在自然中出现。有关“历史载体”的问题正是探讨何种实在的生命和

24. Tillich, *Systematic Theology*, vol. III, 305.
25. Ibid., 305–306.
26. Ibid., 306.

存有内有历史的出现，易而言之，即探寻“哪种实在能成为承载历史的载体”。

蒂利希早期指出，他之所以区分“线性的历史思维”与“循环的自然发展”，并非要将自然抽离历史以外；虽然蒂利希当时并没有使用“历史向度”和“固有历史”来解释“自然并不抽离于历史”的真正意义，但他强调历史的意义是由于自由的介入并产生崭新性的创作是十分清楚的。[27] 蒂利希进一步指出：

> 假设一个“人”的概念，而当中没有涵盖历史性是错误的，或者假设一种人与自然的分离而使历史范畴可排他性地只应用于人身上亦是错误的。[28]

蒂利希似乎没有正面处理自然能否承载历史的问题，他只指出人、自然与历史之间存在紧密的关系，历史这个范畴在某种意义上可应用到人和自然当中。

有三点值得注意：（1）蒂利希强调“历史载体”的问题并非以载体的特征来解决而是从历史本身的特征来解答。[29] 所以，蒂利希明言“一些崭新的东西可以出现，意义得以实现，将来可被预期”。就成为历史载体的重要特质。[30] 大致上这个历史载体的界定跟后期有关历史向度和固有历史的区分是一致的。两

27. Tillich, “The Interpretation of History and the Idea of Christ,” 252–253.
28. Ibid., 252.
29. Ibid.
30. Ibid., 252–253.

者皆注重历史产生的新局面和新状态，而“新”的具体意思是由历史意义所确立，所以“历史载体”是指一存有在其中及通过其中意义借着自由来实现。[31]（2）蒂利希表明上述的界定只是一个原则性的使用，意即在本质的状态下是有效的。人是以自由超越环境的存有，并且能产生意义的实在，但人并不一定能将这些特质完全实现出来，易以言之，若从一种实现的角度而言，人不一定能将拥有历史的能力发挥出来。[32]（3）虽然蒂利希对在人之上和在人之下的存有是否有参与历史进程的能力表示怀疑，但他却认为自然和世界皆以一种“非直接”的方式参与在历史的过程中，历史中的新局面和事态显然不能离开自然的参与而作为基础。[33]“崭新与意义皆依赖一些自然力量的结集而成，这些力量使得生命和人类的存在成为可能。”[34]蒂利希在《上帝国与历史》(1938）一文中，关于历史与自然间的关系的观点仍是含糊的，他强调历史并非单单依靠人类的自由的参与，并指出自然在建构人类历史中是参与性和分享性，“它［自然］为历史创造了地理的、生物的和心理的基础，并就人类行动行使一种持续性的影响”。[35]但蒂利希却没有言明人类自由的参与与自然的参与有什么不同，他似乎倾向认为历史进程建基于人类的自由参与，而人类的自由参与和自然有紧密的关系。依此，自然在历史进程中的参与仍是间接的，它必然需要人的

31. Tillich, “The Interpretation of History and the Idea of Christ,” 253.
32. Ibid., 254.
33. Ibid.
34. Ibid.
35. Paul Tillich, “The Kingdom of God and History,” in *Theology of Peace*, ed. Ronald H. Stone (Louisville, Kentucky: Westminster/John Knox Press, 1990), 28.

自由参与作为中介而可能。易而言之，是人类在历史中所开展的向度将自然中的向度带到更高的参与层次。

在蒂利希晚期表述有关历史载体的段落中却完全没有提及自然的概念，[36]他在其中表明历史的直接载体（direct bearers）是人类社群，指的是国家、家族及部族等；而间接载体（indirect bearers）却是个体的人。[37]蒂利希这种立场展示出他明确将历史发展及其意义限制在人类群体之中，就他而言，历史就只能是诸群体的历史，[38]个体生命的历史意涵只能与承载历史的群体连接才具有实质性意义。[39]蒂利希这种将自然排除在历史载体问题之外的立场并没有否定自然与历史存在某种关联，他似乎倾向以生命多重向度整合有关存有范畴的时空观视角再次进入自然与历史的问题，这种进路一方面较能将自然与历史的复杂关系展示出来，另一方面将自然是否历史载体的讨论带到另一个层次。

在存有范畴中，我们只选取时间和空间作为讨论的焦点，原因是蒂利希在这两方面的讨论较多，并且时间和空间正好对应自然和历史的自身特质。首先，蒂利希强调范畴在多重向度的生命中带有独特性和普遍性，在生命的各自向度中，范畴拥有自身在该向度中的独特质素，但同时范畴在诸向度中亦带有某种一般性特征，因此，蒂利希认为范畴既有独立性又有关系性。[40]就一般的有效性而言，时间表现出一种在诸向度中

---

36. Tillich, *Systematic Theology*, vol. III, 308–313.
37. Ibid., 308.
38. Ibid., 312.
39. Ibid.
40. Ibid., 313.

的“相互接续性”（after-each-other-ness）元素，空间则表现出一种“相互邻接性”（beside-each-other-ness）元素，[41] 然而这两种形式性的界定并无抹杀时间和空间在各自向度中的独立意义，无机世界的时空结构与人的历史向度的时空结构显然大有分别。其次，因着生命多重向度相互关联、相互制约，蒂利希认为整个宇宙的各部分皆是处于一种共在时空（contemporal; conspatial）的架构下，诸生命体在此框架下共同分享和参与彼此的时空。但蒂利希对于宇宙中是否存在一种统摄诸时间的时间统合（unity of time）或统摄诸空间的空间统合（unity of space）表示怀疑，他认为倘若存在一种时空观包含一切向度的时空在内，并且超越它们的话，则这种范畴必然属于存有自身的奥秘，并且超出人类的认知范围。[42]

就时间和空间的范畴而言，蒂利希认为在一般的意义上，时空之间会因应他们自身在某一界域中的主导性而出现一种比例性的关系，意即在一界域中愈受无机向度所主导的，则愈受空间所主导；一界域愈受历史向度所主导，则愈受时间所主导。[43] 历史受时间主导而自然受空间主导这一根本性立场与早期的思想一致，但由于诸向度在生命的整合中相互渗入，时空的关系亦按照不同向度的主导性而有所调整，易而言之，历史与自然内的时空概念并非静态的存在，而是一种相互参与的动态性运作。

---

41. Ibid., 313.
42. Ibid., 314.
43. Ibid., 315.

蒂利希认为，时间和空间的一般性特质（相互接续性与相互邻接性）在无机的生命向度中具有排他性素质（quality of exclusiveness）。空间在无机向度中占主导地位，一切物理及化学无机物的存在都是一种占领空间性的存有，并为自身的占据点而挣扎；时间的情况相类似，物理进程把先前与将来的时刻排除，时间的序列间隔不存在联合的关系。[44]

无机向度中的时空排他性特质在有机向度中却因着“参与”（participation）的元素而被打破。[45] 蒂利希指出，在生物性的界域中无机向度中的存有与有机向度中的存有彼此已联结成一整体并且相互依存，树的根和叶在无机向度中具备排他性的各自独立的时空结构；但在有机向度中双方却互相参与对方的生命，它们在同一的生命自我生成的进程中彼此联结，这种生命的相互参与把先前无机向度中的排他性冲破。时间在整个生物界域的生成过程中亦基于参与而彼此渗透，一生命体的过去参与现在，现在参与将来，时间范畴的过去、现在和未来相互参与。简而言之，一生命体的各部分空间所构成的是一整体的生命体，一生命体的一切生成时间构成整个生命进程。[46]

依此，参与的元素在意识向度中得到进一步扩展，有机界域中的动物存有具备的内在意识得以凸显出一种时间向度。过去在意识中体现为回忆，将来在意识中体现为预期；回忆和预期在动物性存有的意识中获得了一种在当下实时的体验，一种

---

44. Tillich, *Systematic Theology*, vol.III, 315–316.
45. Ibid., 316.
46. Ibid.

可被体验的现在（experienced present）就包含了回忆的过去与预期的将来，易以言之，过去及将来的意识参与在当下的时间体验中。同时，空间在意识向度中亦提升至一种自我引导的方向性运动（self-directed movement），空间不再仅是占据一种物理意义上的位置，而是带有某种意义上的自我意识的方向和空间感。[47]

在人文精神向度中，时空观获得进一步提升至人文性的向度中。精神性的时间和空间（time and space of the spirit）透释出一种高度抽象的能力，并且表现出一种越过有限和具体事物的无限和超越性特质。蒂利希指出在人文精神向度中，在创造性精神的时间内能结合具体的有限性（concrete limitedness）和抽象的无限性（abstract unlimitedness）。[48] 意即一切的文化创作皆具备一种双重性：一方面把给予之物在水平方向上加以无限的超越，另一方面又把崭新的文化创作带到确定和具体的存在当中。[49] 蒂利希想指出的是在人类精神的文化创作中，时间再不能由物理时间所计算，精神时间是以一种质而非量的标准来衡量；但与此同时，文化创作又必须在具体和确定的时间下进行，意即精神性时间和物理意义上的时间并非割离的两种分离的时间长河，反而是紧接和相互参与在生命向度的整合中。

由于历史向度的充分实现是在人类精神向度中体验，因此人的精神性时空观与物理时空观之间的关系直接指向历史时空

47. Ibid., 316–317.
48. Ibid., 317.
49. Ibid.

与诸生命向度的时空关系。从以上的分析中可见，生命向度愈趋向更高的存有界域时，时间与空间的排他性元素愈趋淡化，各生命向度间的时空结构亦愈倾向相互参与和彼此融合。依此，在历史这种最富包容性的向度中，各生命向度中的时空结构理应获得最高度的参与和融合。蒂利希强调在人的固有历史形态中，所有在诸生命向度中的时间和空间形式界定皆直接有效。[50]历史借着无机界域的时空结构而前进，亦通过诸生物性存有的生成与老死而成形，精神性与意识性向度亦驱动历史的运作。[51]诸生命向度在历史的水平中直接参与，因此，虽然蒂利希强调历史载体最终必然指向人类群体，但他指出自然在整个历史进程中是有所参与的，历史本身不能独立于自然的诸向度而向前迈动。

同时，蒂利希亦强调历史向度包容一切的向度在其中并且超越他们，因此，历史向度中的时空结构与先前向度中的时空结构有所不同。首先，历史向度把一切生命向度中的潜存性实现出来。“历史时间实现地包括无机时间，无机时间潜存地包括历史时间。”[52]蒂利希这种潜存性与实现性的区分淡化了自然和历史间的鸿沟，两者有着相互渗入的模态，但又没有彼此等同。在一种潜存性的意义上，历史包括在自然之内；而在实现性的意义上，自然包括在历史之内。所以，“空间在无机界域占主导地位”和“时间在历史界域占主导地位”这种一般意义上的

50. Tillich, *Systematic Theology*, vol. III, 318.
51. Ibid.
52. Ibid., 319.

论题并不精确，蒂利希亦强调这两个极端并非一种简单的两极性（simple polarity）。[53] 其次，历史时间和空间让诸生命向度中的时空结构指向最后的完成。在历史进程中，自然的时间和空间所指向的目的只有相对性的完成，人的精神向度中的文化创作亦是未完成；而“历史却是一处集结所有创造性活动的场所，并凸显出他们纵然有相对性的完成但仍是还未完成”。[54] 而历史向度所指向的最终完成紧扣整个宇宙的生命进程中的最终完成。

> “自然参与在历史中”，并在宇宙的完成中。就历史时间而言，这意指历史时间所指向的最终完成就是一切生命向度中时间运作所指向的完成。[55]

依此，自然和历史所指向的是一切生命最终的目标皆得以完成，在历史的终末结局的象征，亦同时是诸生命目标得以充分实现的象征，这指向蒂利希所理解的上帝国和永恒生命的象征。

三、历史意义、“凯洛斯”与基督论

在《历史诠释与基督的观念》一文中，蒂利希将历史与基督视为两个相关联的概念，他认为对历史本质的分析将无可避免地引出基督论的问题，而基督论又必然引出有关历史诠释的问题。[56] 蒂利希在此倾向以一种问题和答案的关联方法去理解

53. Tillich, *Systematic Theology*, vol. III, 319.
54. Ibid.
55. Ibid., 320.
56. Tillich, “The Interpretation of History and the Idea of Christ,” 242.

历史和基督论之间的关系，先就历史诠释的问题加以探讨和展开，后指出基督论的答案。[57] 蒂利希的关怀并不在古典基督论探讨两性如何联合于一个位格的问题上，他认为这方面的探讨只是一种预备性的研究，真正核心的问题是如何处理历史实在的问题，亦即如何理解和克胜历史中无意义的威胁。

> 发展基督论是指那个具体的一点，其中绝对在历史中出现，并为历史提供意义和目的；同时这亦是历史哲学的核心问题。[58]

对当时蒂利希而言，历史问题的解答并非如后期《系统神学》（卷三）中所指出的要在上帝国的象征中处理。蒂利希当时所理解的上帝国是一种历史的超越成全，这种成全指向一种终末和终极的意涵，[59] 而非历史问题的答案。蒂利希认为，历史诠释的问题是有关历史意义和目的的问题，解决的答案所指向的并非历史的含混性或无意义的一种将来的终极和超越的解决，而是需要一种当下具体把握历史的意义，因此，蒂利希当时基于上帝国这种超越和终末的理解而改以基督论作为历史的答案。

历史内部的诠释问题是关于历史意义和目的的问题。蒂利希强调历史在时间和空间内的物理起点和终点是不能解决自身问题的，历史意义是由“历史中心”（the center of history）所决

57. Tillich, “The Interpretation of History and the Idea of Christ,” 243.
58. Ibid.
59. Ibid., 280.

定和呈现的，这个中心决定历史意义进程中的起点与终点。

> 历史中心是历史意义给予原则（meaning-giving principle of history）可被查看之处。历史得以被建构是因着它的中心被建立这事实，或因着一个中心通过创造历史而证明自身是一个中心。[60]

蒂利希认为，当历史被视为救赎历史时才具有绝对的意义；他强调神圣存有的道成肉身，进入时间之内启示其绝对和无限性，以致基督所带来的救恩突入而临在历史之中。救恩将历史内部的魔化势力作决定性和最终的克胜，蒂利希指出这种克胜并非在过去或将来的历史中的时段中获得，而是在永恒中寻求。[61] 但永恒又并非指一种无时间性的延续，因着道成肉身把历史与永恒接上，所以在历史内部寻索其问题的答案是可能的。[62] 蒂利希指道成肉身是一历史事件，但它并非全然属于过去，过去的也临在于现在，因为被道成肉身这历史事件抓住并接受它的人的历史意识中，道成肉身涵盖着丰富的意义而存在。[63] 依此，蒂利希强调基督对应人类历史实存问题的答案，而基督论的问题也就被理解为基督成为人类历史中心的问题。

基于以上的理解，蒂利希进一步辩称和阐述基督教真理宣

60. Tillich, “The Interpretation of History and the Idea of Christ,” 250.
61. Tillich, “The Demonic: A Contribution to the Interpretation of History,” 122.
62. Tillich, “The Interpretation of History and the Idea of Christ,” 256–257.
63. Ibid., 257.

称的优越性；在基督论的框架内，历史只能有一个中心。[64] 这种历史中心的观念具有绝对性和排他性，中心本身这概念就已经排除了多个中心的可能。“只有在历史这点上［历史中心］，历史的意义才能彰显；只有在历史这点上，对无意义的克胜才能实现。”[65] 蒂利希似乎将历史中心与历史绝对性等同起来，并且排除有其他历史中心的可能。[66] 蒂利希指出作为历史中心的基督论宣称无法用理性的论证去证明或反驳，作为对历史基本问题的可能回答，基督论永远是一个抉择（decision）的问题。[67] 这个抉择就是信仰的意思，在信仰之中基督才成为历史与历史的中心。[68] 蒂利希这种基督论的历史观将基督理解为历史和救恩的唯一中心，这种宣称具有绝对性和排他性。

这种神圣临在时间内的神学观被蒂利希称为“凯洛斯”，是“永恒突入时间，时间又预备接受永恒的一刻”，[69] 就蒂利希而言，永恒突入历史意味着打破一切人类进步的历史观和那种保守的历史立场，因为历史的终极意义并非内蕴于历史内部；但要转化历史，此力量又不能是单纯的超越性力量，它必须内蕴于历史之中。“凯洛斯”指出神圣力量的介入历史，导致历史的意义有着一种“不属于历史但却内在于历史中”的新力量元素而被揭示。

---

64. Tillich, “The Interpretation of History and the Idea of Christ,” 250.
65. Ibid., 259.
66. 蒂利希在晚期对这观点抱较审慎的立场，在他最后的讲论中提道：“在诸宗教历史中有可能有——我强调的是可能——一中心性事件”，见 Tillich, *The Future of Religions*, 81。
67. Tillich, “The Interpretation of History and the Idea of Christ,” 259.
68. Ibid., 260.
69. Tillich, “Author’s Introduction,” xix.

更重要的是，历史承载永恒的观念将引导出“神律”的观念，神律联结着有限和无限，有限向无限开显而不能变成无限，因此历史的时刻将成为无限的载体和时刻；在这时刻，神圣彰显并表达神圣的参与。[70] 所以，与此同时，“凯洛斯”观念也是一个对历史构成危险的观念，正如蒂利希在反驳希尔斯的公开信中，指出若对“凯洛斯”作一种保守的圣礼式诠释，容易导致把神圣临在与某国某族相等同；依此，有限的国家、党或历史人物将被视为神圣的象征，这是灾难性的。反而希尔斯忽略了“凯洛斯”中的先知和终末论的批判精神，永远不能将历史的某刻与神圣等同，依此，新教原则中避免魔化的力量就应运而生了。[71]

四、历史意义与上帝国

正如上一节所言，在蒂利希早期的思想中，有关历史意义和目的的问题是放在基督论的框架中讨论的；基督论所提供的答案正是响应历史诠释的问题，而上帝国所带出的终末意涵并未为蒂利希所采纳。然而，上帝国这观念又并非完全在蒂利希早期思想中被遗忘。在1920年间，蒂利希已开始使用上帝国这象征来发展他的终末论。因着第一次世界大战中担任随军牧师的经历，以及战后参与德国宗教社会主义运动，这些实存的体验让蒂利希摒弃一种对历史的乐观主义观点，并且反对个人灵

70. Tillich, “Kairos,” 47.

71. Tillich, “Open Letter to Emanuel Hirsch,” in *The Thought of Paul Tillich*, eds. James Luther Adam, Wilhelm Pauck and Roger Cincolin Shim, 353–387.

魂在他世获得拯救的终末论立场。据蒂利希在晚期的回忆中，当时因着反对历史的进步主义、乌托邦主义及超越主义，并且为宗教社会主义的理论而考虑建基于一种圣经中的先知主义而引致要重新解释“上帝国”这象征。[72]以下我们会以蒂利希后期的讨论为焦点，原因是他在后期著作中的思想较具系统性和渐趋成熟。

正如在前文所述，蒂利希的后期思想强调生命的多重向度的整合，历史的意义和诠释就不单是一个仅涉及人类历史向度的问题；对历史意义问题提供的答案皆涉及一切具有历史向度的存有；故此，若上帝国象征能克胜历史内的含混性，这种克胜必然涉及整个生命的各向度中。蒂利希清楚表达出历史的诠释所包括的答案远多于一种，由于历史本身是一个最富包容性的向度，所以历史意义的答案隐含一个响应一切存有的普遍答案。[73]

蒂利希认为，历史意义的问题有三种消极性的答案：悲剧性的（tragic）、神秘性的（mystical）和机械性的（mechanistic）；而亦有三种积极性但不恰当的答案：进步主义的（progressivistic）、乌托邦的（utopian）和超越论的（transcendental）。[74]跟蒂利希早期的划分类似，他将所有消极性诠释视为一种非历史性的（non-historical）诠释类型，意指历史之内和历史之外根本不存在任何目的；个体存活在历史场景内，并

72. Tillich, *Systematic Theology*, vol. III, 356, 454.
73. Ibid., 350.
74. Ibid., 350–356.

不会意识到生命的内在目标（internal *telos*）。[75]

对历史作悲剧性诠释可追溯至古代希腊思想，他们认为历史并非朝向任何历史性或超历史性的目的而进发，而是无止境在循环中回到起点。一切生命的生成和消亡皆在历史的循环中，众生面对生命一切的悲痛和挣扎，以致其生命的力量被高举和歌颂，伟大的特质和悲剧性的命运同时在大自然、国家及个人生命中存在。[76]但蒂利希认为，这种诠释根本漠视了历史中任何的内在或超越的完成或满足，一切众生的生命没有盼望可被预期。

其次，与早期思想相仿，蒂利希将东方宗教（印度宗教、道教及佛教）、新柏拉图主义与斯宾诺莎主义一并收归一种历史的神秘主义诠释之下。在这种诠释框架下，历史本身没有任何意义，它无法创造崭新性，亦并非真实。这种诠释只强调少数能洞察生命困境的觉者，并视一切众生的苦为生命的一部分。蒂利希认为，这种神秘主义的历史诠释根本无法推动人去克胜和改变历史内的种种困境，只求超脱与回归终极。虽然蒂利希对这理论不满，但他仍赞扬神秘主义诠释中对一切向度中生命所受的痛苦有一种悲情和同情共感，并指出这种对万物的情感是西方的历史观往往缺乏的。[77]

至于随着近代科技的进步，历史往往受制于一种机械式诠释；在这框架下，自然和生命受科学和科技的操控，因此并非

75. Ibid., 350.
76. Ibid., 350–351.
77. Ibid., 352.

如悲剧式诠释中强调人类和一切众生的伟大。这种进路有一种进步主义倾向，因为在科技操控下，历史往往会因着人的理性计划而达致某种预期的目标。但蒂利希强调这种诠释亦可导引出一种漠视生命和历史的犬儒式（cynical）态度，因为一切历史事件皆由机械的法则或定律的决定。从严格的意义来说，历史在其中亦没有真正的盼望可被预期，故此亦算是一种非历史性的诠释。[78]

另一方面，蒂利希区分出三种具备历史性的诠释，而他们在上帝国的象征的检视下被判为不恰当：

第一种是历史的进步主义，这种诠释将乐观主义加诸于历史发展和意义之中，视人类在历史进程中科学和科技的持续进步，可带领历史进到预期的目标之上。这种框架为一切历史的活动、革命的激情和失去信念的人提供一种动力。所以，表面上这种理解是将历史目标内置于历史之内，但其实是一种意识形态和“类宗教”（quasi-religious）诠释。[79]

第二种是乌托邦主义的历史观，其与进步的历史观之分别在于后者把进步视为一个没有终极目的的无限进程，而前者却相信历史有一最终的完成阶段。乌托邦式的诠释是寄望将某个理想国度建立在历史之中，在这个完美的处境中生命一切的含混性皆得以克服和胜过；大地通过人这微观宇宙得以转化为最终的完成，而这种将天国建立在人间的理想早已在文艺复兴时期被提出。但蒂利希认为乌托邦主义的危险是把某些终极的特

78. Tillich, *Systematic Theology*, vol. III, 352.

79. Ibid., 353.

质赋予某些初始的（preliminary）事物，引导某种偶像崇拜的危险；并且这种理论亦无视人和大地的疏离状态，无法正视历史和人类一切文化活动中的含混特质。故此，蒂利希认为这种诠释是不恰当和危险的。[80]

至于第三种历史的超越论诠释亦不为蒂利希所接受。这种诠释视基督的出现是为要把教会中个别的人从罪恶和罪疚中拯救出来，以致他们死后可被接到天堂。[81] 这种诠释框架的缺失在于把个体的拯救与历史群体及宇宙分别开来；并且将创造的界域与拯救的界域分开，这正是摩尼教的危险——把创造的本质美善加以否定，以致生命与拯救无关；最后，这种诠释显然将人类建构的文化和所属的自然排除在历史的拯救之外，上帝国只是一种静态的超自然序列而非一种大地上的动态力量。[82]

蒂利希对上帝国的诠释跟他晚年与佛教接触不无关系。在1961年的班顿讲座中，蒂利希把基督教的上帝国与佛教的涅槃观念比较，并指出前者是社会性、政治性和位格性，而后者则是一种存有论的象征。[83] 蒂利希强调前者所强调的“参与”容易对自然加以操控，而后者的“同一性”（identity）则较能对自然加以感情上的认同。如前文所述，蒂利希虽然不满亚洲宗教那种非历史性的神秘主义诠释，但对他们能对生命诸向度中所经受的普遍痛苦而发的悲悯是加以肯定的。因此，他在《系

---

80. Ibid., 353-355.
81. Ibid., 355.
82. Ibid., 355-356.
83. Paul Tillich, *Christianity and the Encounter of the World Religions* (NY: Columbia University Press, 1963), 64-69.

统神学》(卷三)中强调上帝国的象征意涵需要加以扩充；除了以上三个特征外，蒂利希补充普遍性(universality)在其中。[84]为的是要肯定上帝国并非人类生命所独占的。既然历史向度是最富包容性的向度，它又指涉一切存有的生命内在的目标，故此，上帝国显然是指生命向度中一切存有的生命的完成；这种将上帝国的象征意涵的扩充，使蒂利希的终末论带有一种生态式色彩。

上帝国的政治意涵显示上帝在其国度中的主权和管治，重点在神圣管治的普遍性。首先，蒂利希强调这种政治性意涵并非单纯指向人的群体层面，在上帝国度中就是转化的新天新地，是历史新阶段的崭新性实在，是上帝遍在众存有中的新创造，亦即是新存有，因此，蒂利希有意将这个政治象征扩为一个宇宙性的政治象征。[85]其次，上帝国的社群意涵所彰显的是平安与公义的观念，在上帝国中完成乌托邦主义是大地上的公义和诸存有间和谐共处的期望。[86]再者，在上帝国的位格意涵中透释出诸存有的参与和个体性，而并非一种转化为对终极或绝对的同一。个别存有的存在目的没有因着永恒意涵而被取消，人性(humanity)在每一个体存有中得以完成。[87]最后，蒂利希扩充了上帝国的普遍性向度，当中包含了诸生命向度中的存有；因着诸生命向度的互涉，历史向度与诸向度的互相渗入和相互参与，致使某一向度中的生命目标完成亦导引其他向度中的目

84. Tillich, *Systematic Theology*, vol. III, 358–359.
85. Ibid., 358.
86. Ibid.
87. Ibid.

标完成。正如蒂利希在1965年临终前几个月写下的讲章《盼望的权利》(The Right to Hope)中指出，对永恒生命(eternal life)的盼望并非将盼望赋予单独分离的个体，让他们参与在永恒中，而是赋予一切存有，包括人与人及其他存活的存有，他们皆植根于神圣的存有根基之中；因此，上帝国所表征的永恒生命就是所有存有的根基和目标，而上帝遍在万有之中(God shall be all in all)。[88]

五、历史终末与永恒生命

蒂利希认为历史向度是最富包容性的生命向度，因此历史向度内所出现的含混性指向基督教象征中的答案，亦应该是含义最广阔的宗教象征。就生命的含混性所要对应的基督教答案而言，蒂利希在整本《系统神学》(卷三)中分别以圣灵在场、上帝国与永恒生命三个象征来回应。三者相互理解和互为内在，但蒂利希以为基于象征质料的分别，三者确实对应不同的处境：圣灵在场回应人类精神向度和功能所隐含的困境；上帝国对应历史的含混性；永恒生命则是响应普遍生命之含混性的答案。[89]然而，从历史的领域再检视这三个宗教象征的意涵时，他们皆在历史的含混性和困境中有所对应。蒂利希强调上帝国这象征可以包括圣灵在场和永恒生命的意涵在其中，[90]因为上帝国本身是最富包容性的宗教象征，它内在历史的(inner-historical)面

88. Tillich, "The Right to Hope," in *Theology of Peace*, ed. Ronald H. Stone, 190.
89. Tillich, *Systematic Theology*, vol. III, 357.
90. Ibid.

向，是以圣灵在场参与在历史的动态生命进程中所彰显的，易而言之，圣灵在场可说是上帝国的内在意涵；至于上帝国超历史的（transhistorical）面向，则以永恒生命这象征来彰显历史终末的意义，因此永恒生命可说是上帝国的超越意涵。[91] 蒂利希同时强调上帝国这两种内在于历史动态中的力量及外在并超越历史进程中的力量，对他而言，上帝国的超越及普遍面向是将一种历史远象扩延至宇宙性远象。在一种历史终末的意义而言，整个宇宙，包括人与自然，所遭受的灾害疾病和痛苦皆在上帝管治的主权中被克胜，万物都变成新的了，蒂利希认为这完全是神圣的介入和新的创造，以致大地上出现新天新地。[92]

在这种终末论的宇宙性远象中，蒂利希强调传统基督教的终末论因为是有关“最后之事”（last things）的教义，因此往往将终末论放在神学系统最后的部分，但这是错误的。[93] 虽然蒂利希自己亦跟随传统神学系统的一贯做法，把有关历史终末的探讨放在系统的最末处，但他强调基督教终末论是探讨永恒和时间性（temporality）之间的关系，是一切众生内在生命目标（*telos*）的问题。[94] 因此终末论与创造论是不能分开的。蒂利希甚至认为神学系统亦可以从终末论而非创造论来开始，[95] 万物的终局隐含在万物的源头那里，因此创造的意义唯有在万物的终末中才能被揭示；同时，万物终局的本质由万物源头的本质所

91. Ibid., 357.
92. Ibid., 360.
93. Ibid., 298.
94. Ibid.
95. Ibid.

决定，意即唯有对创造的美善有所肯定才让终末的完成成为可能——万物内在的生命目的在历史终末中完成才让万物起始的创造变得有意义。[96]

可见，“永恒生命”这个终末论象征在蒂利希思想中的重要性，它一方面指涉上帝国的普遍及超越意涵，另一方面又指涉历史的终末阶段；这个终末有两个意思：一是万物历史的终结（finish），大地、宇宙及宇宙中的生命到达了一个终局；二是时间进程中的目标，亦是诸生命向度中的目标（*telos*）。第一种生物及物理意义上的历史终局所代表的完结，并不等同于第二种意义上的完成。终末是超越一切历史时间性的有限性，这种超越同时亦是有限时间（历史）的完结，蒂利希称这个时刻为“永恒”。[97] 正如前文所述，蒂利希指终末论是关于永恒与时间之间关系的教义，因此，终末并非仅是关心将来的历史走向的教义，它亦是一种实存当下的盼望源头。

终末论的精神所要关心的是在拯救论中万物实存状态下进到本质状态的教义，无可置疑，这是一种在将来的时间模态下，被造存有在永恒中参与的生命完成的问题，但同时这亦是万物站于有限时间内面对永恒的当下经验的问题。[98] 因此，蒂利希称这种集永恒的将来向度与当下的现在盼望为“永恒现在”（eternal now）。[99] 在一篇名为《永恒现在》的讲章下，蒂利希指出永恒和现在是两种相互关联的时间模态。一方面，永

96. Tillich, *Systematic Theology*, vol. III, 299.
97. Ibid., 394.
98. Ibid., 395.
99. Ibid.

恒所指向的“将来”是作为一种“还未出现”（not yet）的模态临在于现在，而这种将来的临在是因着现在（present）所期盼，因此将来永远是指一种人当下面对的将来；但同时，时间若没有一个终局而只有无止境的时间长河的话，“现在”的模态亦不会出现。[100] 蒂利希强调永恒突入时间长河之中，让我们在永恒现在之中经验着一种当下具体的现在，让人在时间的困境中给予一种永恒的确定。[101] 因此，终末（eschaton）永远是一种具备将来向度（futuristic dimension）的当下体验（present experience）。[102]

蒂利希认为，永恒生命作为上帝国超越指向的象征是具备丰富而包容性极广的内容。他反对一种超自然主义式诠释，这种诠释认为永恒生命就是指一切生命中的负面特质皆被除去。但蒂利希认为这种观点只是一种将有限时间内的含混元素尝试投射到超越界域中。在超越界域中，人类的历史、整个宇宙自然皆无法参与，历史的价值只存在于大地上的生命，上帝国是在历史之上而无法介入历史之中，人个体的得赎就是指从地上历史的界域转嫁到天上的界域，简而言之，一切历史与宇宙的活动皆与上帝国度无涉无关。因此，蒂利希认为“永恒生命”的基本宣称应该是：

历史的每个当下的终结被提升到永恒中历史的积极内

100. Tillich, *The Eternal Now*, 131.
101. Ibid.
102. Tillich, *Systematic Theology*, vol. III, 396.

> 容里，同时在参与当中排除了负面的内容。因此，在历史中任何的被造皆没有失去，只是从实存中出现的负面元素释放出来。在历史被提升到永恒中时，积极的变成彰显为毫无含混性的积极，负面的变成彰显为毫无含混性的负面。故此，永恒生命包括历史的积极性内容，是从其负面的扭曲中释放出来，并且完成当中一切的潜存性。[103]

可见，一切生命皆在永恒生命中取消了所有实存上的疏离和扭曲，并把内在于生命中的目标和潜质实现出来，这亦正是一种从实存进到本质的“本质化”（essentialization）进程。[104] 这种永恒生命中的本质化并非指一种取消实存状态而空有潜存性或本质性的状态，它是指因着经历实存下的结构变化而在时空下加入了某种“崭新”性本质存有，因此永恒生命中的本质存有具备在实存状态下的结构，易而言之，是本质性与实存性之间的一种创造性综合。[105]

万物包括人与自然在永恒生命中享受神圣的永恒祝福（eternal blessedness）。蒂利希指出，自然在永恒生命中参与和展示出神圣的荣耀，自然中的冲突和痛苦皆在终末的结局中被取消；自然各向度的生命与神圣生命在一种相互的参与中，上帝临在万物当中而为万物（God is all in all），万物亦参与在上帝的永恒生命中。蒂利希认为在永恒生命中上帝与万物互为

103. Ibid., 397.
104. Ibid., 400.
105. Ibid., 401.

内在，整幅远象就是一种终末的万有在神论（eschatological panentheism）。[106] 上帝的三一象征把存有的他性（otherness）带入自身的存有当中，神圣生命的辩证过程把一切众生的实存状态带进自身的创造和拯救中，以致三一进程根本上就是一种自然参与在上帝生命中的进程。上帝的三一生命包括了一切被造的生命在其中，一切生命向度亦随着上帝的三一生命进程而被带进永恒生命和历史终局中。[107] 可见，在蒂利希系统神学的结尾部分，他指向一种上帝为中心的生命远象（theocentric vision of life），而非仅是人类为中心（anthroprocentric）或宇宙为中心（cosmocentric）的神学。[108] 因为万物存有的目标和最终完成必然是在上帝的神圣生命中的参与，离开上帝的神圣三一生命，一切众生的内在目标皆不能被满足。最后，蒂利希的神学系统将人与自然的横向关系带进上帝与整个宇宙的垂直关系中，两者得以在神圣生命中综合起来。

---

106. Tillich, *Systematic Theology*, vol. III, 421.

107. Ibid., 421–422.

108. Ibid., 422.

第十一章
科技[1]

一、前　言

在二十世纪的德语思想界，科技问题俨如一门显学，被不同思想背景的学者深入研究。法兰克福学派继承马克思对意识形态的批判和工业生产中的异化问题，将矛头指向一种现代性的标志性特质的科技理性，并全力揭示这种科技理性的辩证性和单向度化，制造出平面缺乏抵抗力量的群众，继而成为新一轮政治统治的武器。从现象学传统出发，海德格尔同样对科技的本质进行追问，并视之为存有论结构的特质；他深刻而独到地表明，科技并非工具亦非一种在人以外能主宰之物，它呈现出一种驾驭万物的真理结构，人和自然被科技这装置镶嵌在一种架构当中存活。无疑，他们对科技的分析都无法脱离二十世纪人类物质文化的背景和德国政治状态的分析，并尝试从哲学、

1. 本章修订自拙作 Keith Chan Ka-fu, *Life as Spirit: A Study of Paul Tillich's Ecological Pneumatology* (Berlin: Walter de Gruyter, 2018), chap. 5。

社会学和现象学来呈现科技的结构。

本章尝试全面地铺陈出蒂利希对科技的思考，这种思考可被称为一种神律科技（theonomous technology）的构想。首先，本章将展述他如何以中世纪的唯名论神学作为西方现代性的文化源头，试图表明现代性特质有着一个重要的神学和宗教内核，唯名论这内核将在一种根本性的意义上决定了西方现代文化的结构；继而尝试探讨蒂利希早期和晚期对科技的重要分析，前者基本上以神-魔结合的象征表达出科技的辩证性，后者则以理性-文化的含混性来表达出科技的实存状况。相同的是，蒂利希前后期皆将科技问题紧扣他的文化神学来处理；最后，文章将分析科技的实存性，并以蒂利希后期《系统神学》（卷三）中的圣灵论和终末论来对科技进行拯救。

二、现代科技理性的唯名论源头

正如吉莱斯皮（Michael Gillspie）在《现代性的神学起源》中指出，塑造现代思想的精神显然跟中世纪的形而上学和神学立场有密切关系，[2] 他甚至认为，现代性的产生其实是中世纪晚期唯名论革命带来的思想危机的一系列结果。[3] 文艺复兴采纳了唯名论的存有论，把人置放在宇宙的中心，深化了一种自律形态的文化结果；在宗教改革中，改教家跟随了唯名论的前设，以上帝的权威和圣经作为对抗教会的他律权威。按吉莱斯皮的

---

2. Michael Gillespie, *The Theological Origin of Modernity* (Chicago: University of Chicago Press, 2008), 12.
3. Ibid., 15.

理解，现代世界的自然主义也只不过是这种带有浓厚神学味道的世界观的世俗版本，在自律理性和他律权威间的斗争也可视为日后启蒙运动和德意志观念论的重要焦点。

蒂利希对上述的思想史分析持相似的观点，并深入地把西方现代性的起源追溯到十三世纪的神学转向上，视之为西方现代科技心态的关键性源头。蒂利希的神学或宗教哲学的目标正是建基于一种神律的远象，宗教实质与文化形式在其中得到结合，这种较理想的结合曾出现在中世纪中期。但十三世纪既是中世纪的高峰也是它的转折点，蒂利希指出，“西方世界的整个命运皆在此时［中世纪中期］以最具决定性的方式被确定”，[4] 这种所谓最决定性的方式就是一种十三世纪的宗教框架。蒂利希认为自律理性在历史上真正突破中世纪的神律乃在于唯名论，文艺复兴和宗教改革运动也只不过是这发展的深化而已。[5] 作为一个文化神学家，蒂利希认为神学的目标需要对付那种浅薄虚浮的自律主义和压迫性的他律主义，这两种文化特色正是现代文化的基本面貌，并以中世纪中期为源头。

中世纪中期的神学高峰以波纳文图拉、阿奎那和司各脱（John Duns Scotus）三人为代表，[6] 其中，“司各脱以学者身份为三人中最伟大，他也是整个现代性阶段建基的新发展的起始点”。[7] 蒂利希曾在《两种类型的宗教哲学》一文中指出，在中世纪中期有两种思考上帝的进路，存有论进路（ontological

4. Tillich, *A History of Christian Thought*, 180.
5. Tillich, *The Courage to Be*, 85.
6. Tillich, *A History of Christian Thought*, 180.
7. Ibid.

approach）视上帝为一切人类知识的前设，关于上帝的认识是在人心灵内的实时醒觉（immediate awareness），“只有建基在这种真实的终极原则中的实时性知识，我们才能找到在经验世界的真理”。[8] 蒂利希把这进路视为神律态度，以奥古斯丁-方济各-波纳文图拉为此传统。另一种是以阿奎那代表的宇宙论进路（cosmological approach），认为关于上帝的认识乃起始于上帝在尘世工作的效果而非上帝的存在自身。与存有论进路分歧在于，宇宙论进路切割了人与存有自身的关系，因此只能在有限的经验世界中开始运用理性思考来追寻上帝。[9]

这两种认识上帝和世界的进路被蒂利希视为“西方世俗化的终极原因”，[10] 这个西方世俗现代性和基督教神学的隐秘关系在亚里士多德-阿奎那传统中被揭示，在唯名论神学传统中被深化。就阿奎那而言，亚里士多德思考始于对外在世界的探索在逻辑上是合理的，但缺乏上帝的终极内在确定性时就只能以教会的外在权威去保证它，依此，教会担当了真理代理人的角色。可见，阿奎那的自律知识与他律的教会传统开始攻击对神律的态度。[11] 其次，司各脱甚至拒绝了存有论与宇宙论的上帝认识进路，承认无限与有限之间的无限距离，他这种唯名论立场确立了上帝论的模拟性知识，“这就剩下唯一一条通往上帝之路，就是权威之路——从教会权威所接受的启示之路”。[12]

---

8. Tillich, *A History of Christian Thought*, 184.
9. Ibid., 186.
10. Ibid.
11. Ibid., 186–187.
12. Ibid., 187.

蒂利希发现司各脱引入了两种与现代经验科学的进路相似的实证主义（positivism），一就是之前提及的宗教和教会权威；二就是通过归纳和演绎来探索自然的经验性法则。[13] 最后，威廉·奥卡姆（William Ockham）把上述的观点激进化，视上帝完全离开人的认知范围，只能在教会和圣经的权威下被认识，依此，"文化知识，科学知识就彻底自由和自律了；但宗教知识则完全变得他律"。[14] 原本在阿奎那那里，人的理性仍能碰触上帝，司各脱就坚持人无法表述启示，奥卡姆最后甚至认为启示和理性并行甚至相对抗。因此，蒂利希认为到中世纪晚期时，"宗教与世俗领域完全分离"。[15]

唯名论传统替西方个体性思维和自律理性的发展提供了优良的宗教性土壤，蒂利希认为：

> 据唯名论而言，只有个体才有存有论上的真实性……知识因此并非参与性的，它仅是一种抓住和操控事物的外在化行动。支配性知识就是唯名论存有论的知识论表述，经验主义与实证论皆是其逻辑必然结果。[16]

抽象的个体性观念和外在性知识皆植根于唯名论的存有论（nominalist ontology），正如布鲁门贝格（Hans Blumenberg）指出，中世纪晚期唯名论的绝对超越的上帝和神学上的意志论

13. Ibid., 187.
14. Ibid., 188.
15. Ibid.
16. Tillich, *Systematic Theology*, vol. 1, 177.

（voluntarism）皆是现代性自律理性发展的重要资源。法国思想家郭舍（Marcel Gauchet）甚至认为现代对世界探索的精神在根本上源于基督教，他指出我们所思所行皆彻底地由宗教的逻辑所塑造，并由基督教所奠基。[17] 基督教所强调的"彼岸"和"此岸"间的联结塑造了一种非离世性的入世维度（inner-worldly dimension），就是指在强调越过世界（world-beyond）的同时也强调在世界中（world-here-now）。

在汤普森（Ian Thompson）的研究中，他正确地指出蒂利希之所以穷一生之力对抗唯名论，原因是唯名论以最彻底的方式否定了诸存有的普遍性力量，这种否定直接否定了万物的内在目的，并割裂了存有和价值之间的联系；其次，唯名论的精神会进一步将宗教和政治他律化，并高举精神意志，视外在权威为至上；最后，唯名论把各事物中的象征性终极意义抽走，导致价值的虚无化。[18]

三、科技的神–魔含混性

现代科技实质上是对神圣、人与自然采取现代诠释的结果。它的形式结构已经首先在中世纪晚期被奠基，继而在文艺复兴和宗教改革运动中被深化，最后在启蒙运动和科学革命中被巩固。就蒂利希的学术生命而言，科技的问题可说是他文化神学

17. Andre Cloots, "Modernity and Christianity: Marcel Gauchet on the Christian Roots of the Modern Ways of Thinking," *Milltown Studies*, 2008, 61, 1–30.
18. Ian Thompson, *Being and Meaning: Paul Tillich's Theory of Meaning, Truth and Logic* (Edinburgh: Edinburgh University Press, 1981), 70–76.

中的一个重要焦点。[19]科技生产建构了我们对自我和周遭世界的最根本性的理解，对科技的评价不应过分重视或完全忽视，其实质充满的含混性（ambiguity）经常在悲观和乐观的态度中被隐藏以致无法被思考；科技无可避免地关联于所有事物的结构和本质，因此，一种对科技的中立理解几乎是不可能的。[20]

在德国时期，蒂利希讨论科技的问题大致是紧扣关于人的精神、自然和上帝国的概念。首先，蒂利希反对科技是一种外在之物，并无涉于人类社会和自然的中性存在，俨若一种客观存在以供我们作为手段来使用之物。相反，科技本身是自然的一部分，而非外在于自然的异物。科技的本质是以“手段-目的”的存有论结构来展开，所有有机的生命形式皆在功能上充分展现了这种存有论结构，以致表达出科技完全是以大自然为

---

19. 蒂利希在德国时期的1913年系统神学手稿中已经关注科技与上帝国的关联，并且在他任教德累斯顿科技学院（Dresden Institute of Technology）期间，蒂利希出版了两篇深入讨论科技的文章，分别是《科技的逻各斯与神话》（The Logos and Mythos of Technology, 1927）和《作为象征的科技城市》（The Technical City as Symbol, 1928）。并且，笔者还发现蒂利希在1929年完成的两篇手稿，分别是《宗教与科技》（Religion und Technik）和《科技的自然性-创造性根据与历史性-终末性意义》（Der natürlich-schöpfungsmäßige und geschichtlich-eschatologische Sinn der Technik）。在移居美国后，蒂利希分别出版多篇论文及发表演讲，内容皆与科学和科技问题有关，尤其跟这篇文章有关的分别是《在科技社会的人》（The Person in a Technical Society, 1953）、《参与和知识：认知的存有论问题》（Participation and Knowledge: Problems of an Ontology of Cognition, 1955）、《齐一化》（Conformity, 1957）、《物与自我》（Thing and Self, 1958）。在他晚年，他尤其关注核武和星际探索的问题，论文包括《核武两难的几个论题》（Several theses concerning the Nuclear Dilemma, 1961）和《人征服太空是增加抑削弱其地位？》（Has Man's Conquest of Space Increased or Decreased His status?, 1963）。
20. 巴伯（Ian Barbour）早在其吉福德讲座（Gifford Lectures, 1990）中已经指出，悲观和乐观的态度都无法揭示科技的本质。巴伯与蒂利希相近，认为科技不能以漂亮或丑恶来形容它的含糊性，他强调科技的目的和功能是以社会性为导引的，故此应重新引导它以实现人性和环境价值为目的，见 Ian Barbour, *Ethics in An Age of Technology* (New York: Harper Collins Publishers, 1993), 3–25。

基础的（nature-based）。蒂利希在早期的《科技的逻各斯与神话》中指出，科技的“逻各斯”（*logos*）充分展现在它手段-目的结构中，依此，目的的实现体现出科技的普遍性在场，[21]“当通过使用合适的手段而取得成功，这就是科技。”[22]因而，科技从根本意义上以大自然为根基，大自然则同样以技术为基础，这观点首先让科技与自然的界线被模糊化，并且引导出一种“科技-自然”（technic-nature）的有机体生命形态概念。

大自然以技术方式行动，并且非常精巧。[23]大自然若缺乏技术性元素，其丰富性和复杂性是无法被思考的。蒂利希指出，大自然建基于一种“格式塔”的整体性有机体观念，手段和目的难以区分，而且在众多生命形式中彼此关联；在有机的生命形式中，手段和目的在生物性与心理性层面中被整合而无法区分。目的性存在并不外在于有机体，它就是生命的创造性本身。在一篇名为《宗教与科技》的文章中，蒂利希强调所有有机体存在的鲜活形式皆是以技术为基础的，依此，在“自然的形式”（*natürlichen Formen*）和“技术形式”（*technischen Formen*）存在着模拟性关系。[24]在“科技-自然”的观念下，科技已经完全镶嵌在有机体的“格式塔”中，而非一种人的精神性的创造；其中手段与目的的区别已经无法被思考，而是相互渗透

21. Paul Tillich, “The Logos and Mythos of Technology,” in *The Spiritual Situation of Our Technical Society*, ed. & intro. J. Mark Thomas (Macon: Mercer University Press, 1988), 51.
22. Ibid., 52.
23. Ibid.
24. Paul Tillich, “Religion und Technik,” *Ergänzungs und Nachlaßbändezu den Gesammelten Werken von Paul Tillich*, Band XI, Herausgegeben von Erdmann Sturm (Berlin: Walter de Gruyter, 1999), 248.

其中。[25]

但人的精神性介入后，问题就变得复杂。“精神（Spirit）的参与让事情变得不同，它割离了在存活生命过程中彼此相连之物，它决定着目的并寻索手段；当目的达到后，手段就马上变得无关紧要。”[26] 依此，人的精神能“创造”对象，此物只具备被造的目的性而缺乏任何的内在意义。蒂利希在此区分两种形态的科技：发展性科技（*die entfaltende Technik*）和实现式科技（realization technology），两种科技皆呈现出转化力量的形式。[27] 前者揭示精神介入生命的“格式塔”中并试图保护、保养并发展它。这种科技特质在于教化、滋养和救治，尝试通过手段与目的间的操作来把生命的诸潜能实现和进行修补；相反，实现式科技是以创造新的存在形式为目的，它不仅创造新的沟通和联系模态，而且是“一种精神的客体化”，[28] 新的艺术形式、文化形式和科学形式皆属此范畴。其次，塑造现代世界的正是以这种实现式科技为核心。[29] 与其他科技不同，实现式科技的基本特征在于技术性存在（technical existence）赖之建基的目的结构的模态（modality of purposive structure），它所展现的创造性本质是转化性和破坏性的，所服侍的目的是外在于其物料之外。蒂利希认为，这种带着转化性质的科技实质上有着某种神圣特质，某种无制约（unconditioned）元素存在并以

25. Tillich, “The Logos and Mythos of Technology,” 52.
26. Ibid.
27. Ibid., 53.
28. Ibid.
29. Tillich, “Religion und Technik,” 248.

无制约的目的性与无制约的理性彼此相互支撑。[30] 这种科技仍是一种自足的（self-sufficient）神圣装置，它呈现了一种结构上的奇特之美和神圣荣耀，在当中没有惊奇、意外和偶然。在它本质里揭示出一种内在的必然性（inner necessities）和完美的机械性，这种由人的精神所建构的内在理性结构完全展示出科技“格式塔”的客观性。蒂利希指出，科技“格式塔”俨如一种人体器官的延展，[31] 机械无须以手来操作，它的独特性与吸引力在于它那种带有神秘性（uncanny）和摧毁性效果的个体性（individuality）。[32] 并且，它的个体性决定了其结构与本质，与自然相区别；它象征无限的可能性，“机械的无限特质及其独特格式塔装置皆在社会中起着革命性的影响。”[33] 这种无限的可能性将潜能与诱惑相互交织在一处。

既然科技是神圣般的存在，它必然是一种除魔的象征（symbol of de-demonization），[34] 它肩负着把人从魔化的自然中解放出来的宗教性角色，也就是从各式各样的限制中释放出来。依此，科技建构并应许一种时空交织和大同世界的终末式盼望；但这种以操控人类和自然来实现的宗教功能，正揭示出科技本质上无法提供生命价值和意义的虚空性。它一方面像上帝似的提供了无尽的将来和乌托邦式的美好世界，是创造性和解放性的；但同时它又像鬼魔似的奴役人，以及摧毁性地充满含混性

30. Tillich, “The Logos and Mythos of Technology,” 54.
31. Ibid., 55.
32. Ibid., 56.
33. Ibid.
34. Ibid., 60.

而需要被救赎。

在蒂利希的1913年系统神学手稿中，科技问题被纳入宗教和神学的领域中被讨论；它的合法性是作为一种文化创造（*sachliche Kulturarbeit*）而被理解，并需要在神学原则下被确立（*rechtfertigt*）；这意味着科技的价值在于服务上帝国，并将上帝国带到实现（*vollendete Gottesreich*）。[35] 首先，蒂利希肯定科技乃人类精神克胜自然的表现（*der Herrschaft des Geistesüber die Natur*），这种胜利应被视为人类精神及其自由的揭示，模拟上帝的自由式创造。人类文化域内的物质性创造是与自然创造相区别的，它具备一种“神迹”（*wunder*）般的发生；[36] 其次，上帝国的完成须依赖科技，蒂利希强调时空将在科技下被结合而为建构人的大同世界而被确立，这种整合性（*Einheit*）是技术性的创造，[37] 也是历史偶然性的稳定性基础（*die ständige Basis*）。可见，早期的蒂利希以一种较积极的角度来把科技与神学加以联系，[38] 并呼应着马克思的辩证唯物观，视宗教的上层建筑（文化创造）乃依赖经济生产技术的下层建筑（科技创造）。

但蒂利希早期也表达出对科技的巨大担忧——科技的存有论特质（*der Seins-Charakter*）呼应神学原则，但它的实存性特质（*der Existenz-Charakter*）却是摧毁性的。[39] 科技的这两

---

35. Tillich, “Systematische Theologie von 1913,” 415.
36. Ibid., 417.
37. Paul Tillich, “Der natürlich-schöpfungsmäßige und geschichtlich-eschatologische Sinn der Technik,” *Ergänzungs und Nachlaßbändezu den Gesammelten Werken von Paul Tillich*, Band XI, Herausgegeben von Erdmann Sturm (Berlin: Walter de Gruyter, 1999), 251.
38. Tillich, “Systematische Theologie von 1913,” 417.
39. Tillich, “Religion und Technik,” 248.

种元素充分凸显出其含混性，它象征某种悖论式实存处境：人被一种新的精神方式主宰和奴役。[40] 其次，虽然科技能将上帝国带到实现，但它同时包纳了所有有限的存有追逐这种无限的可能性，蒂利希称这种处境为"悖论"。[41] 在他《宗教与科技》的手稿中，他清楚指出科技的本质实际上是一种混杂着神-魔（*Göttlich-dämonisch*）的"辩证性属性"（*der dialektische Charakter*）。[42] 依此，科技已经不再是一种外在于人的客观存在的机械，它毋宁是一种被期盼和有待实现的终末式乌托邦。科技本身已经失去某种超越性指涉，它需要在神圣的"是"和"否"中被救赎（*Erlösung*）。[43]

依此，技术性创造的意义有两层：第一层意义是通过外在经验性考察它的真实，意指我们可以追问科技通过何种形式的手段达到那个目的。这种追问方式将把科技呈现为一物，其合理性可以客观和经验性方式来判断。依此，一切的科技创造将被表述为"中性"和外在之物，道德的判别就在于是否正确合理地使用它。但蒂利希提醒我们，这种方式虽然并非一无是处，但会把科技的真相加以遮盖。因此，第二层的意义正要表达科技乃是一象征，此象征将人、历史性和终极关切等编织在一起。科技并不仅是"科技"，意指它并非一种依赖人类学手段来把科学分析加以应用的结果和产物。倘若对科技只以一种人类学式或工具论式的视角来理解，那么科技的本质将永远无

40. Tillich, "Religion und Technik," 248.
41. Tillich, "Systematische Theologie von 1913," 416.
42. Tillich, "Religion und Technik," 249.
43. Tillich, "Systematische Theologie von 1913," 417.

法被思考。蒂利希强调，科技的本质及其内在结构只能通过一种存有论的分析才能被思考。[44] 在一种“象征–本质”（symbol-substance）的分析下，科技一方面象征着克胜人类疏离的神圣性，但却又引导出另一种内在疏离而创造出新一轮的“异样感”（*Unheimlichen*）。“异样感”的德语原意指到一种“无–家”（homeless）的存有论状态。蒂利希认为，虽然并没有具体异样化的外物在场，但这状态就会让人经验到“无家可归、陌生、异样和惊吓”，[45] 这正如一种海德格尔式对人的一种存有论上的理解（Heideggarian *Seinsverständnis*）。[46] 蒂利希继而指出，作为在世存在的人，总要让自身逃离“异样感”而设法让自身能有所安顿。[47] 科技在存有论的意义上正提供了这种能力和借口让人逃脱了这种不安而被置放在安稳当中，依此，科技的问题从根本意义上就不仅是一种技术层面的问题，而是关联于所有存有的不同层面的存有论问题。“科学的历史也就是一段克胜异样感的历史，在科技中这种克胜被达到完成。”[48] 在科技所建构的一种完美操控性状态中，不确定性已经变得不可能；大地的异样感变成归属感，科技最终操控万物以图让万物在家。[49]

科技神话就是通过对世界进行除魔而生产出一种新型、原创性和独特的异样感，这种新的实存异样感通过生产一种人与

44. Paul Tillich, “The Technical City as Symbol,” in *The Spiritual Situation of Our Technical Society*, ed. & intro. J. Mark Thomas, 179.
45. Ibid.
46. Heidegger, *Being and Time*, trans. John Macquarrie & Edward Robinson (Oxford: Blackwell, 1962), 234.
47. Tillich, “The Technical City as Symbol,” 180.
48. Ibid., 181.
49. Ibid., 182.

万物的新型疏离状态而为人类创造了第二个自然。[50] 科技把“确定性”（certainty）和“齐一化”（conformability）带来，却同时把世界转变成更异样和死寂。蒂利希强调，尽管科技为人类带来某程度的解放，但这种解放的力量完全是缺乏根基和虚空的。[51] 它切断了所有生命形式的鲜活的联结，并且以追逐一种科技乌托邦来操控所有万物；[52] 科技的结构本质上是技术的合目的性（technical-purposefulness），它把万物包纳在一个以内在必然性（internal necessity）为依据的铺天盖地的目的装置中；这种必然性也是一种美。[53] 蒂利希甚至指出，科技这种内在结构充满着“纯粹的创造性意志”，能通过连接经济和政治的驱动力而实现其自身形式，依此，技术科学、政治制度和经济生产是一种三一结构。[54]

四、科技的理性-文化含混性

蒂利希晚期仍延续早期对科技的含混性的分析，但整个讨论则转移到理性的分析上，并且更鲜明地揭示出其摧毁性和操控性的特色。通过呈现出科技的独特和内在结构，其“目的-理性”结构被视为科技的本质所在，其含混性也随之通过分析其“逻各斯”（logos）结构而被认识。

理性（逻各斯）不是指一种理性思考的大脑活动或一种理

50. Tillich, “The Technical City as Symbol,” 183.
51. Tillich, “The Logos and Mythos of Technology,” 60.
52. Ibid.
53. Ibid., 54.
54. Ibid., 58.

性运算程序。蒂利希倾向以存有论的方式理解理性，“存有论的理性”（ontological reason）指逻各斯的存有论构成，[55] 是一种从巴门尼德到黑格尔所传承的理性传统，他指出“理性是让心灵掌握和改变真实的结构，它在人心灵中以认知、美感、实践与技术性功能呈现”。[56] 可见，存有论的理性不与人的情感、激情、欲望和爱相对立。理性的破坏实则上是人格的破损；在理性的深处，没有二元对立。“它就是认知和美感的、理论和实践的、抽离与激情的主体和客体。”[57]

甚至，理性结构并非仅指一种人的心灵能力，它也指整个宇宙的基本结构。蒂利希跟随希腊传统，以“逻各斯”这概念泛指人的主体认知能力和世界的客体结构，[58] 双方促使一种知识论上的关联，“自我的抓住与形塑性逻各斯结构与世界的被抓住与被形塑的结构”彼此相关。[59] 知识的可能性与真实完全建基于知识的存有论基础；人与世界共同分受同一的逻各斯理性结构，这种存有论的理性结构同时亦是“我-世界”这种最基本的存有论的关系。[60] 通过抓住和形塑活动，人的心灵触碰客观世界，并试图超越和创建文化世界；这客观世界又同时被人的主体逻各斯所转变。[61] 所以，蒂利希认为认知永远联系于一种存有论的理解，这理解本身亦已经前设了认知者与被知者间的存

55. Tillich, *Systematic Theology*, vol. 1, 172.
56. Ibid., 72.
57. Ibid.
58. Ibid., 72, 75.
59. Ibid., 75.
60. Ibid., 76, 168.
61. Ibid., 76.

有论关系，因此，“抓住和形塑”预设了存有论关系，理性认知也就是一个存有论问题。

认知（knowing）本身是在诸事件的整体（totality）中被理解的，因此知识论永远是一个存有论问题。[62] 存有论意义上的边界永远限制着和建构着认知行为及其结构；倘若存有论理性是理性一种最本质的陈构，它所追求的目标就是联合（union）。[63] 联合默认着分离，知识之所以可能本身就已经预设着抽离和区分，在距离中再寻求联合；知识论上的联合就是抽离、异样和他者的联合。依此，在一个根本的意义上，并没有所谓绝对意义上的区别和抽离，所有知识的行动皆是对抽离进行克服，并且这种克服之所以可能，是因为已经建立在一个存有论的基础上。柏拉图所指的“爱欲”（*eros*）也是这种在抽离中追求联合的动力；依此，蒂利希认为，知识本身就是一种联合和参与性知识，它具备转化和救治性效果。[64]

技术理性（technical reason）仅是理性诸多功能之一，它的合法性依赖于“理性化”（reasoning）运算，是关注手段而非目的的合理性。[65] 蒂利希指出，技术理性若与存有论理性一旦协作使用，其“理性化运算”为了满足理性自身的要求时，技术理性是重要的。但问题是“当存有论理性无法持续地滋养它”，[66] 技术理性将会被扭曲：首先，技术理性将生产出“手段-

62. Tillich, *Systematic Theology*, vol. 1, 71.
63. Ibid., 94.
64. Ibid., 85.
65. Ibid., 73.
66. Ibid.

目的”结构，此结构将会把人非人化（dehumanization）和把万物物化（thingification）；其次，当技术理性主宰整个理性功能时，将产生支配性知识（controlling knowledge）。技术理性最标志性的特质是其理性化结构（structure of rationalization），该结构通过计算和量化来呈现一种手段-目的结构，这种理性的单一片面化功能只会削弱理性本身丰富而复杂的本质，把理性化约为某种可被观察和计量之物。[67] 蒂利希在《科技社会中的人》（The Person in a Technical Society, 1953）一文中指出，克尔凯郭尔、马克思和尼采皆不约而同地对科技世界中非人化的处境做出先知性的批判。[68] 在科技理性的支配下，万物会沦为“手段”，其建构的功能也是压制性的。意义和人性化皆受制于这种强大的转化力量而被修编为服侍权力的工具。蒂利希指出，人不仅是“工具之人”（*homo faber*），人还有思考理性，建构社群关系，作负责任的道德意志和对无限的超越向往。[69] 依此，科技理性将人压缩成某种单一功能的存在，也就是将人非人化。

值得注意的是，上述对科技理性的分析并不意味着科技理性与存有论理性之间的敌我矛盾，其实更应该强调两者在本质上（in essence）是联合的。“存有论理性经常伴随着科技理性，某些时候却被后者取代。”[70] 并且，当蒂利希提醒我们科技理性的终极关切乃是手段而非目的时，他还补充说，“这处境［科技

---

67. Paul Tillich, “How Has Science in the Last Century Changed Man’s View of Himself?” in *The Spiritual Situation of Our Technical Society*, ed. & intro. J. Mark Thomas (Macon: Mercer University Press, 1988), 79.
68. Paul Tillich, “The Person in a Technical Society,” in *The Spiritual Situation of Our Technical Society*, ed. & intro. J. Mark Thomas, 124–127.
69. Ibid., 132–133.
70. Tillich, *Systematic Theology*, vol. 1, 72.

理性主宰了手段］变得不危险了；就是当科技理性能成为存有论理性的伙伴时，理性化（reasoning）就被运用于满足理性的要求。”[71] 蒂利希还指出，“科技理性一旦与存有论理性分离，则会将人非人化；科技理性若无法得到存有论理性的滋养，它最终是贫乏和扭曲的”。[72]

蒂利希明显并非一个科技的悲观或乐观主义者，他深信科技是含混的（ambiguous）；其中的目的性结构并不必然是摧毁性和非人性的，它一旦与存有论理性联合和协作运用，将会是恰当和有意义的。[73] 但需要注意的是，当科技理性独大或它被提升到垄断理性的位置时，结果将是灾难性的；这种灾难性结果和奴役化力量并非科技理性自身直接与自然的结果，而是根源于自身的一种堕落、疏离于存有论理性。由于两者的脱轨，科技理性得以侵越了自身的界限而变得含混。

其次，科技另一个危险的举动是带来了“支配性知识”（*Herrschaftswissen*），[74] 这种知识凸显了一种分离与联合的存有论中联合以外的分离的存有论模态。[75] 蒂利希认为，知识原本乃是一个分离与联合的辩证过程，但支配性知识主宰了抽离元素，驱使认知者和被知者同时受制于一种疏离的抽离框架之中。[76] 原初主体间的沟通模态被制约于一种不平衡的状态中，

---

71. Tillich, *Systematic Theology*, vol. 1, 73.
72. Ibid.
73. Ibid.
74. Paul Tillich, “Participation and Knowledge: Problems of an Ontology of Cognition,” in *The Spiritual Situation of Our Technical Society*, ed. & intro. J. Mark Thomas, 69. “支配性知识”（*Herrschaftswissen*）一词取自舍勒（Max Scheler）。
75. Ibid., 70.
76. Tillich, *Systematic Theology*, vol. 1, 91.

主体的主体性被抬高而客体的客体性被“物化”；蒂利希强调原初内蕴于万物中的“主体性元素”（elements of subjectivity）与“自我关联”（self-relatedness）则在这过程中被摧毁和扭曲。客观化和物化源于失去联合，意指科技理性的特征是以超卓的力量取代万物间的鲜活联结并将万物化约为“物”。

蒂利希在《系统神学》（卷三）把科技问题置放在人的精神性自我创造（human spiritual self-creation）中，他延续着 1913 年系统神学手稿中的理解，再次尝试以他的神学体系性企划来陈构一种科技的文化神学；他表示人的语言和科技是人的精神自我创造的两大特质，双方同样会出现含混性。[77] 含混性的具体内容是技术生产所创建的外在化目的强行取代了一切有机与无机生命形式的内在生命目标（*telos*）；科技目的的这种外挂性特质彻底把所有的内在目的变成手段。[78] 由于在目的的制定上出现含混性，科技理性以操控手段来施展其力量，并不断生产出缺乏目的的手段；结果是产生出科技世界中手段的虚空状态，和引入外在他律权威来操控目的。

科技的含混性可归结为三项的混杂（mixture）：自由与限制、手段与目的、自我与物。[79] 首先，科技理性揭示出人自由的无尽潜能，这能力亦是人能超越所属环境的本质；但同时科技又诱使人遗忘自身存有论的界限，“[科技] 打开一条通向无限制之途，但却通过一有限制之人来完成”。[80] 这种含混性的悖

77. Tillich, *Systematic Theology*, vol. 3, 57.
78. Ibid., 61.
79. Ibid.
80. Ibid., 73.

论正在于无限的有限（the limit of the unlimited），它指向有限自由的根本性含混状态，可说是人的高贵与悲剧的合一。[81] 其次，科技理性在生产和制定意义时显得无能，科技似乎是以进步（progress）作为自身的终极目标；但进步自身是一空虚的观念，它容易被人以经济进步来定义，这就会产生出科技社会是一个满足需要的社会意识形态，其中人的欲望和需要被混淆以致无法区别。[82] 科技的无限生产中对意义的遗忘会诱使我们相信科技是人精神性的生命自我创造的形态，而忘记它实则上不过是一系列无意义的生产。最后，蒂利希论及的“最真实的含混性”[83] 就是科技理性的物化（thingification）所揭示出的转化力量。“一件与自然物品相对立的科技产品就是一件物（thing），在大自然中并没有真正意义上的物，意味着没有任何一存有是没有主体性元素的，[84] 但科技行为所生产出来的对象就是物。”[85] 可见，转化力量是两刃利剑，科技生产把自然对象转化成物，以致所有自然关系与结构皆被破坏，人同时亦变成一物；依此，整个自然界和人的社群皆成为一个物的世界。蒂利希强调“科技可能性所给予人的解放最终反过来在科技的真实中成为奴役，这种生命自我创造的最真实的含混性不可能以一种浪漫的、前科技的回归自然来解决”。[86]

蒂利希区分两种“对象”（object）：逻辑对象（logical object）

81. Tillich, *Systematic Theology*, vol. 3, 73.
82. Ibid., 74.
83. Ibid.
84. Ibid.
85. Ibid.
86. Ibid.

被吸纳在知识论理性框架中，但实存对象（existential object）则被吸纳在独特装置中；[87] 前者是在主客框架下被制定，后者被“客体化”所化约而抽取了所有主体性元素。他指出，前者是一与之对碰之物，即德语所指的 *Gegenstand*，但后者却是一死物（*Ding*）。[88] 从一个本质的观照而言，蒂利希深信没有一物仅仅是物（no thing is merely a thing），[89] 万物所分享的存有论元素必然具备一种抗拒物化的主体性特质，这个核心一直坚持拒绝把自身的存有（being）变成物（thing）。

五、科技的神律重置

（一）实存根源

科技作为一种人的精神创造势必分享了文化含混性的命运，意味着科技夹杂着本质的（essential）与实存的（existential）元素。在讨论蒂利希如何在科技的文化神学中谈论科技对“救治”（healing）的追问前，也许应该首先检查科技含混性的实存状态，并试图揭示科技理性中的魔化和奴役性。

首先，在一种实存的状态下，诸存有的理性两极（rational polarity）会出现矛盾并彼此冲突；科技理性会陷入一种自律和他律理性的对抗当中再失去对理性深度（depth of reason）的关切。[90] 一方面，科技理性“缺乏其深度而肯定和实现其结

87. Paul Tillich, “Thing and Self,” in *The Spiritual Situation of Our Technical Society*, ed. & intro. J. Mark Thomas, 113.
88. Tillich, *Systematic Theology*, vol. 1, 173.
89. Ibid.
90. Ibid., 83.

构”，[91] 这将导致科技的自律形态，在此形态中科技只会降服于自身的法则，而抗拒任何外面施加的力量；同时，科技的他律特质又以一种建制力量呈现自身来压迫个别的主体反抗。在这种自律与他律的双重实存对立（double existence dichotomy）中，“自律征服所有反抗但却完全失去深层的维度，它变成浅薄、空虚并缺乏终极意义，并产生有意识与无意识的绝望。在此处境中，强大的他律伪政治性进入到自律所创造出来的真空当中，却毫无深层的维度。”[92] 自律是空的，他律是摧毁性的。总结而言，科技的实存状态首先是表述为“空的破坏性”或“摧毁性的空”。

其次，理性内部结构中的形式元素（formal element）与情感元素（emotional element）也在实存状态下产生矛盾；科技理性以支配性知识主宰知识的所有模式，将导致理性的形式主义，以及生产出冰冷的唯理主义（intellectualism）。[93] 在实存状态中，科技对万物采取了抽离的态度，并继而把万物各维度的丰富性与复杂性化约为单一维度，这种科技的实存状态将被表述为“缺乏爱欲（*eros*）的形式主义”。[94] 第三，科技的实存状态与人的实存状态关系密切，蒂利希指出，科技的“堕落”（fall）也是一种科技把自身提升到神圣的“傲慢”（hubris）。[95] 科技与科学可被誉为近代人类的伟大文化创造，俨如担负了把人从疏离的环境救拔出来的宗教角色；但这种科技的救赎性神话将

91. Ibid., 83.
92. Ibid., 86.
93. Ibid., 90.
94. Ibid.
95. Tillich, *Systematic Theology*, vol. 2, 50.

无法自拔地把自身推向“傲慢”的试探。蒂利希指出，正如黑格尔一旦试图以他的体系来收纳所有真理时，其体系将陷入一种形而上学的“傲慢”中，[96]依此，科技一旦忘记自身的限制时，它就像神一般地存在，并会混淆文化的创造力与神圣的创造力。最后，自我提升（self-elevation）也是一种把有限与无限相混淆的偶像崇拜行为。并且，科技的实存状态亦是一种“欲”（*concupiscentia*），意指一种企图收摄万物于一己之中的欲求。[97]蒂利希指出其中一种人的疏离状态并非破坏万物，而是企图包纳万物，这种渴求联合的欲望可见也是一种科技的欲求，它以一种科学技术的装置将物质、精神、文化与宗教各维度联合起来，这种欲望是“认知性的欲望，去把万物收归一己的有限独特性之内”。[98]

最后，人与自然在科技的实存状态下皆经验着无意义的处境，在人面前的世界不再是一个意义的整体，反而是一个异样和冰冷的机器；世界在此面对着“解构的结构”（structure of destruction），[99]一个有意义的［世界］已经不复存在，事物再不会对人言说，他们在跟人交往时失去力量；因为人也失去这力量，极端而言，人一己之世界已经完全不真实，除了人意识到自身的虚空外，已经无一遗留。[100]人与周遭的世界变得支离破碎，这种普遍性的疏离非但是关于人的一种教义，它更影响社

96. Tillich, *Systematic Theology*, vol. 2, 51.
97. Ibid., 52.
98. Ibid., 53.
99. Ibid., 60.
100. Ibid., 61.

会的基本架构。

（二）神律文化

蒂利希以一种神律文化（theonomous culture）的方式来处理科技含混性问题。科技创造乃是一种人的精神维度的生命自我创造（self-creation of life under the human spirit），这将由圣灵的介入与转化所救治。“神律”（theonomy）意味着圣灵维度下一种指向终极目的的“律则”，这目的内蕴着意义与存有。[101]这种圣灵衍生的“律”并不意指将自律的理性降服于一种他律的宗教律则之下，神律文化的终极目的引导人文性的内容去超越自身的个别目的，追寻终极的归属。[102]虽然神律的文化创造是动态和终末性的，但蒂利希指出三点特质：

第一，神律揭示出具体历史处境下的终极性（ultimacy），蒂利希的文化神学的基本主题是，终极关切与文化创造被视为一“本质-形式”（substance-form）的相互关系。没有宗教力量和意义能不在具体文化和历史的载体中被呈现，“神律文化的首要实质是沟通神圣的经验，就是在所有的创造中经验到存有和意义。”[103]宗教元素内蕴于文化创造中，并指向终极；神律的象征性特质不会以一种经验化的方式被局限于某一处境，同时，人的文化创造性和自律理性在追寻这种圣灵引导的文化时也不会被禁止和取消。

---

101. Tillich, *Systematic Theology*, vol. 3, 249.
102. Ibid., 250.
103. Ibid., 251.

第二，神律通过持久和动态性的斗争来揭示终极性。无一历史处境能自身宣称成为神律的载体，神律式的彰显永远是片段性的。蒂利希指出，由此，这观念无可避免地是终末性的，“神律先于［自律与他律］……同时又后验于两者。”[104] 神律文化的目标并非为要平衡极端的自律理性和激进的他律装置，而是尝试攻击两者并以两者的深度、联合和终极意义来补足。依此，神律是作为一种文化创造的批判性要求来实现自身，“在自律的独立性和他律的反抗间的持续斗争中，引向对新神律的追溯”。[105]

第三，神律以克服主体与客体割裂来呈现神圣力量和意义。蒂利希认为，文化创造的含混性状态往往是以主体性与客体性的割裂来表达，克服这种割裂有两种方式：（1）超越性联合（transcendent unity），圣灵临在的神律提供了联合分离和克服割裂的力量；（2）文化创造的深度，圣灵的临在为普通事物赋能（empower）并使之成为神圣的载体。依此，上帝之言也非某种异于人言的另类语言，而是一种圣灵引导的人言。[106] 这两种方式相互配合，超越性联合得以可能，取决于文化创造的宗教深度的体会，相互沟通的疏离只能在神圣临在文化创造中才能被克胜。

（三）上帝国与科技乌托邦

在蒂利希早期的系统神学手稿中，他将“科技/技术”

104. Ibid., 251.
105. Ibid.
106. Ibid., 254.

（*Technik*）与"上帝国"（*Reich Gottes*）彼此关联。物质文化的辩证两难在于精神之于被世界的征服和对世界的征服；神学原则通过照见其中的上帝启示，以及使之服侍上帝国，并认识到在完成上帝国的永恒意义中确立物质文化劳作（科技）。[107]

蒂利希强调科技的问题应被视为一个辩证的问题，意味着这种文化创造内含某种积极性价值，而神学也不应以否定的态度来忽视它。类似科技创造和摧毁的"是"和"否"，神学也应通过一种三一神学原则来采纳一种辩证态度。作为创造论的首个神学原则，科技呈现出"精神主宰自然的启示"；[108] 它彰显出人的精神解放力量，但同时却又是精神更深的捆锁。依此，神学需要肯定科技的贡献，并同时要批判它以图拯救它。第二个神学原则是逻各斯教义，科技带来的疏离须被救赎。最后，作为圣灵的上帝作为第三神学原则，科技在圣灵临在和上帝国的辩证处境下被确定和否定。[109]

虽然上述各种响应科技问题的神学原则仍然比较含糊，但科技的含混性需要被放置在文化神学的框架下处理，并尝试以神学的救赎观来执行是和否的辩证态度。相对于蒂利希早期的辩证立场，他后期则较关注科技将来的终末含混性，并科技问题如何紧扣人类的历史进程。蒂利希似乎有意识地将科技的乌托邦问题关联于上帝国的教义、人类历史观与基督教的终末论。在德国时期，他比较倾向以基督论来诠释上帝国，思考历

107. Tillich, "Systematische Theologie von 1913," 416.
108. Ibid., 417.
109. Ibid.

史问题，这个处理方式与他晚年企图以圣灵论来切入有很大差异。

蒂利希认为，他从第一次世界大战回来，历史问题就成为他思想中最核心的问题。[110] 他早年经常挣扎于如何联系基督教的超越信息和俗世的革命性思想，以及历史的超越与内蕴性理解等问题。在他参与宗教社会主义中的“凯洛斯圈”（*Kairos* circle）时，努力提供对历史的恰当诠释，其中他试图在凯洛斯教义下超越和重新理解乌托邦主义和保守主义。[111]

“凯洛斯”这概念与历史哲学关系密切。蒂利希对两种历史诠释提出批判：绝对性类型（absolute type）强调历史意识中的绝对张力，而倾向把历史的某一时刻视为绝对而否定其他时间；[112] 相对性类型（relative type）则要求一种普世性历史意识，往往会陷入无尽的历史重复或循环当中。[113] 蒂利希正确地认为，这两种历史诠释需要同时被批判和被满足，因为前者强调了绝对与相对张力，避免了历史时刻的绝对化；后者由于缺乏超越元素而倾向维持稳定性。历史的超越与内蕴性建构了时间的悖论式诠释，并指向了“凯洛斯”概念。

简而言之，“凯洛斯”指“制约之物（the conditioned）奉献自身成为无制约的（unconditioned）载体”。[114] 蒂利希在早年强烈批判那种有历史脱避主义危险的历史超自然诠释，这种诠

110. Tillich, “Author’s Introduction,” xvii.
111. Ibid., xx.
112. Tillich, “Kairos,” 42.
113. Ibid.
114. Ibid.

释把历史和时间消融于神圣的永恒中，并将危害到历史时刻的重要性；为了保持内蕴性历史的真实和神圣的突入历史的力量，他采取了一种“自律-他律-神律”的三元结构来打通凯洛斯与历史时间的关系；历史进程通过辩证的运动来呈现出动态和创造性力量，并以此展示出历史自律的特质。这特质强烈批判他律历史观所建构的稳定状态。凯洛斯正是指出神律突破介入具体历史时间，它并非自律和他律的辩证综合，而是一种神律的绝对张力，并且同时肯定真实的历史状态。这意味着，凯洛斯就是一个历史时刻，时间的有限形式变得通体透明，被无限的永恒所贯注，依此，历史进程向无限敞开而无法成为无限。

所以，蒂利希早期的历史神学有着浓厚的神律文化神学的色彩。时间性（temporality）是凯洛斯的形式，凯洛斯是时间的“实质”（substance/*gehalt*）。凯洛斯和时间并非一组永不交集的平衡线，凯洛斯亦不取代时间；时间的结构并没有因神圣突入而被破坏，反而被保留和被预设。“实质”以一种批判和保存的辩证态度来揭示其力量而指向具体历史处境。由于对时间的持存，历史内部的命途仍然皆由信仰和决定所左右；神律实则就是终极在时间的深度维度中与之相碰。神圣的永恒在历史和时间的形式中显示。

这种历史神学在纳粹期间被蒂利希意识到它潜藏的危险性。在有限的时间形式向无限的永恒敞开时，前者被无限注入而容易被提升为无限自身，凯洛斯会存在一种被俗世象征偷取而被诠释为上帝国的期待。蒂利希的好友德国神学家希尔斯正是这样被误用而为纳粹政权赋予神圣的理由；蒂利希清楚指出，从他早期的因信凭恩典称义到晚期的新教原则，皆强调凯洛斯应紧扣自我批判范畴以避免有限形式的自我膨胀。依此，基督论肩负起这种凯洛斯角色来批判历史当中的所有凯洛斯宣称。

蒂利希早期将凯洛斯关联基督教终末论，这种终末论是“基督教信仰的理论表达，在过去与将来每一历史事件皆关联终极的完成（ultimate fulfillment），它为相对和有限的完成带来意义”。[115] 作为“终末”（eschaton）的历史时刻绝非指历史进程中的“最后”（last）事件，而是一种在历史中完全实现的完成。[116] 作为一个二十世纪的神学家，蒂利希并不关心时间的终结（the end of time），而是聚焦于时间的完成；这种完成是超越的，因为历史的含混性被克服，不被理解为一历史的最后事件，而是对线性向前伸延的时间的中断。无限是以中断的方式来突入历史并将历史带到完成当中，这种中断是消极性和破坏性的，但却是关键性的。凯洛斯所指的上帝国，就是指这种无限干预时间的有限，并将之转化为无限的宗教象征。[117]

其次，蒂利希早期的这种上帝国观念是基督论式的。在他《历史诠释与基督的观念》一文中，历史与基督彼此关联，基督论是探讨绝对具体性（absolute concreteness）自身在历史中呈现，并历史意义如何在基督事件中被决定的教义。[118] 历史意义的关键之处并不在于历史如何开始和如何结束，而是基督事件

115. Paul Tillich, “Eschatology and History,” in *The Interpretation of History*, trans. N. A. Rosetski and Elsa L. Talmay, 278.
116. Ibid., 276.
117. Ibid., 280.
118. Tillich, “The Interpretation of History and the Idea of Christ,” 243.

所建构的历史中心和意义。[119] 依此，蒂利希早期非常清楚地指出基督论、凯洛斯与上帝国被视为一个解决历史问题的三一组合，这组宗教象征表达了无限以悖论的方式动态地突入历史中。

但蒂利希后期在《系统神学》(卷三）中，却将上帝国的讨论放置在圣灵论而非基督论的范畴中，并强调历史作为生命的多重维度的关键之一，与万物的生命形态彼此扣连，以致上帝国、属灵在场与永恒生命被理解为互为表里的宗教象征来针对历史问题。其次，上帝国的象征被视为涵盖性最大的象征，它的内蕴（inner-）与超越（trans-）维度彼此相连，前者以圣灵通过上帝国内蕴于历史中在场，后者以永恒生命给予历史含混性的终极–超越解决。

蒂利希用以下几个方式来处理圣灵论如何取代基督论。首先，他早期想表达的基督论式的突入历史，是一种强调神圣在历史内部的神圣彰显；但他会面对两个困难：第一是基督论会缺乏某种超越性元素，第二是当蒂利希在晚期讨论上帝国在历史中的核心性彰显时，他提出“如果基督作为历史核心，那上帝国的意义从哪里开始和终结”这难题；当然，这问题的答案不可能是以一种量化和客观方式来回答，因为上帝国彰显的历史就是上帝启示的历史和救赎的历史，依此，它必然需要一种对上帝国的普遍性诠释，这也是为什么蒂利希晚期会提醒我们去考虑是否有多个历史中心的说法的原因。最后，蒂利希企图在晚期以一种更宏观、宇宙性的角度来重新诠释其文化神学，他的属灵在场与上帝国正好对应这种普遍性和宇宙性的要求。

119. Tillich, “The Interpretation of History and the Idea of Christ,” 249.

当然，蒂利希并非完全抛弃了基督论，他仍然坚持基督事件是判断其他历史中心的标准和规范，但无疑他晚年的这种寻求更普遍性和内蕴性的神学原则，只有在一种圣灵化的基督论当中才有更妥帖的答案。

回到科技乌托邦的问题。蒂利希晚期指出，科技创造呈现出人精神维度的含混性，整个科技问题则需要放置在历史维度中处理。与其他的生命维度相似，历史维度同时是自我创造和自我超越的，前者是历史所追寻的“进步”，后者是历史所追寻的“乌托邦”象征。“历史以生命自我创造而言不断追寻新的创造，以生命自我超越而言追寻存有各种潜能的普遍性与非含混性成全。”[120] 在一个近代或后现代语境下理解上述的表达，蒂利希的“存有各种潜能的普遍性与非含混性完成”就近乎一种科学-科技的实现状态。

依此，科技创造乃是回答历史意义问题的答案。“进步”并非一种关于事实的描述，它更是指向某种终极的象征，也就是蒂利希所指的“伪宗教象征”(quasi-religious symbol)；[121] 并且，科技进步就被理解为某种历史发展的法则，他指出，“我们一定要注视它［‘进步’这观念］作为决定历史动态性的普遍法则，进步式意识形态的重要性在于对生命本身的进步动机的强调，在其中进步成为真实的本质，这就是科技。”[122] 这种历史科技的进步观代表一种对于过程的无限制终结的象征，科技就是对历

120. Tillich, *Systematic Theology*, vol. 3, 332.
121. Ibid., 352.
122. Ibid., 353.

史进程想象最理想的象征，“更优良的工具，即科技上更理想的达到目的的手段，就是一种永无止境的文化真实”。[123] 蒂利希似乎对于“毫无目的的永无止境之进步”（never ending progress without ends）有很大保留，这种关于科技进步的分析，其实完全对应文艺复兴时那种水平维度发展（horizontal dimensional progress）的激进后果，正如他在 1963 年指出，“征服太空计划其实就是这种水平维度对垂直维度的伟大胜利”。[124] 但他也警告说，这种科技进步所针对的实存生命的意义还未得到理解和回答。科技进步实则就是对历史的真正历史性解释，它就是“向前进步主义”（forwardism for the sake of going forward），这象征为历史不断走向前提供了内蕴的历史装置。

蒂利希在 1951 年柏林的德国政治学院（Deutsche Hochschule für Politik）发表了一系列关于乌托邦的演讲。他指出，乌托邦首先是根植于人的实存中关于可能性、试探和期盼的存有论结构；其次，历史的历史性与非历史性诠释皆预设了人在历史中理想阶段的乌托邦观念；[125] 更重要的是，乌托邦的存在论结构会以以下方式被揭示：俨若一种科技的除魔装置，正如蒂利希所描述的“对否定的否定”（the negation of the negative）[126]，就是人的有限性与疏离被克胜，这也是在一种伪宗教本质中所提供

---

123. Tillich, *Systematic Theology*, vol. 3, 338.

124. Paul Tillich, “Has Man’s Conquest of Space Increased or Diminished His Stature?” in *The Spiritual Situation of Our Technical Society*, ed. & intro. J. Mark Thomas, 190.

125. Tillich, “The Political Meaning of Utopia,” in *Political Expectation*, ed. James Luther Adams (Macon: Mercer University Press, 1971), 125–129, 142–154.

126. Ibid., 155.

的救赎可能性之应许。依此，宗教与科技皆试图解决人与自然疏离的问题。蒂利希指出，科技乌托邦的本质建基于“在科技语境下人本质的实现克胜了自然的否定性”。[127] 故此，乌托邦的特质仍是含混的，它结合着本质与实存元素。它首先既非虚幻（illusion）亦非人理想的投射（projection），它里面涵盖着某种真实的东西；[128] 其次，它里面的积极性元素肩负着带动人与社会向前发展的存在论的可能性；[129] 最后，科技乌托邦最重要的是它那种转化性力量，虽然乌托邦“毫无一处”（without a place），但这并非指它的缺席和不在场；反而它那种力量的装置尽情地在政治、文化和经济各领域彰显出来。

可见，科技乌托邦这装置的积极性元素在结构上与它的否定性元素相结合，其破坏性的一面是实存性的，结合着它本质上的真理性；这并不是因为它应许或预测了将来的某种梦幻般的存在，而是揭示了人与社会的本真和实存特质。[130] 科技乌托邦中的存有论可能性就是一种诱惑和试探，也可以说，它进一步将人的自由提升到一种绝对性的意义，“乌托邦的贫乏在于它把不可能描述为真正的可能性，并无法察见它自身那种不可能性，或可能性与不可能性间的回荡”。[131] 最后，科技的错误和贫乏最终导致幻灭（disillusionment），是“次终极”升格为“终极”的必然结果。

---

127. Tillich, “The Political Meaning of Utopia,” in *Political Expectation*, ed. James Luther Adams (Macon: Mercer University Press, 1971), 161.
128. Ibid., 168.
129. Ibid., 169.
130. Ibid., 171.
131. Ibid.

处理科技乌托邦的问题就必然是把它放在克胜它存在论结构的含混性当中，正如蒂利希在《系统神学》(卷三)中把生命的实况视为本质与实存的结合一样。他并没有以一种乐观或悲观的态度看待科技的未来，甚至他非常反对要回归大自然那种前现代幼稚天真的观点，纵然这观点能指出某种人与大自然的本质性联系的立场。其次，企图发明更优越的科技来解决科技的问题也是一个死胡同，它的问题不能靠自身可解决。蒂利希在 1951 年的柏林演讲中最后指出，关键之处在于我们需要追问如何能彻底地超越科技所揭示的否定性元素。在此，蒂利希似乎运用了黑格尔的方式将科技的正题和反题进行一种辩证的解决。"纵然仍有否定性元素但积极性元素仍被保留，需要要求超越其否定性引向一种乌托邦的超越(transcendence of utopia)。"[132] 黑格尔的辩证逻辑尝试保存积极与消极元素，并以"扬弃"(*aufheben*)的方法保留和超越否定性。蒂利希这种救赎转化力量的基本结构是一种"越过"(go-beyond)，其存有论结构不被破坏而与神圣联合。

上帝国的宗教象征代表对在科技-历史维度中的自我创造和自我超越的水平发展的"干扰"和"突入"。[133] 这种历史水平发展的凯洛斯式垂直突入揭示出蒂利希早期"基督论-凯洛斯式教义"和晚期"圣灵论-上帝国式教义"之间的结合。这种突入建构了通过时间性的存在来揭示出神圣意义和力量。在文化神学的神律远景中，蒂利希强调科技-水平-时间结构一方面被

132. Tillich, "The Political Meaning of Utopia," in *Political Expectation*, ed. James Luther Adams (Macon: Mercer University Press, 1971), 173.

133. Ibid., 174.

保存，另一方面又被神圣的审判批判它的疏离状态并与神圣带回到联合中。在《系统神学》(卷三）中，蒂利希将人的科技文化创造与属灵在场关联于上帝国。属灵在场意味着人类历史中神圣启示与文化的内在斗争；上帝国则意味着代表人类历史的目标。

（四）圣灵的救治

蒂利希神律观念的核心思想在于保存与转化文化形式与内容，从逻各斯结构而言，神律是“自律理性联合于它自身的深度……理性在降服于其结构法则和在其无穷尽的根基力量中实现自身”。[134] 从灵的结构而言，神律陈构出在属灵在场的冲击下文化的状态，文化法则的有效性在圣灵的维度中赋予生命自我创造的终极意义和存有。[135] 蒂利希这些激进表达是要强调文化的目标会在圣灵决定和引导中被完成，[136] 他的圣灵论式文化神学担当了两个使命：所有文化创造皆在潜质上承载着神圣意义和力量，这意指文化形式和内容是一种圣礼式容器，以致超越的终极性可被体验到；同时，文化的极端自律与魔魅性的他律不会被摧毁而是被联结于神律而被克服。[137] 就蒂利希而言，科技创造被扭曲的原因是失去超越深度所致，造成虚空的自律与霸权式的他律相互斗争所致。依此，神律通过重新联合来揭示神圣启示与救赎来彰显其深度与终极性。

134. Tillich, *Systematic Theology*, vol. 1, 85.
135. Tillich, *Systematic Theology*, vol. 3, 249.
136. Ibid., 250.
137. Ibid., 251.

神圣启示与救赎互为表里，神圣揭示的内容不是别的，而是神圣的救治力量和复合的意义，在蒂利希的《宇宙性和社会历史中的救赎》(Redemption in Cosmic and Social History, 1946)一文中，他重新呼吁基督教救恩的普遍性和宇宙性意义，并强调客观和普遍救恩在存在论上比个人拯救更有优先性；[138] 救赎不应是一种拉开人与自然距离的拯救行动，蒂利希指出，人与自然同样参与在堕落和拯救中。这篇文章预示了蒂利希后期那种生命多重维度整合的救恩观，他指出救恩从来都不是"一劳永逸"(once-for-all)和"非此即彼"(either or)的状态，而是片段性的(fragmentary)和前瞻性的(anticipatory)。前者指救治在时空下的内蕴特质，后者揭示出一种被造世界目的完成的超越联合。蒂利希多次强调救恩是"救治"(healing)，救恩的力量是一种整合、完整和联合的重新建立。[139] 救治的普遍性和宇宙性观念，包含了从身体、灵魂到社会经济秩序和历史生命各种维度。

蒂利希为要克胜科技创造的含混性，他把整个问题放置在圣灵论框架下来表达出一种神律科技的观念。就圣灵而言，没有一物仅仅是物，它们都是形式和意义的载体，依此皆是爱欲(*eros*)的可能对象……[科技对象]可被思考为和审美评价上视为存有自身力量的新赋载(new embodiments)，这种朝向技术格式塔的爱欲是一种联系神律与科技得以实践的途径。[140]

---

138. Paul Tillich, "Redemption in Cosmic and Social History," in *Paul Tillich Main Works/Hauptwerke*, vol. 6, ed. Gert Hummel, 274.
139. Ibid., 276.
140. Tillich, *Systematic Theology*, vol. 3, 258.

科技创造的基本死结在于建构了主体与客体的割裂，这种撕裂进一步把万物进行物化和客体化，使万物再无法承载和表现意义和存有。我们无法去爱“物”而只能操控它。在属灵在场下，圣灵的救治力量企图从科技创造的物化中救治出来而成为科技生产的格式塔。格式塔这观念是为要展示一整合性的整体，并以一核心来与周遭环境发生联系。在属灵在场中的科技装置不再是外在和异于人之物，而是以人的爱欲来重新引导它的道德维度，并具备通往神圣和终极意义的象征。

神律科技表达出在生产“具有主体性质量”的客体时的终极关怀。[141] 人与科技创造间的互际性沟通理性将被联系于终极目的而非由目的理性所征服，[142] 并且，科技的无上限可能性在揭示其有限性特质中被克胜。[143] 科技创造陷入自由与有限的矛盾中，圣灵就科技创造的突入揭示出无限可能的诱惑，在对实存状态的分析中；科技的傲慢（technological hubris）与欲望在创造与摧毁的可能性中充分表现，那种无限制自由的虚幻应许终归是新型解放的幻象，最后只会是奴役的新形式。[144] 其次，科技带来的疏离同时实存上建基于人的傲慢（hubris）与欲望（*concupiscentia*），属灵在场的救赎式信仰将抓住人的存在状态，并让人自身对圣灵敞开和接纳一己的限制。蒂利希“因信凭恩典称义”的教义[145] 将促成人与自然的复合，这种复合是由于圣

141. Tillich, *Systematic Theology*, vol. 3, 258.
142. Ibid.
143. Ibid.
144. Ibid.
145. Tillich, *Systematic Theology*, vol. 2, 179.

灵所创建的爱而联合，而非人以操控之力量来把握。并且，基于人与科技生产之间的圣灵之爱，科技的终极目标将重新被制定，以致能为万物的存在目的而服务。“圣灵以垂直方向切入，抵抗水平线中无限的向前发展；引导科技降服于一切生命进程的终极目的–永恒生命。”[146] 依此，圣灵论的终末维度揭示出在科技创造的神律引导下万物的完成，其中神圣之爱促成意义和力量的联合，万物在其中被联结为整体。

蒂利希强调，爱并非仅仅是一种人的情感或情绪表达，它更是万物的力量且具有一种存有论结构。所有存有在本质上联合但实现时疏离。作为生命的驱动性力量的爱，赋予所有生命形式将其潜能实现，并引导分离的得以联合。“当克服最大的分离时，爱就彰显出最大的力量。”[147] 蒂利希这种爱的存有论理解明显得益于黑格尔早期关于爱的残篇，他提出“在爱的动态关系中，最深刻的洞见非仅仅在人的层面，而是在一切鲜活的真实当中”。[148] 正如蒂利希一样，早期黑格尔视爱为存有论意义的分离的联合，因此，关键在于圣灵创造出的非含混性的超越联合，揭示出一种神圣之爱（divine agape）所激发的联合力量，万物通过这爱得以被接纳；纵然万物正经历着俗世化、魔化和疏离的状态。从圣灵之爱中，被爱的对象中的神圣、伟大和尊严能重新得以建立。[149] 神圣之爱之所以独特，是因为它不仅是上帝的一种属灵恩赐，而是上帝自身；神圣生命就是以爱

---

146. Tillich, *Systematic Theology*, vol. 3, 259.
147. Tillich, *Love, Power and Justice*, 25.
148. Tillich, *A History of Christian Thought*, 412.
149. Tillich, *Systematic Theology*, vol. 3, 138.

来建构的，这爱驱使神圣走进造物中，亦通过造物来揭示上帝自身。[150]

呈现在支配性知识中的科技理性，其霸道之处不仅在于在万物中生产出分离和抽离的主体和客体，而且呈现在两方面：首先，科技的支配性理性能转变众生成为能被完全操控和量化的“物”，[151] 万物的主体性质量将被完全抽空；其次，生产出“主体-客体”结构并非科技理性的问题所在，反而是它能把众生“物化”而生产出物。[152] 神圣之爱从科技大能的目的理性和支配性知识中，拯救出参与-关系性知识（participating-relational knowledge），这知识也就是在《系统神学》（卷一）中提过的技术理性联合于存有论理性。从存有论而言，科技的救赎是技术理性被重新联合于存有论理性当中。

六、总 结

作为一位二十世纪的基督教神学家，蒂利希对科技问题的分析可算是少见而独特的；相对于同代的神学家，他能将神学的范畴扩展到较阔较远的领域，实在难得。尤其是他晚期以圣灵论和终末论来分析科技的含混性并试图提出解决方法，就一个世纪后的今天，这尝试仍然具有深刻意义与前瞻性。

150. Tillich, *Systematic Theology*, vol. 3, 138.
151. Tillich, *Systematic Theology*, vol. 1, 97.
152. Ibid.

第十二章
自然神学

一、前　言

本章尝试勾画出早期蒂利希的自然观，[1] 并以一种生态神学的进路来把握他的理解。文章的重点会落在蒂利希的“自然神学”（theology of nature）上，自然神学是指一种从神学进路来检视自然的学科，与通常传统的“自然神学”（natural theology）有所分别。[2] 过往的学者较多注意蒂利希后期的神学发展，[3] 其实

1. 学界一般把蒂利希因纳粹政权上场而被迫离开德国远赴美国的 1933 年，作为蒂利希思想前后期的分界线。但笔者较倾向认为这个年份不能作为一个蒂利希学术生命分水岭的严格标记，原因有二：（1）蒂利希思想从早期到晚期有强烈的连贯性，他思想内部有否出现“转向”很难下定论；（2）1933 年，蒂利希已届中年，从他在当时德国发表的论文、讲学及出版来看，思想已非常成熟。笔者并非否定蒂利希思想没有经历一种发展的过程，或没有发生任何变化。笔者的立场是，从整体来说，蒂利希的前后期思想有相对较稳定的结构和脉络，环境上和学术上的变化确实有令他的思想在表现风格上和重点上有所转变，但基本大方向是一致的。所以，本章所谈的早期思想较多是在一种时段的意义上来理解，而非一种思想上的前后转折。
2. 传统的自然神学一般是指从广义的自然，包括人的理性、自然环境的秩序等，获得某些关于上帝的认识，如他的存在、属性和能力等。
3. 就蒂利希的自然观念，可参 Michael F. Drummy, *Being and Earth: Paul Tillich's Theology of Nature* (Lanham: University Press of America, 2000)。中文（转下页）

蒂利希后期很多重要观点皆可从他的早期著作中找到思想上的源头。基于学术氛围的差异，早期蒂利希的神学面貌有着浓厚的德国观念论及浪漫主义的特色，这或许可让我们认识蒂利希的另一面。本章会指出蒂利希早期从谢林的思想中找到对自然的基础性重要理解，并且他的实在论诠释让自然的主体及客体面皆能得到平衡。他把自然放进基督的新存有的救赎中，以致其魔化的力量得以被释放。另外，本章会将蒂利希就科技的神-魔夹杂特质表述出来，以致让我们能对科技有较全面和务实的态度，历史与自然的复杂关系亦是蒂利希早期的关怀。

二、蒂利希对谢林自然哲学的挪用：精神与自然的同一性

蒂利希早期有关自然的理解深受谢林自然哲学的影响，这充分表现在蒂利希早期研究谢林的两篇论文中。[4] 自启蒙运动以降，作为思考主体的人与被思客体世界的关联一直是西方哲学史上的难题，无法解决两者的二元论与一元论之争将无法恰当理解人与自然世界的关系。对蒂利希而言，谢林的自然哲学正是要回应启蒙运动因着理性能力的提高所造成的内在张力与德国观念论尝试解决这种张力所提供的答案。[5] 若要理解蒂利希如

（接上页）著作可参赖品超：《田立克论人与自然：一个汉语处境的观点》，载于《道风：汉语神学学刊》（1997 年，秋），第 149–174 页。

4.《谢林实证哲学中宗教历史的建构》（*Die religionsgeschichtliche Konstruktion in Schellingspostiver Philosophie, ihre Voraussetzungen und Prinzipien*）完稿于 1910 年；《谢林哲学发展中的神秘主义与罪疚意识》（*Mystik und Schuldbewusstsein in Schellingsphilosophische Entwicklung*）完稿于 1912 年。

5. 谢林的自然哲学著作，可参 F. W. J. Von Schelling, *Ideas for a Philosophy of Nature*, tr. E. Harris & P. Heath (Cambridge: Cambridge University Press, （转下页）

何继承谢林的理路，就需要稍微掌握启蒙运动至德国观念论的问题意识与内在发展脉络。

“启蒙”（*Aufklärer*）就是以理性作为判别一切信念、法则、艺术及文本的判准。[6]理性有着一套解释的独特形态，以普遍法则（general law）作一种机械论（mechanism）来理解事物的内在与外在关系，这种思考模式导引出两种相异的结果：怀疑论与自然的唯物主义（materialism）。由于理性经常要考察种种信念，以致形成彻底的批判主义，其激化后的结果就是彻底的怀疑论，[7]其次，启蒙独特的解释形态是把事物置于机械和数理法则下，以致一切皆可被数量化和计算化，易言之，只有物质性的存有才能被理解，能被理解的就一定是物质性的。这种物质主义无可避免导致心灵与物质的二元论，结果只有把不占有物理空间的心灵活动化约为物质活动来理解，或将物质性的存有消融于心灵的精神活动中。[8]上述两种启蒙所带来的观点：批判

（接上页）1995); “On the Relationship of the Philosophy of Nature to Philosophy in General,” in *Between Kant and Hegel: Texts in the Development of Post-Kantian Idealism*, eds. G.di Giovauni & H. S. Harris (Albany: State University of N.Y. Press, 1985), 363–382。有关学者在这方面的研究，艾普斯图（J. L. Esposito）的研究仍是英语世界中的经典之作，见 J. L. Esposito, *Schelling's Idealism and Philosophy of Nature* (Lewisburg: Bucknell University Press, 1977）；其余可参 A. Bowie, *Schelling and Modern European Philosophy* (London & NY: Routledge, 1993), 30–44; Dale E. Snow, *Schelling and the End of Idealism* (Albany: State University of New York Press, 1996), 67–92; Robert F. Brown, *The Later Philosophy of Schelling* (Lewisburg: Bucknell University Press, 1977), 91–97, 166–171。

6. 有关启蒙运动的理念与二十世纪西方思想界对其的质疑，可参 *What is Enlightenment? Eighteenth-Century Answers and Twentieth-Century Questions*, ed. James Schmidt (Los Angeles: University of California Press, 1996)。

7. Frederick Beiser, “The Enlightenment and Idealism,” in *The Cambridge Companion to German Idealism*, ed. Karl Ameriks (Cambridge: Cambridge University Press, 2000), 19–20.

8. Ibid., 21–22.

主义（criticism）和自然主义（naturalism）无可避免地构成理论上的张力。一方面批判主义以怀疑主义作结，对一切自然的独立存在及普遍法则持批判和怀疑的态度，视之为人类心灵的构造，对所谓离开人意识活动之外的独立而客观的外在世界采取否定的态度；另一方面，自然主义以物质主义为依归，视人类理性的心智能力仅是物质力量使然，世上唯有能被量度和置于物理时空范畴内的物质才具有客观实在的意义。

康德的批判哲学要避免上述两种立场的极端后果，既不陷入怀疑论的批判主义而能证立外在世界之知识的真实性，又不陷入物质主义的自然主义，而对心灵和物质之间的关系取得平衡。[9] 对康德而言，外在世界的认知条件使一切对象之能被认知完全是由于对象符合认知活动的条件使然，所以对象能被认知的只是表象（representation）而非物自身（thing-in-itself）。彻底的怀疑论者对外在世界存疑，但康德认为他们混淆了表象与物自身之间的分别，外在事物是依然独立存在，但这种存在有两种意义：一是离开人类经验法则的限制内的存在，这是物自身的意思；二是存在于人类理解（understanding）和感性（sensibility）结合的知识象限中。能知的外界是指呈现于表象中的实在，不可知的是属于物自身领域。依此，彻底的物质主义亦不为康德所接纳，外在世界确实存在于时空之内，但由于康德把自然安置入表象领域之内，与物自身领域相区别，此时

9. 就康德的超越观念论（transcendental idealism）和经验实在论（empirical realism）的整合可参 Stephen R. Palmquist, *Kant's System of Perspectives* (Lahnam: University of America Press, 1993)。

“一切存在的一定在自然内”的物质主义教条便能加以反驳。康德的解决办法是划分两层的实在世界，以外界给予的物料加上心灵的概念以形成知识。但他似乎仍假设一种外界与心灵的对应关系，而这关系却无法加以证立。

费希特（Fichte）对康德解决批判主义与自然主义所产生的张力的方案显然不满。康德把知识限制在经验范围之内，无疑是将外在世界作为表象而非物自身来理解，因此，最终亦无法脱离休谟（David Hume）的怀疑主义，导致心灵和外在世界仍处于一种二元论的格局。[10] 费希特认为，一方面某种意义上的二元论不可避免，因为呈现于人类经验中的客观事实，就是物自身的困难。[11] 蒂利希强调主体与客体、一与多皆在自然中，如同在自我中得到综合。蒂利希认同谢林视自然之所以能与精神法则相对应并非随意和偶然的，相反自然自身能必然和原初地与精神相对应。主体（subjective）与理念（ideal）是生命力量的内在化，而客体（objective）与真实（real）则是生命力量的外在化。不论是主体或客体，双方皆在整体中被掌握和理解，两者之间真正和绝对的综合唯有在自然生生不息的生化进程中出现。故此，人与自然间的鸿沟一旦被打破后，上帝与自然间的分裂亦得以修补，上帝被视为创造性的自然，上帝、人与自然皆在同一性原则下相互关联，“与上帝的联合是在与自然产生美感经验中获得的”。[12] 与此同时，蒂利希清楚指出同一性的建

---

10. Beiser, “The Enlightenment and Idealism,” 29–30.
11. Ibid., 34.
12. Ibid., 57.

立是建基于真实的对立中，精神是不受制于自然而可被视为更高类型的自然，“精神是真实的，仅当它设置自然与精神的冲突于自身之内”。[13] 精神超越作为自然的自身，蒂利希认为只有精神这种自由的超越才能确保同一性原则真实地表现。

易言之，自然本身就是联合与动态的目的性系统，它本身能在人的精神活动中回归到自身当中；所以，自然再不是一种康德式的单纯表象，而与人的理解活动相对立和抗衡，反而表象世界本身根本上亦是自然实现自身的一种知识界域。因此，蒂利希指出

> 证明自我是万物是不足够的，相反我们要理解的是万物像自我一样。自然并非行动的一个无法理解的限制；它本身就是行动，创建意志，成为自由，为意识而奋斗。它就是意识战胜无意识的进展性活动，直至它在作为自然存有的人身上达致平衡。[14]

自然本身就是一个目的性系统。康德虽然有提过自然的目的性，但他只是把它理解为一种规约性原则，而非自然本身内在地具备这种目的性。康德只教导我们把有机体和目的性的理念套入自然界内，谢林则坚持自然本身就是一种具备能动性的有机体。

---

13. Ibid., 58.
14. Tillich, *The Construction of the History of Religion in Schelling's Positive Philosophy*, 45；另参 *Ergänzungs und Nachlaßbände zu den Gesammelten Werken von Paul Tillich*, Band IX, eds. Gert Hummel & Doris Lax (Berlin: Walter de Gruyter, 1998), 191。

谢林的自然哲学视“绝对”(absolute) 为一存活的力量，既非主体性亦非客体性，而是两者的综合。这种综合把主体性领域视为自然本体的目的性和理性发展的结果；教条主义和批判主义分别将“绝对”放在客体或主体一边，以致无法解决二元论的问题。但自然哲学却将“绝对”超越任何有限的安排，主体性和客体性都不能独揽“绝对”。同时，自然哲学又容许自然存在于任何意识之外；自我意识并非如费希特认为能吞没自然法则，相反自我意识亦是所有自然有机性力量的高度组织和发展而已。可见，在对谢林哲学的挪用中，蒂利希已基本上接纳了人与自然是同一的生命载体，两者有密不可分的关系。

三、自然的实在论诠释

虽然蒂利希早期对人与自然间的相互联系，因着谢林自然哲学的启发而有高度的重视和体验，但这种德国观念论与浪漫主义式的思想框架却没有让他轻忽自然的客体性。他一方面强调人与自然间的神秘性参与，另一方面指出自然的创造性力量与自然的客观结构是不能分割的。蒂利希强调自然具有内在力量 (intrinsic powers)，自然并非死物，内里包含着意义和能力，这些力量是作为自然成为圣礼得以可能的条件。[15] 此外，这种对自然采取实在论的理解亦表现在蒂利希拒绝将自然美化，而是把自然放入基督教对拯救和历史的诠释之下；他指出唯有在救恩历史之中，自然才能从其魔化的势力中被释放出来，而能成为承载神圣的载体。

---

15. Tillich, “Nature and Sacrament,” 112.

蒂利希认为应该对自然采取两种似乎是相异甚至是冲突的观点：承认自然蕴含着不能化约的力量和意义，这是积极性的观点；同时自然的客体性是与其主体性兼容的，自然本身并非在一种本质的纯然状态当中，而是需要从魔化及其悲剧性势力中被释放出来，这是消极性的。因此，蒂利希所谓的实在论诠释具备两层意思：其一是指自然的客观实在结构和自然的意义和能力不能分开，这种正视自然的物理素质是要针对浪漫主义和泛圣礼主义（pan-sacramentism）的自然观；其二是强调自然的实存状态，自然的意义和能力需要参与在基督教的救赎历史之中，以致能从其含混的状态中释放出来。

蒂利希对自然客体和主体的兼容观点受到谢林和歌德的影响，他指出要对自然的深处作理解，需要越过主体性和客体性的对立来把握。

> 对所有尝试进到实在的未断裂层面的困难问题就是：必然要深入到某种连同主体精神的“非主体性”和某种连同客体实在的“非客体性”。[16]

把自然作一种实在论的理解，就是指自然中所隐含的力量和意义（主体性）要通过其客体和物理结构（客体性）来把握；自然的真实性是可让理性和客观的数理分析所把握，但同时这种真实性亦是其意义和能力得以彰显的载体。[17] 在蒂利希举出歌

16. Tillich, "Nature and Sacrament," 102.
17. Kenan B. Osborne, *New Being: A Study on the Relationship between Conditioned and Unconditioned Being According to Paul Tillich* (Hague: Martinus Nijhoff, 1969), 103.

德的阐释中可见，“颜色”本身是具备“力量”的，当中存在某种精神性的意义和效能，这种对自然作质量和直觉的把握与牛顿（Issac Newton）对自然作数量化和科技性的把握不同。[18] 蒂利希认为从拜占庭时代至早期的歌德式绘画中，金色都并非被理解为单纯一种色谱上的某种排列而已，而是承载着神秘和超越性的宗教意义。[19] 显然，“颜色”本身具备某种物理结构，并且可以以一种科技的心态来掌握，但这种物理结构并非颜色的全部，其精神性和力量性的向度通过这种物理结构呈现和彰显出来。

深入事物内部和深处来把握其内在的力量和精神是一种实在论精神，但蒂利希认为对事物作实在论理解不应离开一种信仰的向度；信仰超越可把握的实在，而实在论往往又会倾向质疑实在的超越层面，这两种看似相互排斥的概念在蒂利希思想中正好提供了一种对实在的普遍理解和一种基本的态度。[20] 蒂利希认为“信仰实在论”（*gläubiger Realismus*）[21] 要指出无限和有限之间的张力，

---

18. Tillich, “Nature and Sacrament,” 104. 学界一直有注意歌德的科学著作与近代科学间的密切关系，两者皆对牛顿式的机械物理观提出批判。歌德本身的科学著作，可参 Goethe, *Goethe: Scientific Studies*, ed. D. Miller (NY: Suhrkamp, 1988)；专著可参 H. Bortoft, *The Wholeness of Nature: Goethe's Science of Conscious Participation in Nature* (Hudson, NY: Lindisfarne Press, 1996)；另参 *Goethe's Way of Science: A Phenomenology of Nature*, eds. David Seamon & Arthur Zajonc (Albany/NY: State University of New York, 1998)。
19. Tillich, “Nature and Sacrament,” 105.
20. Paul Tillich, “Über gläubigen Realismus,” *Paul Tillich Main Works/Hauptwerke*, vol. 4, ed. John Clayton (Berlin: Walter de Gruyter, 1987), 194.
21. 就蒂利希的“信仰实在论”，可参 Ulrich Reetz, *Das Sakramentale in der Theologie Paul Tillichs* (Stuttgart: Calwer Verlag, 1974), 67–81。

> 信仰实在论建基于"此时此刻"的意识（*dem Bewußtsein der Gegenwärtigkeit*），存有的终极力量和实在的根基出现于独特的时刻和具体的处境，彰显出当下的无限深度和永恒意义，但这只能在吊诡的意义上（即信仰只可能因当下本身既非无限亦非永恒）。[22]

可见，这种对事物的实在论诠释是通过一种对历史性的实在来掌握，"此时此刻的意识"就是指一种具有历史性的意识。蒂利希认为掌握事物深处的力量和内在的实质（really real）是要在具体的历史处境下把握的，因此，信仰实在论必然包含一种历史实在论（*historische Realismus*）；但单纯的历史实在论本身不足以把握事实的真实本相，因为事物的实相还没有在事物的无限根基和无限能力中彰显出来，所以历史实在论需要兼顾一种宗教信仰的深度。[23]

将事物（自然）的内在力量加以把握和深入到其内在结构中的尝试，并非信仰实在论所独有。蒂利希指出，始自希腊思想中已经倾向尝试把"逻各斯、理性"（*logos*, rationality）等同于事物的内在力量，这种把两者联合起来的尝试在近代被转化为一种以科技知识操控外界的形态。[24] 深入事物内部的"理性"被转化为一种控制世界的"理性"，事物内在的"真实"（*ousia*）

22. Tillich, "Über gläubigen Realismus," 203.
23. Ibid., 202.
24. Ibid., 196. 就蒂利希如何理解西方精神从希腊思想形态发展到近代的科技形态，参拙文陈家富：《科技的复位：一个田立克的神哲学观点》，载于《宗教哲学季刊》（第七卷），2001 年，第 12–30 页。

被转化为受制于自然律的计算性元素；这种“科技实在论”（*techischen Realismus*）把世界作为知识对象来确立并加以控制和掌握。但蒂利希指出，这种实在论其实并没有深入事物的真实内部，自然和并未得到重视的实在内在力量被一种计算性的工具理性抽象化，[25]形成事物当下的历史性。同时，蒂利希认为科技实在论将信仰和实在分开，在立敕尔式的（Ritschlian）神学中清楚表明出来；其中信仰只作为一种把个人从自然真实中抽离出来的拯救行动，个人的道德独立性与自然相分开，后者则可把自然容让人以科技来操控，把握并置于人的目的之下。[26]信仰世界和事物的真实世界是截然二分的两个领域，信仰被收摄为个人道德的提升和拯救的媒介，实在论则被安放在对自然和社会的一种科技操控性的态度中。

与此相反，实在论在中世纪中有着另一种形态与上述的科技实在论正好形成反照，这种“神秘的实在论”（*mystische Realismus*）认为心灵要越过可见的自然世界去把握存有的终极力量；事物的真实本质之所以被掌握，并非通过一种理性化和科技化的理性所接触，而是通过对“逻各斯”作一种默观式的联合。[27]这种对事物内在力量做一种直观的把握，尝试越过事物那种可被化约、控制和计算的层次一直是不少哲学思潮中的基本精神。[28]但蒂利希认为，虽然神秘实在论能避过科技实在

25. Tillich, “Über gläubigen Realismus,” 197–198.
26. Ibid., 204.
27. Ibid., 196.
28. Ibid., 197. 蒂利希举出直觉知识论、古典浪漫主义的复兴、现象学运动、生命哲学和潜意识心理学。

论那种对自然的操制，但对自然世界的具体存在仍然没有得到重视。事物的历史性并没有在穿越事物表层形态而深入内在力量中被确立起来，根本上这种实在论就有一种置事物的历史性于不顾的特质；因为这种实在论把信仰提升到一种与超越的神秘联合中，而忽视历史处境中的力量和深度，[29] 无限和有限中的无限鸿沟没有被打破。

与神秘实在论不同，信仰实在论强调万物的神圣根基的神秘性，这种无法完全掌握的神秘性正是要凸显无限和有限的差异。对蒂利希而言，有限是不能通过亦步亦趋来到达无限的，有限是要通过信仰的经验来被无限抓住。

> 事物许多在终极的能力下被光照，它就愈发显得充满疑问和缺乏意义，因此当它在能力的根基和终极的真实下愈发透明时，事物的能力同时被肯定和被否定。[30]

蒂利希认为，事物的内在能力与其能力的根基是不能分离的，这并非指能力的根基本然地存在于事物中；作为神圣的能力根基是借着信仰来抓住我们和临到万物当中，这能力不单作为存有的根基而存在，更突入（breakthrough）我们的存在和审判救治我们。[31]

---

29. Tillich, "Über gläubigen Realismus," 204.
30. Ibid., 203.
31. Ibid. 就蒂利希的"突入"这观念的探讨，可参 Uwe Carsten Scharf, *The Paradoxical Breakthough of Revelation: Interpreting the Divine-Human Interplay in Paul Tillich's Work 1913–1964* (Berlin, NY: Walter de Gruyter, 1999)。此书作者认为蒂利希后期（1951 年后）避免使用"突入"这概念，就这点笔者（转下页）

可见，蒂利希一方面强调自然中内在的力量和意义，并且这意义和精神力量的掌握不能离开自然的客体和物理结构；但另一方面，蒂利希亦认为这种内住于自然的力量不是以自然本身成为圣礼（sacrament）。事物的内在能力成为神圣能力的载体并指向神圣的事物，这正是圣礼的意思，但同时蒂利希强调自然作为圣礼的理解不能离开神圣能力的审判和救赎式的参与。对蒂利希而言，自然不单需要实在论的诠释，它还需要作一种历史的诠释，而这种历史式的理解更是要放置在基督教的救恩历史的框架下。蒂利希认为，

> 自然……一定是历史性和在救恩历史的语境内被理解。明显的是在自然中存在着历史的元素，自然参与在历史时间中，即不可重复和不能逆转方式的时间……基督教决定历史元素并把自然包括在救恩历史之内。[32]

自然之物之所以能成为圣礼，就蒂利希而言，并非由于自然内的神秘和魔术性的元素，而是自然中的含混性在基督的新存有中被释放出来，自然本身就是救赎的载体和对象。[33] 自然一旦脱离了救赎的历史事件，它本身就只能停留在含混的状

（接上页）未能同意，在蒂利希的《系统神学》（卷三）中，虽然较多使用“彰显”（manifestation）来描述神–人间的启示经验，但圣灵临在于人身上的“浑然忘我”（ecstasy）经验，蒂利希清楚表明既是上帝的灵突入人的灵中，又是人的灵走出的超越体验。

32. Tillich, “Nature and Sacrament,” 102.

33. Ibid., 102–103. 蒂利希从早期到晚期都把自然视为拯救的对象，虽然表面上，在晚期的《系统神学》（卷二）中，以基督和实存作为两个相互关联的范畴，较多关注人的实存困局，但整个思想框架仍然表现为一种宇宙性的堕落和拯救。

态中。所以根本上没有所谓“纯粹的自然圣礼”（purely natural sacrament），大自然不会随意地成为圣礼之物，但圣礼的能力又必然是要通过大自然的内在力量和物理结构来彰显。“没有这个载体（大自然），就没有圣礼的能力，神圣亦不能感受到其临在，但这载体自身不能构成圣礼。”[34] 蒂利希认为整个救赎历史的事件，耶稣基督作为新存有所彰显的救赎是作为理解自然和历史的重要切入点。

四、科技的含混性：神–魔夹杂的特质

蒂利希在德国时期的著作中，对科技的理解已有相对清晰的轮廓。首先，蒂利希强调科技本身是自然的一部分。把科技应用出来就是指一种应用手段达到目的的意思，故此一旦目的得到实现，科技作为其中一种元素就存在。可见，科技是具备普遍性的。[35] 重要的是，自然本身同样具有这种将目的实现的元素，蒂利希指出：“它［自然］使用使人惊奇的手段为要达致其目的，为要把生命和形式（*Gestalten*）以难以把捉的多样性带到存在中。”[36] 蒂利希在《宗教与科技》这篇未发表稿件中认为自然本身是以科技的形式来活动的，因此，自然形态（*natürlichen Formen*）与科技形态（*technischen Formen*）之间存在一种模拟的关系。[37] 就蒂利希而言，自然的丰富性不能离

34. Tillich, “Nature and Sacrament,” 110.
35. Tillich, “The Logos and Mythos of Technology,” 51. 此文在 1927 年出版。
36. Ibid., 52.
37. Tillich, “Religion und Technik,” *Ergänzungs und Nachlaßbände zu den Gesammelten Werken von Paul Tillich*, Band XI. Ed. Erdmann Sturm (Berlin: Walter de Gruyter, 1999), 248.

开科技元素来理解，显然这是一种对科技最宽泛的理解。在这种意义上，自然所采取的手段与目的间的关系是相一致的，意即当自然要实现自身的生命时，手段和目的皆同时属于生命形式当中，手段就是目的，目的本身就是手段。[38] 但当谈及现代性精神意义上的科技时，科技是在一种较狭窄的意义上被理解，就是指人类精神心灵的参与，其中手段和目的就在生命进程中被分离。[39]

蒂利希强调现代意义上的科技是指一种具有改造能力的科技。[40] 这种科技的特征就是人的精神心灵参与其中，对蒂利希而言，人类精神心灵所参与而引发的科技元素可以是发展性科技（*die entfaltende Technik*）和实现性科技（actualizing technology）。[41] 前者是指精神心灵参与在生命形式当中，在不同生命的向度中保护和发展其中的生命潜质；[42] 后者是一种精神心灵的客体化过程，让心灵通过客体化的过程而让自身得以存在。[43] 而在生态伦理的讨论中，首要关注的相信是蒂利希所谓的“改造性科技”（*die umgestaltende Technik*）。[44]

蒂利希在 1913 年系统神学手稿中指出，[45] 这种现代性精

---

38. Tillich, “The Logos and Mythos of Technology,” 52.
39. Ibid.
40. Tillich, “Religion und Technik,” 248.
41. Ibid.; 另参 Tillich, “The Logos and Mythos of Technology,” 53。
42. Tillich, “The Logos and Mythos of Technology,” 53。
43. Ibid.
44. Ibid., 248.
45. Tillich, “Systematische Theologie von 1913,” 273–434. 蒂利希在 1913 年所撰写的系统神学手稿现存有两个版本，一份是存放于哈佛大学的蒂利希档案馆中，后经由格特·汉默（Gert Hummel）和多丽丝·莱克斯（Doris Lax）整理，并于 1998 年作为蒂利希著作德语版全集后备部分的第九卷出版，全份手稿分为三个大部分：护教学（*Apologetik*），内分 29 个分段，唯独第 21 与（转下页）

神意义上的科技是与宗教神学的意涵相关联的。蒂利希强调在神学原则下可以证立（*rechtfertigt*）这种实质的文化工程（*sachliche Kulturarbeit*，指科技），完全是由于它被视为包含上帝的启示，并且为上帝国服务，承认在完成上帝国（*vollendete Gottesreich*）中它具有永恒的意义。[46] 首先，科技就是指精神操控自然（*der Herrschaft des Geistes über die Natur*），人类精神心灵在科技中战胜自然也就是精神及其自由的一次启示，这种启示与上帝创造相模拟，物质文化的被创造并非自然生生不息衍生的产物，而是一种奇迹（*Wunder*）。[47] 其次，科技在促进上帝国中有着重要的意义。对蒂利希而言，因着科技的改造能力，时间（*Zeit*）和空间（*Raumes*）的分离得以复合，这有助建立一个人类共同的社群，这种联合（*Einheit*）乃是科技的一种创造（*die Schöpfung*）。[48] 并且，科技作为一种实质文化（*sachliche Kultur*）能为上帝国效力，因它是一切历史变迁的恒定基础（*die ständige Basis*）。蒂利希指出精神文化中的道德和宗教活动不能离开科技这种实质文化；[49] 他似乎认为，实质文化的这

（接上页）28 两个段落不见于手稿中；教义学（*Dogmatik*），内分 19 个分段；伦理学（*Ethik*），内分 23 个分段。科技（*Technik*）的问题就放在伦理学的部分中讨论。另一份现存放于德国马堡大学的蒂利希档案馆内，是蒂利希当年交给其好友理查德·瓦格纳（Richard Wegener）保管的，与前一份相比，内容上比较简单，此份手稿现收录在《保罗·蒂利希主要著作·第六卷》(*Paul Tillich Main Works/Hauptwerke*, vol. 6）中，因此，现在可以确定在蒂利希的一生中曾经有三次进行系统神学的工作：首次是 1913 年的系统神学，接着是 1925 年在马堡大学的教义学演说，最后是在 1951–1963 年间于美国完成的《系统神学》三卷。

46. Tillich, "Systematische Theologie von 1913" , 416.
47. Ibid., 417.
48. Tillich, "Der natürlich-schöpfungsmäßige und geschichtlich-eschatologische Sinn der Technik," 251.
49. Tillich, "Systematische Theologie von 1913," 417.

种下层建筑的进步，将有助于推动上层建筑的精神文化，并且前者是后者得以建立的必要基础。但蒂利希并没有忽略科技所产生的问题，借用他在 1929 年的用语，上文所述的只是科技的存有性（*Der Seins-Charakter*），而它的实存性（*der Existenz-Charakter*）却显示出科技对人和自然的伤害，[50] 两者的混合就是一种科技的含混特质。

首先，科技的生产活动一方面彰显出人类精神心灵的自由，但同时却将人类精神带到更深的奴役中。[51] 蒂利希把科技这种既能将人类从自然中释放出来又能服务上帝国，但却又重新将人束缚于科技的文化创作状态，称之为“吊诡”（*das Paradox*）。[52]

在 1929 年的手稿中，蒂利希又称这种吊诡性为“辩证属性”（*der dialektische Charakter*），它正是一种神魔夹杂（*Göttlich-dämonisch*）的彰显。[53] 它把无限（*Unendlichkeit*）与终末（*Eschaton*）相混淆（*die Verwechslung*）。[54] 超越的指涉（*der transcendenten Bezüge*）在科技生产中失去，换之以一种人类巴别塔式的联结（*die Einheit als Turmbau zu Babel*）。[55] 蒂利希强调科

---

50. Tillich, “Religion und Technik,” 248.

51. Ibid.

52. Tillich, “Systematische Theologie von 1913,” 416. 笔者不能赞成沙芬（Uwe Carsten Scharf），他认为蒂利希在 1913 年系统神学手稿中对科技采取认同和乐观的态度，是个科技的热爱者（technology enthusiast），而在晚期才开始注意到科技的魔化力量。笔者认为其实从早期到晚期蒂利希皆清楚指出科技这种亦神亦魔的含混特质。沙芬的观点，见 Uwe Carsten Scharf, *The Paradoxical Breakthough of Revelation. Interpreting the Divine-Human Interplay in Paul Tillich's Work 1913–1964* (Berlin, NY: Walter de Gruyter, 1999), 58–59。

53. Tillich, “Religion und Technik,” 249.

54. Tillich, “Der natürlich-schöpfungsmäßige und geschichtlich-eschatologische Sinn der Technik,” 251.

55. Ibid.

技需要被救赎（*Erlösung*），[56]它永远都需要放在神学原则的“是”（*Ja*）和“否”（*Nein*）中被检视，以致它最终得着释放。[57]科技这种文化形态原本可作为一种人参与在自然中的创造性活动；人是一种不断与外在世界产生意义活动的存有，人的超越性使人能越过周遭的环境而建构文化世界。万物的存有元素中动态和形式的平衡使一切众生在不同的向度中越过自身而建构新的存有形式，而人的动态表现于其创造性能力，人参与在自然的更新变化中并创造文化；自然的动态表现在其生命的不断生成和生产新的生命形式。在蒂利希的早期思想中曾指出人的“劳动”这种文化参与使得人与自然的内在力量得以一同实现。

> 人格（*Persönlichkeit*）与物的形式（*Dinggestaltung*）在劳动中联合，其中物的力量被发现，并因着人格而得以肯定，其中人格的力量亦深印在事物当中。这种人与物及物与人之间的相互接收（mutual reception）意指两者皆得以“成全”（fulfillment）。在创造性的劳动中，人格的真实自由（actual freedom）与自然的潜存自由（potential freedom）彼此联合。自我决定的人性力量与事物的决定性力量彼此联合在我们劳动的形式中。[58]

但这种相互成全的远象会受到某种关系的错置而扭曲。蒂利希

56. Tillich, “Religion und Technik,” 249.
57. Tillich, “Systematische Theologie von 1913,” 417.
58. Paul Tillich, “Die Überwindung des Persönlichkeitsideals,” in *Paul Tillich Main Works/Hauptwerke*, vol.3, ed. Erdmann Sturm (Berlin: Walter de Gruyter, 1998), 138。此文于 1927 年出版。

认为在旧约中重视耶和华为独一上帝的神圣存有，以致万物的神圣力量被否定，“事物只是神圣命令完成的媒介，或者是上帝创造力量的反映，除此以外并无任何创造性”。[59] 其次，在柏拉图的世界中，人格的观念被高抬至万物之上，万物的内在力量被重置在理型世界之内；[60] 在新教传统中，路德宗认为重点在神–人之间的关系，人与自然的关系并非内在而是一种从上帝而来的外加责任；[61] 加尔文主义（Calvinism）中亦视事物没有内在的力量，自然王国是要受制并服侍上帝国；[62] 德国观念论中，费希特将自然视为人性责任完成的可见媒介。[63] 蒂利希在此无意要就自然被物化的原因作一种追本溯源的思想史考察，他的用意是指出在西方诸多不同的思想传统中，往往都存在一种倾向：“人格的实现”与“终极的真实”会取代自然界中的力量。这种倾向无疑造就了西方近代自然科学与科技文化的出现，把自然引向人的操控与把握之内。其中，自然的主体性被提取，在科技的掌握下，自然只能以一种纯然客体的模态来呈现。对蒂利希而言，这正是自然被物化和人被非人化的意思。

其次，人与自然一同在罪的处境中并与其本质相违背，亦成为人与自然关系错置的原因。人的自我中心要把万物置于其

---

59. Paul Tillich, “Die Überwindung des Persönlichkeitsideals,” in *Paul Tillich Main Works/Hauptwerke*, vol. 3, ed. Erdmann Sturm (Berlin: Walter de Gruyter, 1998), 136.
60. Ibid. 柏拉图与亚里士多德所代表的希腊哲学是否完全无法与现今的生态伦理观兼容，学者的意见比较分歧，但大部分学者是持审慎乐观的态度，参 *The Greeks and the Environment*, eds. Laura Westra & Thomas M. Robinson (Oxford: Rowman & Littlefield Publishers, Inc.)。
61. Tillich, “Die Überwindung des Persönlichkeitsideals,” 136.
62. Ibid.
63. Ibid.

控制之下。蒂利希在1925年的马堡大学教义学的讲授中已对人在疏离状态下的困境有丰富的探讨，他指出被造物在本质的状态下是一种“纯粹的被造性”(*reine Kreatürlichkeit*)，其结构以一种在完全启示（*der Vollkommenen Offenbarung*）中无限与有限之间的联结（*Verbundenheit*）为依归。[64] 然而，蒂利希指出人与万物在实存状态下所出现的罪（*Sünde*）就是一种对本质的对反（*Wesenswidrigkeit*），并且以四种形态出现：自爱（*Selbstliebe*）、欲（*Begierde*）、狂妄（*Hochmut*）和与上帝分离（*Absonderung von Gott*）。[65] 蒂利希指出自爱根源于被造物受造时的自我性和独特性，这种自我的凸显和高举就变成自我中心，自我在关系中排斥他者而只专注自身一己的需要，将爱的关系性特质内化并转向自身。[66] “欲”就是一种要侵吞一切存有在有限自身中的渴求，这是一种源于生命以参与为特质的内在结构使然，但在实存状态下，这种参与转化成一种无限的侵吞。[67] “狂妄”是一种自我超拔的欲念，对蒂利希而言，这是最基本的罪的特质。[68] 在自我超拔与自我抽离中，人的自我无法与他者进入恰当的关系，客体化（*Vergegenständlichung*）就无法避免。在这时期，蒂利希已经注意到万物包括人与其他

64. Tillich, *Dogmatik: Marburger Vorlesung von 1925*, 129. 学界近年开始注意蒂利希于1925年在马堡大学讲授的教义学，其教义学的编排以三一论为结构。可惜因讲课时间的限制，蒂利希无法处理圣灵论的部分，虽然如此，但仍不减它对研究蒂利希思想的重要性。有关学界就这份教义学的研究，可参 *Études sur la Dogmatique (1925) de Paul Tillich*, eds. R. P. Scharlemann, A. Gounelle & J. Richard (Québec: Les Presses de l'Université Laval, 1997)。
65. Tillich, *Dogmatik*: *Marburger Vorlesung von 1925*, 175.
66. Ibid., 177.
67. Ibid., 178.
68. Ibid., 179.

自然之物都具备“自我”并有自身的独立性和尊严；[69] 而蒂利希强调科学、科技和经济的罪就正好是将自然客体化和把自然的价值局限于以人的需要为焦点。[70] 他者（人与自然）的客体化是一种“力”(*Gewalt*)，它指力量的客体化，这力量破坏他者的独立性，[71] 强制他者被同化和丧失自我的主体性和核心价值。

总括而言，在蒂利希的早期思想中，已经对科技的含混性做出一种初步的理解和确定：科技将人从世界的魔咒中释放出来，使人不需要在自然中经历异化，并且科技被视之为人类精神的文化创造，有助于推动人类历史的前进和服务上帝国；但与此同时，科技又将新的理性魔咒加诸于人和自然中，而产生出一种新的疏离和奴役。所以，“我们需要认识清楚，倘若科技是似上帝的，是创造性的，是解放性的，它亦同时是魔化的、奴役性的、解构性的，就正如万物一样，它是含混的”。[72]

五、历史与自然

在蒂利希的1913年系统神学手稿中，他将科技（*Technik*）和上帝国（*Reich Gottes*）放在一起讨论。显然上帝国、历史和相关问题一直是蒂利希早期的学术关怀。虽然蒂利希与大部分二十世纪初的德国神学家一样，视历史意识为神学的核心问题，但他并没有忘记自然与历史间的种种问题。

---

69. Ibid., 180.
70. Ibid.
71. Ibid., 181.
72. Tillich, “The Logos and Mythos of Technology,” 60.

蒂利希强调，历史思维与自然的发展是两种截然不同的发展原则，历史性思维无法在空间占主导的生命形态中开出，以空间为主导的是以自然作为最高的诠释范畴。因此，自然范畴以空间为主导，以循环运动为主，这与历史的直线进程有本质上的分别。因此，蒂利希认为，历史进程与自然进程有本质上的分别：一般而言，历史的发展是因着人的参与和自由而可能，而自然发展只不过是自然内部必然性的结果。

在《历史诠释与基督的观念》一文中，蒂利希展示出以自然与历史这两个相异的范畴来理解实在的差异。他指出自然所展示的生命形态以循环（circle）为特质，生命的内在动力一方面表现于追寻生成和发展，但另一方面却又受着自然发展的必然性所限制。[73] 虽然自然生命的进程是生生不息的动态性发展，但蒂利希强调循环模式使自然经常寻求一种在静与动之间的平衡点。[74] 他似乎想指出这种相对稳定的循环形态与历史进程格格不入。

六、总　结

虽然当西方基督宗教的生态神学兴起时，蒂利希已过世，但他的思想确实对现今的生态神学有不少启迪。蒂利希不但热爱自然，并且对自然经常有一种神秘性的参与，视人与自然处于一种生命的整体中，双方并非离异的个体；反之自然在人的精神中达到更高的完成，而精神与自然间的统一为蒂利希的生

73. Tillich, “The Interpretation of History and the Idea of Christ,” 243–244.
74. Ibid., 244.

态关怀奠定了重要的理论基础。可见，蒂利希完全认同人与自然为不可分离的创造，双方一同经受着自然的一切规律和法则，人亦参与在自然的进化中，故此，生命本身就是一切的众生，众生中的不同生命的向度彼此联结且互相参与。

其次，蒂利希这种带有浪漫主义的自然观并没有让他沉醉于一种单纯的理想世界，在人与自然参与在罪所带来的实存状态中，整个自然皆经历着罪所带来的疏离，这种对自然采取的务实态度，使蒂利希清楚明白自然是需要基督在历史中的救赎里被释放的——自然中的魔化力量在新存有的拯救中被克胜。基督所带来的新存有实指一种万物得到更新和被医治的状态，因此，自然与人一同是基督救赎的对象。

在科技的探讨中，蒂利希深入分析了科技的含混性本质。作为一种人类精神表现的文化项目，科技夹杂着一种亦神亦魔的特质。可见，蒂利希并没有对科技采取全然否定和负面的态度，反而较能务实和积极地面对科技那种亦正亦邪的特质，并尝试将它放入基督教的救赎观内来理解。在蒂利希眼中，科技基本上就是一种人类精神创造性的文化表现，这是人内在本质的一种制定；倘若因为科技导致人与自然关系扭曲而要摈取一种反科技的态度，这只会造成一种否定人在现代世界中的文化表现。现代人已经无可避免地与科技一同生活，因此，生态伦理应该更积极地考虑如何善用科技，如何使自然与人的素质在科技的运作中得到提升。正如巴伯（Ian Barbour）所言，对科技采取悲观和乐观的态度都是不正确的，科技需要重新被导引（redirection），它需要重新被定向为“为了解放人的困局和实现人性而努力”。[75] 就蒂利希而言，科技唯有在基督新存有的救赎下才能克胜本身的含混性，让它服务人性及自然，而迎向上帝国的来临。

75. Ian Barbour, *Ethics in an Age of Technology* (HY: Harper Collins, 1993), 15–22.

第十三章
研究文献回顾

“翻译、理解与转化”似乎已经成为近百年汉语思想接触西学后的惯常举动，通过汉语翻译西学典籍，继而进行消化吸纳，接着批判转化以挪为己用。在近代基督教神学家中，蒂利希于汉语思想界而言算是较特别的例子。蒂利希的汉语翻译文献数量在近代神学家中数一数二，但对他的汉语研究却相当稀少，不成比例。蒂利希思想一方面要比其他神学家在非基督宗教领域中来得普及和受欢迎，单以他的“终极关切”（ultimate concern）一语之广为引用，并且在学术神学的研究领域中，不少汉语学人都曾与蒂利希的思想有交锋；另一方面，蒂利希思想艰涩和系统广阔，这又造成华人基督教信仰群体难以接纳，更碍于信仰之差异，造成不少无理的指控。无论如何，要在二十一世纪的汉语神学界再谈一个二十世纪的德裔美籍新教神学家，也许在踏前一步进行理解和转化前，须先概览西方学人对蒂利希的新近研究，进而清理汉语的存货后再深思蒂利希于汉语学界的研究潜能。以下会分别从英美世界、德语及汉语学界的蒂利希研究作一个学术性回顾。[1]

一、英美学界的蒂利希研究

蒂利希出生和成长于德国成名却在美国，若要比较蒂利希在德国和美国的（神学）思想界中的影响程度，无可置疑后者比前者来得深远和广泛。这种情况无论是从国际知名度或具广泛影响力的著作出版而言，都是在1933年蒂利希移居美国后才出现的。蒂利希在美期间与哲学界、心理治疗、社会学理论、基督教神学、艺术和政治等领域的学者广泛接触，而于晚年还以**英语**出版三卷的《系统神学》，这都为蒂利希塑造了一个**美国**神学家的形象。除了这种身份的特色外，蒂利希的个人和神学的影响力事实上塑造了二十和二十一世纪大部分的美国神学景观。

当今没有一个美国的神学家会**重复**蒂利希的神学，或以他的神学作为一种"学派"（school）来定位，但大部分的美国神学工作者都会在不同程度上得益于他的神学或受他的神哲学**精神**所熏陶。美国神学家特雷西（David Tracy）曾这样说："蒂利希作品对当代神学的冲击并非一种学派的影响，而是一种**广泛渗透的临在**（pervasive presence）。"[2] 从美国神学界当前的神学出

1. 需要指出的是法国学界亦关注蒂利希的神学。在成立于1978年的"法国蒂利希学会"（*Association Paul Tillich d'expression française*）推动下，蒂利希的著作陆续译成法文，其网址：http：//www.aptef.net，并于2005年举行了第16次的法国国际蒂利希学术会议，主题为"蒂利希：讲道者与实践神学家"。而于1995年又成立了"巴西蒂利希学会"（*Sociedade Paul Tillich do Brasil*），网址：https：//www.paultillich.com.br/。
2. 转引自 John J. Carey, *Paulus*, *Then & Now* (Mercer: Mercer University Press, 2002), xi。粗体为笔者所加。

版可以稍微为特雷西以上的观点做出佐证。很多蒂利希的英语著作现时还不断重印，以《生之勇气》(*Courage to Be*) 一书为例，此书于 1952 出版，1953 年出版第三版，并成为耶鲁大学出版社的畅销书籍，到 1991 年此书仍在重印，并且精装本销量高达 35000 册，平装本更达到 411000 册。[3] 值得注意的是，美国神学家寇克斯（Harvey Cox）在 2014 年的版本中还加入了新的导言。其次，在 2001 和 2002 两年，就有三本书分别讨论蒂利希神学思想在二十一世纪的持续相关性：布尔曼（Bulman）与帕雷利亚（Parrella）合编的《在新千禧年的宗教：蒂利希精神中的神学》中超过二十位学者分别以"经济、社会和宗教""妇女与宗教""艺术与宗教""宗教对话与灵性"和"宗教与科学"五个范畴来展示当前美国神学界的学者如何挪用蒂利希的神学来响应他们的处境和问题；[4] 凯里（John Carey）亦随后以回溯蒂利希思想基础和展望他的神学潜质为进路，思考蒂利希有关爱欲（*eros*）问题、科学和创造、后现代主义、伦理问题的课题，并指出蒂利希的影响力还在发掘当中；[5] 斯滕格（Mary A. Stenger）和史东（Ronald H. Stone）合著的《蒂利希对话》更深入地讨论蒂利希的宗教对话基础、蒂利希神学与女性主义，以及蒂利希政治思想与基要主义等课题。[6] 其次，英国神学家曼宁（Russell Re Manning）分别在 2009 年和 2015 年编

3. 见 John J. Carey, *Paulus, Then & Now* (Mercer: Mercer University Press, 2002), 53。
4. *Religion in the New Millennium: Theology in the Spirit of Paul Tillich*, eds. Raymond F. Bulman & Frederick J. Parrella, Mercer: Mercer University Press, 2001.
5. John J. Carey, *Paulus, Then & Now* (Mercer: Mercer University Press, 2002). 笔者对此书的书评载于《山道学刊》(卷六)，第二期（2003 年），第 166–171 页。
6. *Dialogues of Paul Tillich*, eds. Mary A. Stenger & Ronald H. Stone (Mercer: Mercer University Press, 2002).

辑了《保罗蒂利希剑桥指南》[7]和《重塑激进蒂利希》[8]，前者收集了德语与英美世界的重要蒂利希学者的引介性文章，后者组织了当前一些关注激进神学（radical theology）的学者讨论蒂利希思想中的激进性、与激进神学的思想渊源和后现代的关联。[9]这些论文集和著作的出版都显示出蒂利希的神学思想并没有将他局限在二十世纪的文化语境而变得过时，反而表明在相当大程度上蒂利希的神学能够为当前英美世界的神学工作者带出具指导作用的理论和实践框架。这班神学工作者完全意识到蒂利希思想的处境性，他们并没有天真地认为蒂利希思想能放诸四海而皆准；在他们这些带着批判性的阅读中，蒂利希的思想一方面在新的视域中带来新的意义，另一方面随着新的著作出版又为他在二十一世纪的语境中再次发挥"关联"的神学意义。[10]

在众多蒂利希神学与当代思潮的关联中，最突出的例子莫如蒂利希与自然科学的关联。[11]自 2001 年起至今，Zygon 期刊

7. *The Cambridge Companion to Paul Tillich*, ed. Russell Re Manning (Cambridge: Cambridge University Press, 2009).
8. *Retrieving the Radical Tillich*, ed. Russell Re Manning (New York: Palgrave, 2015).
9. 曼宁自己在其研究蒂利希的作品中，讨论了蒂利希神学与后世俗主义（post-secularism）的相关性，见 *Theology at the End of Culture: Paul Tillich's Theology of Culture and Art* (Warotstraat: N.V. Peeters, 2005)。值得注意的是，曼宁还主持了由德国德古意特（de Gruyter）出版社计划出版的蒂利希英语著作全集。
10. 当然在美国非常持续和有力地推进蒂利希思想的，首推成立于 1974 和 1975 年间的"北美保罗蒂利希学会"（North American Paul Tillich Society，简称 NAPTS）。在过去，他们不断出版研讨会论文集和蒂利希著作，现时他们仍以每年约三至四期学报来推动蒂利希思想。有关此学会的成立背景经过，可参 Carey, *Paulus, Then & Now*, appendix C。北美保罗蒂利希学会网址：http：//www.tillichsociety.org/about-the-society。
11. 早于 1994 年，已有美国学者以专著讨论蒂利希与科学的课题，涉及超越视域（transcendental horizon）分别在以康德为代表的哲学、蒂利希为代表的神学和爱因斯坦为代表的科学中的角色，参 Roy D. Morrison, *Science, Theology, and the Transcendental Horizon: Einstein, Kant, and Tillich* (Atlanta, Ga.: Scholars Press, 1994)。

差不多都有研究者讨论蒂利希与科学的研究，以 2001 年为例，他们甚至一期的专辑来探讨蒂利希思想中的宗教与科学。正如该期主编赫夫纳（Philip Hefner）所言，虽然蒂利希让学者认为宗教与科学分属不同层次的思维活动和关怀对象，但其实他将宗教与科学放在一个更为复杂和微妙的形态关系中。[12] 其中有研究者认为蒂利希的关联神学所展示的“自然神学”（theology of nature）正好建构一种科学与宗教整合模式，并且他对宗教哲学的两种类型的分析又隐藏了某种传统的“自然神学”（natural theology）。[13] 离开这种方法论的层次讨论后，要进入更实质的科学与宗教对话。有学者对蒂利希的科学神学潜质抱有很大的信心，指出蒂利希思想中的知识和存有范畴、对有限性的分析、作为象征的上帝和疏离等宗教语言，能与二十世纪的科学发现（如量子宇宙学、生物演化学和大爆炸理论等）有更好的对话。[14]

其次，另一个与宗教和科学有密切关系的课题也非常瞩目，从 2002 至 2004 年间，不少学者讨论了许多蒂利希与德日进的比较研究。[15] 他们关心在一种后达尔文演化论（post-

---

12. Philip Hefner, “Editional,” *Zygon: Journal of Religion and Science*, vol. 36, no. 2 (June, 2001), 198.
13. Donald Arther, “Paul Tillich’s Perspectives on Ways of Relating Science and Religion,” Ibid., 261–267.
14. Robert J. Russell, “The Relevance of Tillich for the Theology and Science Dialogue,” Ibid., 269–308.
15. John F. Haught, “In Search of a God for Evolution: Paul Tillich and Pierre Teilhard de Chardin,” *Zygon: Journal of Religion and Science*, vol. 37, no. 3 (June, 2002), 539–553; Richard Grigg, “Religion, Science and Evolution: Paul Tillich’s Fourth Way,” *Zygon: Journal of Religion and Science*, vol.38, no.4 (June, 2003), 943–954; Paul Carr, “A Theology for Evolution: Haught, Teilhard and Tillich,” *Bulletin* （转下页）

Darwinian evolution）时代中能如何建构基督教信仰，如何能搭建一种上帝生命与被造生命体间更紧密关系的演化论式神学（evolutionary theology）。霍特（John Haught）认为，虽然蒂利希神学具备一种有利于演化论的“将来的形而上学”，及宇宙性的堕落和救赎观念，但蒂利希不满于德日进的乐观进步式进程观点，有可能不利于开拓一种“为演化的上帝”（God for evolution）。[16] 这种观点遭受不少学者质疑。格里格（Richard Grigg）指出，蒂利希思想与演化论之间应可发展出一种比霍特所认为的更相融的关系，蒂利希思想中的上帝并没有为生物演化提供一种历史性的目标（historical *telos*）而是一种“深层目的论”（depth teleology）——上帝与生物的演化自身并没有一种线性发展的平衡关系；上帝与演化交织在人对救赎的追问中。[17] 卡尔（Paul Carr）认为，蒂利希有关存有和非存有间的辩证关系和生命为一种潜在存有的实现等观念更能符合演化观点中的生成和消亡的现实情况，德日进的进步观点则显得过分乐观和简化；同时蒂利希的终末论凸显的上帝国并没有与热力学第二定律相违背，并且与德日进提出在“欧米加点”（Omega

---

（接上页）*of the North American Paul Tillich Society*, vol. XXX, no. 2 (Spr. 2004), 8–11; Michael W. DeLashmutt, “Syncretism or Correlation: Teilhard’s and Tillich’s Contrasting Methodological Approaches to Science and Theology,” *Bulletin of the North American Paul Tillich Society*, vol. XXX, no. 2 (Spr. 2004), 12–19; James E. Huchingson, “Dimensions of Life: The Inorganic and the Organic in Paul Tillich and Teilhard de Chardin,” *Bulletin of the North American Paul Tillich Society*, vol. XXX, no. 2 (Spr. 2004), 20–23. 后三篇文章重印于 *Zygon: Journal of Religion and Science*, vol. 40, no. 3 (Sep., 2005), 733–738, 739–750, 751–758。

16. Haught, “In Search of a God for Evolution: Paul Tillich and Pierre Teilhard de Chardin”.

17. Grigg, “Religion, Science and Evolution: Paul Tillich’s Fourth Way”.

Point）中一切存有会演化到最高形态不一样。[18] 而德拉施米（Michael W. DeLashmutt）更认为德日进的神学科学进路有混合主义的危险，能较好地处理科学和神学的关系模式仍然是蒂利希的关联进路。[19] 赫钦森（James E. Huchingson）更比较了两人对自然系统、精神和物质，以及生命体的层次结构问题。[20]

生态问题与蒂利希的神学讨论亦是美国学界的焦点之一。虽然蒂利希离世后生态神学才逐渐在美国神学界成为关注的焦点，但现今不少研究者皆认为蒂利希的神学对处理现时的环保问题能提供非常有潜质的神学资源。[21] 杜尔（Michael Drummy）在 2000 年出版的专著全面评述和展开蒂利希的生态神学维度，分析了蒂利希的“自然参与堕落和拯救”、“生命的多维度整合”(multi-dimensional unity of life)、“爱的生态伦理”等重要焦点。[22] 美国神学泰斗考夫曼（Gordon Kaufman）近年反思在生态和进化时代中如何重构基督教的信仰象征时，指出虽然蒂利希思想仍存留某些人类中心论的倾向，但总体而言，蒂利希的思想更能开拓一种有利于当代的神学思维；蒂利希的内蕴而充

---

18. Carr, “A Theology for Evolution: Haught, Teilhard and Tillich”.
19. DeLashmutt, “Syncretism or Correlation: Teilhard’s and Tillich’s Contrasting Methodological Approaches to Science and Theology”.
20. Huchingson, “Dimensions of Life: The Inorganic and the Organic in Paul Tillich and Teilhard de Chardin”.
21. 就学界对于蒂利希与生态神学的学术文献回顾，可参拙文陈家富：《田立克的生态远象：人与自然的关系》，载于赖品超编：《基督宗教及儒家对谈生命与伦理》，香港：崇基学院宗教与中国社会研究中心，2002 年，第 31–34 页。
22. Michael Drummy, *Being and Earth* (Lanham: University Press of America, 2000). 当然，应该指出赖品超比杜尔更早地注意到蒂利希的生态思想维度，参 Pan-Chiu Lai, “Paul Tillich and Ecological Theology,” *Journal of Religion*, vol. 79, Issue 2 (Apr., 1999), 233–249。该文的中文版本更是 1997 年已出版，见赖品超：《田立克论人与自然：一个汉语处境的观点》，载于《道风：汉语神学学刊》(1997 年，秋)，第 149–174 页。

满动态性创造力的上帝观，和重视人与被造世界的存有联结都能有效地建构一种非人类中心论的当代生态神学思维。[23] 值得一提的是，笔者近年在其英语著作《生命之灵》中，[24] 发掘蒂利希的生态圣灵论，进一步以圣灵论切入“上帝与自然”和“人与自然”的关系中；笔者提出蒂利希的“层级”与“维度”观念并不冲突，两者的结合反而有利于思考一种具有生态意义的层级世界观和人观，甚至能与儒家与东正教的生态伦理学对话。随同生态神学的讨论，蒂利希对现代科技问题的批判性分析同样受到美国学界的关注。早于 1987 年修改自托马斯·马可（Thomas Mark）在芝加哥大学的博士论文的《伦理与科技文化》，就已经将蒂利希与帕森思、马尔库赛和海德格尔放在同一层次上比较他们对科技的立场，蒂利希的文化神学提供了有力的宗教批判维度。[25] 过去曾有学者亦探讨过蒂利希的科技观，但却流于片面。[26] 近年蒂利希对科技文化的分析逐渐受到学者

23. Gordon Kaufman, “Re-conceiving God and Humanity in Light of Today’s Evolutionary-Ecological Consciousness,” *Zygon: Journal of Religion and Science*, vol. 36, no. 2 (June, 2001), 335–348. 这篇文章后来收入讨论蒂利希思想在新千禧年时代的意义中的论文集，并有杜尔的回应，详参 *Religion in the New Millennium: Theology in the Spirit of Paul Tillich*, eds. Raymond F. Bulman & Frederick J. Parrella, 235–250, 251–261。

24. Keith Ka-Fu Chan, *Life as Spirit: A Study of Paul Tillich's Ecological Pneumatology* (Berlin: Walter de Gruyter, 2018)，中译本见陈家富：《生命之灵：田立克生态圣灵论的研究》，新北：台湾基督教文艺出版社，2020 年。

25. Thomas Mark, *Ethics and Techoculture* (Lanham: University Press of America, 1987). 马可于近年继续推进他的讨论，把科技问题联结于多元文化主义和自由主义式个人主义问题上，参 Thomas Mark, “Ambiguity in Our Technical Society,” *Zygon: Journal of Religion and Science*, vol. 36, no. 2 (June, 2001), 321–326。

26. 有认为蒂利希是宗教的反科技论者，见 J. Newman, *Religion and Technology: A Study in the Philosophy of Culture* (Westport: Praeger Publishers, 1997), 154；有认为蒂利希企图以一种浪漫主义式的美学观点去响应科技，见 David H. Hopper, *Technology, Theology and the Idea ofProcess* (Louisville: Westminster, 1991), 107。

的关注，蒂利希对科技理性的批判、神律与自律的互动、圣灵临在与人的创造性文化活动的交织，都为他的科技观提出了一种神学视角。[27]

另一个值得关注的发展是蒂利希与女性主义的讨论。费森登（Tracy Fessenden）在1998年的一篇论文中指出“女性”（woman）一直在蒂利希的生平和思想中占有重要地位。[28] 这个讨论首先涉及蒂利希个人和思想中有关“爱欲”的争论。近年不断有学者为蒂利希的情欲生平翻案，他们这样做并非出于一种对蒂利希私生活的好奇，而是许多学者认为蒂利希思想中有很多元素跟他的爱欲生活是分不开的。他们大多对蒂利希第二任妻子汉纳（Hannah Tillich）的《从时间到时间》（*From Time to Time*）一书中对他情欲生活的报道持批判的态度。罗洛·梅（Rollo May）早于八十年代初就从心理治疗分析出发，除了指出汉纳个人性的问题而导致对蒂利希的偏激描述外，还指出蒂利希的童年生活和大战后的婚姻破碎等个人经验都塑造了蒂利希对阴性（feminine）有异乎寻常的渴求，并且这种对阴性的

---

27. A. Arnold Wettstein, “Re-Viewing Tillich in a Technological Culture,” in *Theonomy and Autonomy: Studies in Paul Tillich’s Engagement with ModernCulture*, ed. John J. Carey (Macon: Mercer University Press, 1984), 113–134; Raymond F. Bulman, “Theonomy and Technology: A Study in Tillich’s Theology of Culture,” in *Kairos and Logos: Studies in the Roots and Implications of Tillich’s Theology*, ed. John J. Carey (Macon: Mercer University Press, 1978), 213–234; E. R. Cruz, *A Theological Study in formed by the Thought of Paul Tillich and the Latin American Experience: The Ambivalence of Science* (Lewiston: Mellen University Press, 1996). 值得注意的是，笔者在《生命之灵》中以圣灵论和终末论分析了科技的扭曲和疏离的问题。
28. Tracy Fessenden, “‘Woman’ and the ‘Primitive’ in Paul Tillich’s Life and Thought,” *Journal of Feminist Studies in Religion*, 14/2, (1998), 45–76.

需要为蒂利希思想造就了重要的思想泉源。[29] 随后从八十年代到九十年代不断有学者发掘蒂利希思想中这种女性经验和爱欲观念在他体系中的位置。[30] 蒂利希会认为女性具备一种源头的力量（power of origin），这力量呈现出爱欲和母性的特质。依此，这特质不易与以父权为核心的理性系统、阳具中心主义的父权政治文化相协调，并能成为批判父权主义意识形态的武器。学者似乎认为，蒂利希这种阴性元素提供了与现今女性神学和女性主义的对话空间。研究者在展述蒂利希存有论的神学语言中，发现蒂利希能发展出一种非性别主义的神学（nonsexist theology），这种思想通过与戴利（Mary Daly）的比较，可见蒂利希思想相当有力地批判传统的父权主义下的宗教论述，并且他的新教原则所揭示的自我批判和否定力量为宗教语言的偶像化带来有力的克胜。[31] 其次，有研究者甚至认为蒂利希晚期的三一象征中表达了第四个维度（quaternity），这第四维度塑造了一种三一上帝观中容纳某种母性（maternal）和阴性（feminine）的上帝象征，并且这种上帝观可与西方基督教神秘

---

29. Rollo May, *Paulus: Reminiscences of a Friendship* (New York: Harper & Row, 1973).
30. 较突出的可参 Judith Plaskow, *Sex, Sin and Grace: Women's Experience and the Theologies of Reinhold Niebuhr and Paul Tillich* (Washington, D.C.: University Press of America, 1980); Ann Belford Ulanov, "Between Anxiety and Faith: The Role of the Feminine in Tillich's Theological Thought," in *Paul Tillich on Creativity*, ed. Jacquelyn Ann K. Kegley (Lanham, Md: University Press of America, 1989); Alexander Irwin, *Eros toward the World: Paul Tillich and The Theology of the Erotic* (Minneapolis: Fortress, 1991)。就蒂利希的爱欲问题，较深入和精细的分析，可参 A. Irwin, "Life in its Divine-Demonic Ambiguity: Figures of Eros in Paul Tillich's Biography," *Spurensuche.Lebens-und Denkwege Paul Tillichs*.Ilona Nord, Yorick Spiegel (Hrgs) (Münster: LIT, 2000), 37–56。
31. Mary Ann Stenger, "Tillich and Mary Daly's Feminist Theology," Mary A. Stenger & Ronald H. Stone, *Dialogues of Paul Tillich* (Mercer: Mercer University Press, 2002), 98–134.

经验传统的阴性上帝象征对话。[32] 值得注意的是，近年古德马尔斯多蒂尔（Sigridur Gudmarsdottir）在《蒂利希与深渊》一书展示出蒂利希神学中的阴性特点，阴性的隐喻和女性语言的神学建构与蒂利希的象征神学相比较。[33]

最后，美国学界对蒂利希神学与社会科学的关系的关注不容忽视。就蒂利希与心理治疗的关联而言，众所周知，蒂利希在美国期间经常与当时的心理治疗学者和治疗师对话，共同探讨神学、牧养和心理治疗的关联性对话。早于 1981 年，杜利（John P. Dourley）就以比较蒂利希与容格（Carl Jung）的心理学来指出人的心理内核与上帝神圣临在间的关系；[34] 随后，他在 1995 年又再将这论题放在现代人存在的无根之心理散乱状态，进而指出德日进、容格和蒂利希之间的心理治疗宗教维度的可比较性。[35] 近年，库珀（Terry D. Cooper）集中处理于 1941–1945 年间在美国成立的"纽约心理学会"（New York Psychology Group）的研究成果，其中参与学者包括蒂利希、弗洛姆（Erich Fromm）、罗洛·梅、卡尔·罗杰斯（Carl Rogers）等；在他的研究中指出，蒂利希对神学与心理治疗的关系可从八方面归纳：（1）蒂利希的参与迫使心理治疗追问他们理论和实践的神学–存有论基础；（2）心理治疗或心理学对基督教信仰的攻击往往不

---

32. John Dourley, "The Goddess, Mother of the Trinity: Tillich's Late Suggestion," *Religion in the New Millennium: Theology in the Spirit of Paul Tillich*, eds. Raymond F. Bulman & Frederick J. Parrella (Mercer: Mercer University Press, 2001), 79–95.
33. Sigridur Gudmarsdottir, *Tillich and the Abyss* (London: Palgrave, 2016).
34. John P. Dourley, *C. G. Jung and Paul Tillich: The Psyche as Sacrament* (Toronto, Ont.: Inner City Books, 1981).
35. John P. Dourley, *Jung and the Religious Alternative: The Rerooting* (Lewiston/Queenston/Lampeter: Edwin Mellen Press, 1995), Ch. IV.

是建基于客观的经验证据而是某种未被验证的信念；（3）结合了路德宗的因信借恩典称义与心理治疗的接纳实践；（4）并且这种心理的罪疚感并非仅是心理现象而是带有深刻的存有论疏离；（5）扩展了心理治疗的个人维度而进入社群语境与个人实存经验的互动；（6）深刻地指出存有论与心理治疗的“焦虑”差异，强调心理治疗的实践界限；（7）推进了临床治疗和神哲学的互动；（8）最后对于心理治疗的自我救赎提出批判。[36]

在政治理论和社会学方面，首推唐纳利（Brian Donnelly）对晚期蒂利希与马克思的思想继承研究，他主要论证在美国期间的蒂利希仍热衷于参与政治事务，对当时多项政治议题，如锡安主义（Zionism）、核武器、政治压迫，都积极讨论，并且仍然以马克思的思想资源来作为整理神学和社会问题的重要参考，而并非如过去学者所认为的——蒂利希在离开德国后就放弃了宗教社会主义思想。[37] 唐纳利认为蒂利希的意识形态与象征主义、无产阶级与教会、理论与实践、历史与辩证、权力与革命和唯物主义与超自然主义等范畴都受马克思的持续影响。

---

36. Terry D. Cooper, “Paul Tillich and the New York Psychology Group, 1941–45” *Bulletin of the North American Paul Tillich Society*, vol. XXXI, no. 2 (Spr., 2005), 17–18. 库珀最近将他的研究成果以专著出版，见 Terry D. Cooper, *Paul Tillich and Psychology: Historic and Contemporary Explorations in Theology, Psychotherapy, and Ethics* (Mercer: Mercer University Press, 2006)。

37. Brian Donnelly, *The Socialist Émigré: Marxism and the Later Tillich* (Mercer: Mercer University Press, 2003). 汉语学界对此书的书评，可参李骏康：《书评：〈社会主义的流亡者〉》，《山道学刊》（卷八），第二期（2005 年），第 188–196 页。此书亦引起部分学者的关注，详参 Ronald Stone, “Tillich and Marx on Religion”; M. Lon Weaver, “Subliminal Marxist or Overt Religious Socialist—Response to Brian Donnelly’s *The Socialist Émigré: Marxism and the Later Tillich*”； Terence O’Keeffe, “Reflections on Brian Donnelly’s *The Socialist Émigré: Marxism and the Later Tillich*” 及唐纳利的回应 Donnelly, “Comments on *The Socialist Émigré*”；以上文章皆见于 *Bulletin of the North American Paul Tillich Society*, vol. XXX, no. 2 (Spr. 2004), 24–35。

蒂利希与法兰克福学派的关系也一直是学者们关注的重点，尤其是在法兰克福大学期间，蒂利希与阿多诺（Adorno）和霍克海默（Horkheimer）的交情与学术交往等问题似乎仍没有什么定论。瓦格纳（Bryan L. Wagoner）在近年的《先知的阻拦》一书中，[38] 指出蒂利希与这两位法兰克福学派的创始人在学术脉络上的相交比较薄弱，难以提出双方的相互影响，双方在政治解决上宗教的角色分歧不少。倘若《先知的阻拦》一书补足了蒂利希德国时期的政治社会理论篇章，史东的《政治与信仰：纽约协和神学院的尼布尔与蒂利希》一书，则通过对莱因霍尔德·尼布尔（Reinhold Niebuhr）与蒂利希在美国时期的交往，铺陈出两人的政治思想，补充了蒂利希美国时期的政治生活和思想。作为尼布尔的研究助理和蒂利希的学生，史东这本厚实的作品展现了两人精细的分歧和矛盾。[39]

二、德国学界的蒂利希研究

若美国学界对蒂利希思想的关注较多放在与其他思潮的对话关联上，而寻求它在当前思潮的相关性，德国学界的焦点就较多放在蒂利希思想的自身发展与基督教神学和西方哲学传统关系的讨论上。这方面得益于德国保罗蒂利希学会（*Deutsche Paul Tillich Gesellschaft*）[40] 的大力推进，该学会除了相继将蒂利

---

38. Bryan L. Wagoner, *Prophetic Interruptions: Critical Theory, Emancipation, and Religion in Paul Tillich, Theodor Adorno, and Max Horkheimer (1929–1944)* (Macon, Georgia: Mercer University Press, 2017).
39. Ronald H. Stone, *Politics and Faith: Reinhold Niebuhr and Paul Tillich at Union Seminary in NewYork* (Macon: Mercer University Press, 2012).
40. 该学会的网址是 http://www.uni-trier.de/uni/theo/tillich/tillich.html。

希在德国时期的手稿、讲稿和著作陆续出版外，还组织大型学术会议及将论文集出版，以致积极与北美蒂利希学会合作，共同于欧美两地推介蒂利希的思想。这学会可说是现时最值得关注的德语学界蒂利希研究群体，他们长期与德国历史悠久的学术出版社德古意特（de Gruyter）合作，推出原著和研究系列的出版。[41] 以下会分别从蒂利希的著作出版和有关的研究来揭示德语神学界对蒂利希关注的面貌。

蒂利希的德语著作除了较早前出版的14卷《著作集》（*Gesammelte Werke*）较瞩目外，就要数近年出版及仍在出版中的《著作集补遗》(*Ergänzungs-und Nachlaßbände zu den Gesammelten Werken*)。倘若出版一定程度上能反映学界的关注度，这套文集的出版方向可谓标志着德语神学界重新发掘蒂利希的神学思想资源，并且以他德国时期的思想为主。这套补遗资料以蒂利希在德国时期的著作为主，详细书目如下：

（1）卷一和卷二的《基督教思想史演讲》，[42] 其中包括从早期基督教到宗教改革运动，乃至近代基督教；

（2）卷三的《我的德国朋友》，[43] 收录了蒂利希在二战

41. 德古意特出版社组织的“蒂利希研究系列”，现在由 Christian Danz, Marc Dumas, Werner Schüßler, Mary Ann Stenger 与 Erdmann Sturm 五位学者主编。当然，还有国际蒂利希研究年报（International Yearbook for Tillich Research)。

42. Paul Tillich, *Gesammelte Werke. Ergänzungs und Nachlaßbände. Band I und II. Vorlesungenüber die Geschichte des christlichen Denkens I und II*, herausgegeben Ingeborg C. Henel (Frankfurt / M.：Evangelisches Verlagswerk, 1968, 1972).

43. Paul Tillich, *Gesammelte Werke. Ergänzungs und Nachlaßbände. Band III. An meinedeutschen Freunde: Die politischen Reden Paul Tillichs während des 2. Weltkriegs über die Stimme Amerika* (Frankfurt / M.：Evangelisches Verlagswerk, 1973).

期间通过“美国之音”对德国的广播，内容涉及他对纳粹、犹太人及战争等问题的观点；

（3）卷四的《关联法：当代问题的宗教回答》，[44] 收录蒂利希在不同场合讨论关联法的文章；

（4）卷五的《在文件、书信、日记与报告中的生命图像》；[45]

（5）卷六的《往来书信与纠纷》，[46] 当中收录了蒂利希与希尔斯有关政治神学的交锋书信，[47] 以及与 1933 年移居美国的德裔社会哲学家许斯尔（Eugen Rosenstock-Huessy）的往来书信；

（6）卷七的《早期讲章》，[48] 收录了蒂利希于就读博士学位间的讲道讲章，主要是第一次大战前在牧养实习期间的讲道讲章；

（7）卷八的《论黑格尔的讲演》，[49] 收录了蒂利希在

---

44. Paul Tillich, *Gesammelte Werke. Ergänzungs und Nachlaßbände. Band IV. Korrelationen: Die Antworten der Religion auf Fragen der Zeit* herausgegeben Ingeborg C. Henel (Frankfurt / M.：Evangelisches Verlagswerk, 1975).

45. Paul Tillich, *Gesammelte Werke. Ergänzungs und Nachlaßbände. Band V. Ein Lebensbild in Dokumenten. Briefe, Tagebuch-Auszüge, Berichte* (Frankfurt / M.: Evangelisches Verlagswerk, 1980).

46. Paul Tillich, *Gesammelte Werke. Ergänzungs und Nachlaßbände. Band VI. Briefwechsel und Streitschriften. Theologische, philosophische und politische Stellungnahmen und Gespräche*, herausgegeben Renate Albrecht und René Tautmann (Frankfurt / M.：Evangelisches Verlagswerk, 1983).

47. 就蒂利希与希尔斯的政治神学研究，可参 James Reimer, *The Emanuel Hirsch and Paul TillichDebate: A Study in the Political Ramifications of Theology* (Lewiston, N.Y.; Queenston, Ont.: E. Mellen Press, 1989)。

48. Paul Tillich, *Gesammelte Werke. Ergänzungs und Nachlaßbände. Band VII. Frühe Predigten (1909–1918),* herausgegeben Erdmann Sturm (Berlin, N.Y.: de Gruyter, 1994).

49. Paul Tillich, *Gesammelte Werke. Ergänzungs und Nachlaßbände. Band VIII. Vorlesung über Hegel*, herausgegeben Erdmann Sturm (Berlin, N.Y.: de Gruyter, 1995).

1931至1932年间在法兰克福大学讲演黑格尔哲学的内容，这对理解蒂利希挪用黑格尔思想，以及他与德国观念论的关系有重要作用；

（8）卷九的《早期著作》，[50] 从最早期的学生时代的论文、论谢林的博士论文，还有初试撰写的系统神学手稿（1913）和讨论超自然概念的教授资格论文；

（9）卷十和卷十一的《宗教、文化、社会》，[51] 当中收集了蒂利希于德国时期没有发表和非正式的稿件，内容丰富而多元，虽多是些残篇和手稿的形式，但无疑对理解他的思想有不容忽视的作用；

（10）卷十二和卷十三的《柏林讲演》，[52] 包括蒂利希于柏林大学作为编外教师（*Privatdozent*）的重要讲课资料，其中较重要的有《神学与宗教研究百科全书》（1920）、《宗教哲学》（1920）及在1920至1924年间在柏林大学神学系演讲的基督教和哲学思想史；

（11）卷十四的《教义学讲演》，[53] 收集了蒂利希在1925至1927年间在马堡和德累斯顿两所大学的基督教教义学讲

50. Paul Tillich, *Gesammelte Werke. Ergänzungs und Nachlaßbände. Band IX. Frühe Werke*, herausgegeben G. Hummel & D. Lax (Berlin, N.Y.: de Gruyter, 1988).
51. Paul Tillich, *Gesammelte Werke. Ergänzungs und Nachlaßbände. Band X. & XI. Religion, Kultur, Gesellschaft: unveröffentlichte Texte aus der deutschen Zeit (1908–1933)*, herausgegeben Erdmann Sturm, Berlin (N.Y.: de Gruyter, 1999).
52. Paul Tillich, *Gesammelte Werke. Ergänzungs und Nachlaßbände. Band XII. Berliner Vorlesungen (1919–1920)*, herausgegeben Erdmann Sturm (Berlin, N.Y.: de Gruyter, 2001); *Band XIII. Berliner Vorlesungen (1920–1924)*, herausgegeben Erdmann Sturm (Berlin, N.Y.: de Gruyter, 2003).
53. Paul Tillich, *Gesammelte Werke. Ergänzungs und Nachlaßbände. Band XIV. Dogmatik-Vorlesung*, herausgegeben Erdmann Sturm & Werner Schüßler (Berlin, N.Y.: de Gruyter, 2005).

演，这对理解蒂利希的神学体系的发展至为重要；[54]

（12）卷十五的《历史哲学与社会教育讲演》和卷十八的《法兰克福讲演》，[55]前者收录了蒂利希于1929至1930年间在法兰克福大学的讲课记录，后者收录了1930至1933年间的讲课；

（13）卷十六的《柏林讲演》，[56]此卷收录了蒂利希晚年回德国柏林的演讲内容，包括存有论（1951）、神学与实存分析下的人的处境（1952），等等；

（14）卷十七的《流亡的早期讲演》，[57]收录了蒂利希于1934至1935年间初到纽约时所进行的讲演，内容大多是在纽约协和神学院演讲的神哲学课题，包括：宗教哲学、存在主义哲学导言、人论，等等；

（15）卷十八的《法兰克福讲演》，[58]收录蒂利希任教于法兰克福大学期间的讲课，包括：宗教哲学、古典哲学、哲学伦理学历史、体系哲学的基本问题。

---

54. 蒂利希的马堡大学教义学讲演，过去曾以单行本出版，见 Paul Tillich, *Dogmatik: Marburger Vorlesung von 1925*, herausgegeben Werner Schüßler (Düsseldorf: Patmos Verlag, 1986)。

55. Paul Tillich, *Gesammelte Werke. Ergänzungs und Nachlaßbände. Band XV. Vorlesungen über. Geschichtsphilosophie und Sozialpädagogik*, herausgegeben Erdmann Sturm (Berlin, N.Y.: de Gruyter, 2007); Paul Tillich, *Gesammelte Werke. Ergänzungs und Nachlaßbände. Band XVIII. Frankfurter Vorlesungen*, herausgegeben Erdmann Sturm (Berlin, N.Y.: de Gruyter, 2013).

56. Paul Tillich, *Gesammelte Werke. Ergänzungs und Nachlaßbände. Band XVI. Berliner Vorlesungen*, herausgegeben Erdmann Sturm (Berlin, N.Y.: de Gruyter, 2009).

57. Paul Tillich, *Gesammelte Werke. Ergänzungs und Nachlaßbände. Band XVII. Dresdner Vorlesungen*, herausgegeben Erdmann Sturm (Berlin, N.Y.: de Gruyter, 2017).

58. Paul Tillich, *Gesammelte Werke. Ergänzungs und Nachlaßbände. Band XVIII. Frankfurter Vorlesungen (1930–1933)*, herausgegeben Erdmann Sturm (Berlin, N.Y.: de Gruyter, 2013).

（16）卷十九的《系统神学的进深问题：纽约协和神学院课程（1936–1938）》，[59] 收录蒂利希早期在纽约协和神学院教授系统神学的讲稿，对了解他神学发展有重要意义。

（17）卷二十的《德累斯顿讲演》，[60] 收录了蒂利希于1925 至 1927 年间在德累斯顿科技学院的讲课，蒂利希在此担任该校人文学院的宗教教授，内容包括四篇从未出版的演讲：宗教与艺术、新教神学的理论历史、新教宗教和旧约宗教的理论历史。

（18）卷二十一的《评论 1911–1955》：[61] 收录蒂利希在1911 至 1955 年间在不同场合发表的评论，这部分资料过去在学界较受忽略。

另外，德国保罗蒂利希学会不断以大型学术会议和出版会议文集的形式来推动蒂利希研究，务求不断深化蒂利希的神学思想及探索他的思想在德语学界的相关性。以过去开会的主题为例：1988 年探讨蒂利希的存有论、[62]1990 年探讨蒂利希

59. Paul Tillich, *Gesammelte Werke. Ergänzungs und Nachlaßbände. Band XIX.Advanced Problems in Systematic Theology: Courses at Union Theological Seminary, New York, 1936–1938*, herausgegeben Erdmann Sturm (Berlin, N.Y.: de Gruyter, 2016).

60. Paul Tillich, *Gesammelte Werke. Ergänzungs und Nachlaßbände. Band XX. Frühe Vorlesungen im Exil*, herausgegeben Erdmann Sturm (Berlin, N.Y.: de Gruyter, 2012).

61. Paul Tillich, *Gesammelte Werke. Ergänzungs und Nachlaßbände. Band XX. Rezensionen / Reviews 1911–1955*, herausgegeben Erdmann Sturm und Christian Danz (Berlin, N.Y.: de Gruyter, 2023).

62. Gert Hummel (Hg.), *Das Problem der Ontologie in der philosophischen Theologie Paul Tillichs / The Problem of Ontology in the Philosophical Theology of Paul Tillich.* Beiträge des II. Internationalen Paul-Tillich-Symposions in Frankfurt/M. 1988/ Proceedings of the II. International Paul-Tillich-Symposium Frankfurt/M. 1988 (Berlin: de Gruyter, 1989).

的终末论、[63]1992年探讨他的自然神学、[64]1994年探讨神学悖论、[65]1996年探讨真理与历史的主题、[66]1998年探讨存有与语言的问题、[67]2000年探讨他与神秘传统的关系、[68]2002年探讨他的三一论问题、[69]2004年探讨基督论的历史核心问题、[70]2006年则

63. Gert Hummel (Hg.), *Neue Schöpfung oder Ewiges Jetzt. Hat Paul Tillich eine Eschatologie? / New Creation or Eternal Now. Is there an Eschatology in Paul Tillich's Work?*, Beiträge des III. Internationalen Paul-Tillich-Symposions in Frankfurt/M. 1990 / Proceedings of the III. International Paul-Tillich-Symposium Frankfurt/M. 1990 (Berlin: de Gruyter, 1991).
64. Gert Hummel (Hg.), *Natürliche Theologie versus Theologie der Natur? Tillichs Denken als Anstoss zum Gespräch Zwischen Theologie, Philosophie und Naturwissenschaft / Natural Theology versus Theology of Nature? Tillich's Thinking as Impetus for a Disciurse among Theology, Philosophy and Natural Science.* Beiträge des IV. Internationalen Paul-Tillich-Symposions in Frankfurt/M. 1992 / Proceedings of the IV. International Paul-Tillich-Symposium Frankfurt/M. 1992 (Berlin: de Gruyter, 1994).
65. Gert Hummel (Hg.), *The Theological Paradox / Das theologische Paradox Interdisciplinary Reflections on the Centre of Paul Tillich's Thought / Interdisziplinäre Reflexionen zur Mitte von Paul Tillichs Denken.* Proceedings of the V. International Paul Tillich Symposium held in Frankfurt/Main 1994 / Beiträge des V. Internationalen Paul-Tillich-Symposions in Frankfurt/Main 1994.（Berlin: de Gruyter, 1995).
66. Gert Hummel (Hg.), *Truth and History—A Dialogue with Paul Tillich / Wahrheit und Geschichte—ein Dialog mit Paul Tillich.* Proceedings of the VI. International Paul-Tillich-Symposium Frankfurt/M. 1996. Beiträge des VI. Internationalen Paul-Tillich-Symposions in Frankfurt/M. 1996 (Berlin: de Gruyter, 1998).
67. Gert Hummel / Doris Lax (Hg.), *Sein versus Wort in Paul Tillichs Theologie? / Being versus Word in Paul Tillich's Theology*, Beiträge des VII. Internationalen Paul-Tillich-Symposions in Frankfurt/M. 1998 / Proceedings of the VII. International Paul-Tillich-Symposium Frankfurt/M. 1998 (Berlin: de Gruyter, 1999).
68. Gert Hummel / Doris Lax (Hg.), *Mystisches Erbe in Tillichs philosophischer Theologie / Mystical Heritage in Tillich's Philosophical Theology*, Beiträge des VIII. Internationalen Paul-Tillich-Symposions in Frankfurt/M. 2000 / Proceedings of the VIII. International Paul-Tillich-Symposium Frankfurt/M. 2000 (Münster: LIT, 2000).
69. Gert Hummel / Doris Lax (Hrsg.), *Trinität und/oder Quaternität—Tillichs Neuerschließung der trinitarischen Problematik / Trinity and/or Quaternity—Tillich's Reopening of the Trinitarian Problem*, Beiträge des IX. Internationalen Paul-Tillich-Symposiums Frankfurt/Main 2002 / Proceedings of the IX. International Paul-Tillich-Symposium Frankfurt/Main 2002 (Münster: LIT, 2004).
70. Gert Hummel/Doris Lax (Hg.), *Christus Jesus—Mitte der Geschichte!? Christ Jesus—the Center of History!?*, Beiträge des X. Internationalen Paul-Tillich- （转下页）

以“蒂利希的象征理论在宗教与文化关系上的问题”为主题举行会议。从会议的主题而言，德国学界更多关心蒂利希神学自身的独特性，以及他的思想对整个西方神哲学思想传统的继承和发展。这种特色无疑反映出在二十世纪众多的德语神学大师中，蒂利希研究似乎曾一度在德语学界出现一段时间的低潮，现时是急起直追的时候；而随着蒂利希德语著作的陆续出版，蒂利希似乎又再次以一个**德国**神学家的身份出现在德国学界当中，[71] 德国学者探讨的焦点似乎有意无意与北美学者相区别，他们更多地注意蒂利希神学在基督教传统中与近代哲学传统中的独特性，尤其是他在 1933 年前的著作。

随着两份蒂利希以德语写作的系统神学作品（1913 年系统神学手稿与 1925 年马堡–德累斯顿教义学）的面世，德语神学界逐渐把研究焦点从美国期间的三卷《系统神学》转移到这两份早期的文献上。蒂利希的 1913 年系统神学手稿虽是蒂利希在 27 岁完成的作品并且从未在他生前出版，但可算是“思想上非常丰富并成熟”的作品，我们从中可以发现当时德国观念论哲学紧扣他的神学思想，并为晚期在美国完成的系统神学奠定了重要的基础；此外，这份作品更多呈现出作为一位**教会神学家**的蒂利希。[72] 由于还未经第一次世界大战的洗礼，蒂利希这份作品带有

（接上页）Symposiums Frankfurt/Main 2004 / Proceedings of the X. International Paul-Tillich-Symposium Frankfurt/Main 2005 (Münster: LIT, 2005) (in Vorbereitung).

71. 笔者于 2005 年有幸受邀至德国海德堡大学神学系参加学术会议，得以在其图书馆中注意到他们神学系学生的系统神学课程的指定参考书目中，已有蒂利希的著作在其中，与巴特、朋霍费尔、施莱尔马赫等并列。

72. Uwe Carsten Scharf, *The Paradoxical Breakthrough of Revelation: Interpreting the Divine-Human Interplay in Paul Tillich's Work 1913–1964* (Berlin: Walter de Gruyter, 1999), 336.

浓厚的德国观念论神学和哲学的痕迹。单以结构而言，他把系统神学内分为护教学、教义学和伦理学三大部分，这与他的老师卡勒于1883年写就的《基督教教义之科学》(*Die Wissenschaft der christlichen Lehre*）一书的结构一样；依此，卡勒对蒂利希的影响除了以往学界所认识的“历史上的耶稣”与“信仰中的基督”，以及“因信称义”的问题外，从系统神学而言可能有更多的研究空间。[73] 从内容上，这份手稿揭示出以神学悖论的超验-观念论基础为特色的护教学，从而发展出以内蕴与经世三一论为根基所开展的神学、基督论与圣灵论等课题，继后以自由和爱作为伦理学的核心，发展出宗教、文化、伦理和教会论等实践性神学课题。[74] 这份作品不仅被视为蒂利希神学之路的**起始点**或**尝试**，研究者甚至认为蒂利希于大战前的所有重要作品皆可在这份手稿中得到综合。[75] 就蒂利希整体的神学发展意义而言，这份手稿让学界能更充分认识蒂利希对护教学的理解，[76] 并且让蒂利希神学体系中的三一论原则有更明确的理解。倘若，再把蒂利希于1925年间在马堡-德累斯顿大学的教义学讲演放在他的发展脉络中，就大大扩大了蒂利希系统神学的深度和广

---

73. 就卡勒对蒂利希的影响，英语资料可参 Wilhelm Pauck, *From Luther to Tillich* (San Francisco: Harper & Row, 1984), 169–180。

74. 此手稿的整理过程和基本简介，可参 Gert Hummel, “Das früheste System Paul Tillichs: Die «Systematische Theologie von 1913»” *Neue Zeitschrift für systematische Theologie und Religionsphilosophie*, 35 (2：1993), 115–132。

75. Doris Lax, “The Tillich of the Year 1911–1913：The Trinitarian Principle of the 1913 Systematische Theologie,” *Bulletin of the North American Paul Tillich Society*, vol.XXXII, no.1 (Winter 2006), 19–27.

76. 可同时参考蒂利希同年的另一作品《教会护教学》(1913），见 Paul Tillich, “Kirchliche Apologetik,” *Paul Tillich Main Works/Hauptwerke*, vol.6 (Berlin: de Gruyter, 1992), 39–62。

度。[77] 研究者更多认为这两份作品都充分揭示出蒂利希神学中的三一论结构，并相当有系统地把各神学课题放在这结构中去考虑。倘若施莱尔马赫放弃将三一论置于基督教信仰教义的“预备性导论”（prolegomena）中，巴特却要等到1925年间在哥廷根的教义学讲演中才首次考虑将三一论放回神学前提中；而蒂利希在巴特正忙于处理社会主义和教会问题及孕育所谓辩证神学的1913年时，就已经相当明确以三一论作为神学的根基了。在近代神学思想史中，或许我们有必要重新考虑究竟是否是巴特“首先”将三一论重新纳入系统神学的教义前提中？[78]

德语学界对蒂利希研究的潜力相当大，随着更多蒂利希著作从马堡大学和哈佛大学档案馆经过整理出版后，[79] 相信不仅德国神学重新发现蒂利希的神学价值，并且陆续将更全面和多面向的蒂利希思想呈现人间。这种集中早期著作的研究正好补足了过去英美学界在研究上的不足和偏颇。

三、汉语学界的蒂利希研究

蒂利希对汉语学界而言并非一个陌生的名字，过去汉语思想界花了相当精力来译介蒂利希的作品，并有多位远赴海外求

---

77. 1994年，于加拿大举行的蒂利希1925年教义学研讨会，集中讨论了这份讲演的内容和对他整个神学发展的意义，参 *Études sur la Dogmatique (1925) de Paul Tillich*, eds. J. Richard, A. Gounelle & R. P. Scharlemann (Québec: Les Presses de l'Université Laval, 1997)。就1913年和1925年的两份神学作品的比较，可参 Gert Hummel, “Tillich's 1913 ‘Systematische Theologie’ and His 1925 *Dogmatik*: A Comparison,” *Études sur la Dogmatique (1925) de Paul Tillich*, 361–382。
78. 巴特的神学发展，可参 Bruce McCormack, *Karl Barth's Critically Realistic Dialectical Theology: Its Genesis and Development 1909–1936* (Oxford: Clarendon Press, 1995)。
79. 就这两个档案馆的研究情况，参 John J. Carey, *Paulus, Then & Now* (Mercer: Mercer University Press, 2002), 117–140。

学的学人学位论文研究来精研蒂利希的神学。[80] 至今为止，仍有汉语学人以蒂利希为题分别撰写博士或硕士论文，[81] 可见，蒂利希仍是汉语学人视为具有研究潜力的一位神学家。

从二十世纪八十年代港台学人开始引介西方近代神学家思想始，蒂利希的神学开始进入港台的基督教界；但由于个人学术背景和信仰的参差，不少所谓近代“非正统”的神学家没有得到恰当的理解和重视。以蒂利希为例，当时的引介大多把他理解为一位“存在主义式的神学家”，甚至视之为“新自由主义”神学家；在没有认真阅读的情况下，把蒂利希的神学视为一种否定基督教传统而只懂借用存在主义概念来建立的思想，他的神学被理解为“启示是一种人的自我超越”、否定圣经的地位，且具有泛神论的危险。对他们而言，虽然蒂利希的神学用心良苦地努力通过关联法来搭建基督教信仰和现代思潮的桥梁，但最终仍旧“没有把神学基础建立在上帝的启示上”，并且“只是一种将哲学代替神学”的做法。[82] 当时，这种“扣帽子”的

---

80. 赖品超就蒂利希的汉译和论文研究的情况有简单概述，参赖品超：《中译本导言》，载于蒂利希：《基督教思想史》，香港：道风书社，2004 年，第 xxi–xxii 页。
81. 2002 年笔者研究蒂利希的生态神学（香港中文大学哲学博士）、2003 年王赐惠研究蒂利希与唯识宗的关系（香港中文大学哲学硕士）、2004 年叶菁华研究蒂利希对现代性的理解和批判（美国哈佛大学神学博士）、2004 年李骏康研究蒂利希的宗教社会主义（香港中文大学哲学硕士）、2005 年黄天生比较蒂利希与特雷西的关联法（香港中文大学哲学硕士）、2006 年王涛研究蒂利希的爱观（香港中文大学哲学博士）、2009 年王赐惠研究熊十力儒学与蒂利希（香港中文大学哲学博士）、2009 年刘卓辉研究蒂利希的拯救论及与信义宗 / 罗马公教的对话意义（香港中文大学哲学硕士）、2020 年唐洪林研究蒂利希和民族主义（香港中文大学崇基神学院神学博士）、2020 年龚惠娴研究蒂利希圣灵论与自然科学（香港中文大学哲学博士）、2021 年劳加仪研究蒂利希与耶儒对话（香港中文大学哲学博士）、2023 年何兆斌比较蒂利希与福柯（香港中文大学哲学博士），后四者的研究成果收录于 *Paul Tillich and Sino-Christian Theology*, ed. Keith Ka-fu Chan (London: Routledge, 2023)。这里没有整理台湾和海外华人学者的资料。
82. 这些误解，参苏恩佩：《基督教神学思想简介》，台北：校园书房，1971 年，第 166–199 页；宋华忠：《现代神学思潮》，台北：校园书房，1984 年，第 154 页。

神学研究不仅没有为汉语学界准确地推介蒂利希的思想，并且这种将他思想瘦化和曲解的做法造成了种种的误读和偏差，甚致使华人教会对蒂利希产生反感的情绪。[83] 这情况一直至九十年代才稍为改变，随着温伟耀的两篇研究蒂利希的因信称义与心理治疗，以及蒂利希与马克思、马斯劳的对话文章出版，[84] 才提升了蒂利希在汉语神学界的思想深度；及至 2000 年，赖品超的《开放与委身：田立克的神学与宗教对话》一书 [85] 大大加深了汉语学界对蒂利希神学思想的消化，并将之放在当前的宗教对话语境中，正面和积极地推介了蒂利希思想的持续相关性。然而，蒂利希神学的丰富确实不容易以某种理论的框架来定位。过去，汉语学者曾批评蒂利希的神学知识论有严重的问题，被认为是一种倾向以人的主体认知活动统摄客体的神学，依此，他的象征神学不免陷入一种主观主义的危机；[86] 研究者也认为他的神学产生了神学人类学化的危险。[87] 其实，蒂利希的终极关怀的观点从来没有将信仰的对象内化为人的主体宗教经验，反而人的信仰体验之产生必定是终极关怀对象与人相遇的结果。蒂利希非常清楚地将这种相遇理解为神圣的突入，并在晚期认为这是圣灵临在于人之灵的彰显。并且，蒂利希清楚地指出观

83. 笔者于数年前仍在香港某神学院的“近代神学”研究生课程大纲上，看见执教老师以“存在主义神学”这种片面的称谓来指称蒂利希，并从神学院教授口中听见他们对蒂利希的神学不以为然，甚至有“不知所谓”的评价。
84. 两篇文章分别刊于《中国神学研究院期刊》(1987)第二期和第三期。
85. 赖品超：《开放与委身：田立克的神学与宗教对话》，香港：基督教中国宗教文化研究社，2000 年。
86. 杨庆球：《本体与象征：论田立克处理上帝知识的方法》，载于《建道学刊》(1996) 6：107。
87. 曾庆豹：《神学论述的“语言转向”：一个概览》，载于《道风：汉语神学学刊》(1998) 8：62-64。

念论企图以人的主体意识收摄客体的认识论的危险，依此，他不断提醒我们认知活动永远都处于一种离和合的辩证过程当中。蒂利希正是要避免将神学活动化约为以人的主体意识为基础的观念论神学，他多次强调神学的方法论从来就不是从人的主体意识出发，甚至不是从人的实存问题出发来**推演**基督教的答案；他亦没有企图以分析人的内在宗教经验来理解上帝的本质，倘若我们细心阅读他的作品，蒂利希其实极力保持上帝的超越性和内蕴性。值得注意的是，笔者在 2008 年出版的《田立克：边缘上的神学》，收集了多篇蒂利希的研究论文，涵盖范围广泛，也促进了汉语思想界对蒂利希的研究；[88] 并且，笔者于 2018 年在德古意特出版社出版的关于蒂利希的生态圣灵论的英语专著，其汉语译本也于 2020 年由台北中原大学及台湾文艺出版社出版。[89]

2006 年，笔者亦主编了《蒂利希与汉语神学》论文集。此文集有以下的特点：首先，参与撰写文章的学人包括各地的华人学者，可算涵盖汉语地区的一次巨大努力；其次，作者大部分是研究蒂利希思想的专家，他们在硕士或博士学位中分别以蒂利希作为研究对象。此书的内容如下：杨俊杰的《蒂利希的谢林论初探》分析了蒂利希挪用谢林上帝观的路数，清楚交代了谢林与蒂利希在继承上的问题。在谢林与蒂利希的关系上，文集还首次刊载了杨俊杰译出的蒂利希论文《谢林与实存论之

---

88. 陈家富：《田立克：边缘上的神学》，香港：基道出版社，2008 年。此书的书评，见庄信德：《最核心的边缘：〈田立克：边缘上的神学〉书评》，《山道学刊》（卷十一）第二期（2008 年），第 207–211 页。
89. 陈家富：《生命之灵：田立克生态圣灵论的研究》，新北：台湾基督教文艺出版社，2020 年。

抗议的开端》，为汉语学界更好认识两者的关系；邓绍光的《在蒂利希与海德格的有与无之间的思考》则放弃以谢林理解蒂利希的存有论，改以海德格尔的存有论追问来揭示蒂利希关于“存有与非存有”的思考；林子淳关注蒂利希研究中较少被人注意到的一个问题，他的《蒂利希有必要采纳嗣子论吗？——一个圣经观点的响应》分析了蒂利希由于在基督论的考虑中没有发挥升天的教义，以致削弱了蒂利希以基督论所搭建的宗教神学的对话理论；王涛的《蒂利希爱观的研究——现状与评价》深入概览了当前蒂利希爱观的研究境况，并且凸显了爱的问题为蒂利希思想的核心，尤其是比较了虞格仁与蒂利希的观点；笔者和温伟耀皆集中处理蒂利希的宗教经验和神秘主义问题；温伟耀的《蒂利希对“出神”宗教经验的三种歧义》细致分析了蒂利希对人的“出神”状态的不同理解，并且提出蒂利希由于缺乏对人格神的重视，以致造成理论上的严重困难；笔者的《蒂利希的神秘主义与三一论》则指出蒂利希对神秘主义的一种批判性的接纳态度，并以一种非蒂利希式的方法来处理“上帝之上的上帝”的神秘体验，而要最终圆满解决，必须回归蒂利希的三一上帝；梁容的《论蒂利希的文化神学的关联法及其类型》相当详实地交代了蒂利希的关联法及此神学方法在其系统中的位置；黄天生的《宗教与处境之关联——从蒂利希到徐思》深入剖析了徐思对蒂利希关联法的批评，并分析两人差异的理论底蕴；沙湄的《蒂利希与视觉艺术》以蒂利希的文化神学为框架，集中处理视觉艺术中如何体现宗教与文化的关系；张淑媚的《保罗·田立克的神律道德及其德育蕴义》揭示另一领域的蒂利希研究，将蒂利希的教育神学放在台湾的语境当中。叶菁华的《蒂利希对现代性的理解与批判》详尽交代蒂利希理解和批判现代性的背景、思想继承和神学视角；李骏康的《蒂利希的宗教社会主义及其对当代中国的意义》和庄信德的《蒂利希本体论范式的“国家”概念对“民族国家”魔魅本质的批判》皆以蒂利希的政治神学为核心，李骏康诠释了蒂利希宗教社会主义的相关思想观念，追溯其思想与德国社会学和法兰克福学派的关系，阐释在文化神学的框架下理解他的政治关怀，并指出其政治关怀在中国大陆的应用性；庄信德则聚焦蒂利希的国家观念，尝试以存有论范畴来把握国家的构成和限度，并指出蒂利希对民族国家的魔化的批判。区建铭的《蒂利希的“终极关怀”理念对比较神学的贡献》尝试比较南乐山（Robert C. Neville）的宗教符号理论和蒂利希的“终极关怀”宗教记号，指出蒂利希在当前的比较神学领域中的可能贡献；赖品超的《文化研究与神学：一个后蒂利希的观点》以现今文化研究为出发点，尝试借用蒂利希的文化与宗教理论框架来建立一种更能相互批判和丰富的神学与文化研究的关系。

在香港学者中，赖品超可算是持续对蒂利希研究最勤奋的学者，基于他对宗教对话与汉语基督教研究的持续关注，他的蒂利希研究无不与此两个领域有关。他通过大乘佛学的思路对蒂利希的上帝的存有与非存有做出辩证分析，[90] 他早年亦就蒂利

90. 赖品超：《从佛教反思基督宗教上帝观：取道保罗蒂利希的“终极关切”》，载于《辅仁宗教研究》（2013 春），26：91–119；赖品超：《存有与非有：蒂利希、耶佛对话与汉语神学》，载于《道风》43（2015）：29–50。

希的终末论展开过与中国宗教的对话，[91] 及引用蒂利希的生命的多重维度的整合（multi-dimensional unity of life）的观念展示出基督宗教救恩论与宗教对话的可能性。[92]

在中国内地推介蒂利希思想最为触目的算是何光沪了，他的贡献主要在于翻译和编著《蒂里希选集》。虽然何光沪没有撰写蒂利希的专著，但在选集中把蒂利希在美撰写的《系统神学》译出，相较于早年由台湾不同译者翻译的三卷《系统神学》更为通顺易读。[93] 其次，刘小枫 1990 年出版的《走向十字架上的真理》中，虽然没有如巴特、朋霍费尔、布尔特曼（Rudolf Bultmann）等大篇幅地阐释蒂利希的思想，但他指出蒂利希与汉斯·昆（Hans Küng）有某种的相似性，注重世俗文化的价值和向世界其他宗教开放的神学立场。刘小枫正视蒂利希那种处于边界性的要求，认为“我们存在本身在寻求新的质量和存在样态，我们的文化本身也应寻求新的质素和存在样态”。刘小枫更指出在蒂利希的新存有作为神学的核心具备这种中国文化所需要的崭新神性之维度。[94] 王岷分别出版了两本讨论蒂利希思想的专著，他的《田立克》以终极关怀为核心，开展对蒂利希思想中不同主题的介绍，虽然谈不上是高水平的学术著作，

---

91. 赖品超：《上帝国与净土：一个对终末论及社会实践的比较研究》，载于赖品超、学愚主编：《天国、净土与人间：耶佛对话与社会关怀》，北京：中华书局，2008 年，第 404–426 页。此文的英语版本见 Pan-Chiu Lai, “Kingdom of God in Tillich and Pure Land in Mahayana Buddhism,” in *Internationales Jahrbuch für die Tillich- Forschung* Band 5/2009, ed. Christian Danz, Werner Schlüssler und Erdmann Sturm (Münster: LIT Verlag, 2010), 151–172。
92. 赖品超：《汉语神学与拯救论》，载于《道风》(2016 春)，44：153–179。
93. 何光沪没有译全，尤其没有译出《系统神学》的“导言”和卷三，甚为可惜。
94. 刘小枫：《走向十字架上的真理》，香港：香港三联书店，2000 年，第 361–369 页。

但对蒂利希有恰当的理解，清楚易懂，是值得推介的中文入门书；[95] 他的《爱的存在与勇气》更以蒂利希的爱的神学伦理学为焦点，开展对西方和中国思想中就爱、勇气、正义等主题的比较研究。[96] 陈树林的《危机与拯救》则集中讨论了蒂利希的文化神学，特别是他将马克思思想与蒂利希思想并列，探讨两人如何应对西方文化的种种病态，可惜陈树林在充分开展蒂利希的文化神学时，一方面没有深入认识蒂利希思想与马克思、精神分析等理论的亲和性，以致没有对蒂利希神学的实践维度有足够的了解；另一方面，他似乎仍持守某种过时的马克思宗教鸦片论来作为批评蒂利希神学的判准，以致未能正视蒂利希神学的政治社会批判底蕴和力度。[97]

杨俊杰可算是近年国内学者中推动蒂利希研究最为用力的一位。他不仅将蒂利希早期对谢林研究的论文和手稿译成汉语出版，[98] 他亦撰写蒂利希与谢林间的思想联系。[99] 比较重要的论文，是他批评国内基督教研究学者在考虑近代神学思潮中对抗虚无主义和无神论思想时忽略了蒂利希；杨俊杰力证蒂利希思想恰恰从一条有别于巴特神学进路的角度来回应近代挑战。[100]

---

95. 王岷：《田立克》，台北：生智出版社，2000 年。
96. 王岷：《爱的存在与勇气》，河北：河北大学出版社，2005 年。
97. 陈树林：《危机与拯救：蒂利希文化神学导论》，北京：人民出版社，2004 年，第 296, 301 页。
98. 蒂利希：《蒂利希论谢林选集》，杨俊杰译，香港：道风书社，2011 年。当中包括蒂利希早期的两篇谢林论文：《谢林肯定哲学的宗教史构造：前提假设和原则》和《谢林哲学演进中的神秘主义和过错意识》，及一篇早期手稿《谢林的上帝和绝对者》。
99. 杨俊杰：《中译本导言：蒂利希的谢林论再探》，载于蒂利希：《蒂利希论谢林选集》。
100. 杨俊杰：《蒂利希与尼采的“上帝死了”：评国内外近著数种》，载于《哲学与文化》卷 42（2015），第 187-196 页。

其次，杨俊杰通过历史文献的研究，展示中国神学家赵紫宸与蒂利希的思想渊源，企图打破学界的定见，即认为赵紫宸与巴特神学更为亲近。[101]

四、结　语

随着蒂利希更多的手稿和讲演陆续出版，相信学界对蒂利希的研究仍然有深厚的潜质，相对于西方学界，汉语思想界需要急起直追；无论是翻译或研究，蒂利希的文本都应该成为汉语学界的重点研究项目。

101. 杨俊杰：《"被逮住了"：从蒂利希到赵紫宸》，载于《汉语基督教学术论评》第 24 期（2017），第 73–89 页。

图书在版编目(CIP)数据

跨界:蒂利希思想研究/陈家富著.—上海:上海三联书店,
2024.9
ISBN 978-7-5426-8042-6

Ⅰ.①跨… Ⅱ.①陈… Ⅲ.①蒂里希(Tillich,Paul 1886-1965)
-神学-思想评论-文集 Ⅳ.①B712.59-53

中国国家版本馆 CIP 数据核字(2023)第 067015 号

跨界:蒂利希思想研究

著　　者/陈家富

责任编辑/邱　红　陈泠珅
装帧设计/徐　徐
监　　制/姚　军
责任校对/王凌霄

出版发行/上海三联书店
(200041)中国上海市静安区威海路 755 号 30 楼
邮　　箱/sdxsanlian@sina.com
联系电话/编辑部:021-22895517
发行部:021-22895559
印　　刷/上海展强印刷有限公司

版　　次/2024 年 9 月第 1 版
印　　次/2024 年 9 月第 1 次印刷
开　　本/640 mm×960 mm　1/16
字　　数/324 千字
印　　张/22.25
书　　号/ISBN 978-7-5426-8042-6/B·835
定　　价/98.00 元

敬启读者,如发现本书有印装质量问题,请与印刷厂联系 021-66366565